Theodor Thesing

Leitideen und Konzepte bedeutender Pädagogen

Ein Arbeitsbuch für den Pädagogikunterricht

Theodor Thesing

Leitideen und Konzepte bedeutender Pädagogen

Ein Arbeitsbuch für den Pädagogikunterricht

LAMBERTUS

Bibliografische Information der Deutschen Nationalbibliothek

Die Deutsche Nationalbibliothek verzeichnet diese Publikation in der Deutschen Nationalbibliografie; detaillierte bibliografische Daten sind im Internet über http://dnb.d-nb.de abrufbar.

4. durchgesehene und aktualisierte Auflage 2014
Alle Rechte vorbehalten
© 2014, Lambertus-Verlag, Freiburg im Breisgau
Umschlaggestaltung: Christa Berger, Solingen
Druck: Druckerei F. X. Stückle, Ettenheim
ISBN 978-3-7841-2442-1
ISBN ebook: 978-3-7841-2443-8

Inhalt

Einleitung 7

1 Die Bildungs- und Erziehungsbedürftigkeit des Menschen 10
1.1 Jean-Jacques Rousseau (1712–1778) 12
    Emile – oder der von Natur aus unverdorbene Mensch
1.2 Johann Heinrich Pestalozzi (1746–1827) 24
    Die Menschenbildung
1.3 Jean Marc Gaspard Itard (1774–1838) 42
    Victor – der Wilde von Aveyron

2 Die Erwachsenen-Kind-Beziehung 55
2.1 Martin Buber (1878–1965) 57
    Die dialogische Existenz des Menschen
2.2 Herman Nohl (1879–1960) 69
    Das pädagogische Verhältnis

3 Persönlichkeit und Rechte des Kindes 80
3.1 Friedrich Fröbel (1782–1852) 82
    Die Elementarerziehung im Kindergarten
3.2 Janusz Korczak (1878–1942) 94
    Grundrechte des Kindes
3.3 Alexander S. Neill (1883–1973) 111
    Antiautoritäre Erziehung in Summerhill

4 Das entwicklungsfördernde Milieu 126
4.1 Bruno Bettelheim (1903–1990) 128
    Das therapeutische Milieu – Die Orthogenic School Chicago
4.2 Maria Montessori (1870–1952) 142
    „Hilf mir, es selbst zu tun"
4.3 Loris Malaguzzi (1920–1994) 154
    Ein Kind hat hundert Sprachen – Reggio-Pädagogik

5 Christliche Erziehung und Anthroposophie 165
5.1 Don Giovanni Melchiorre Bosco (1815–1888) 167
    Christliche Erziehung im Oratorium
5.2 Father Edward Joseph Flanagan (1886–1948) 180
    Boys Town, Nebraska/USA
5.3 Johann Hinrich Wichern (1808–1881) 192
    Die Familienerziehung im Rauhen Haus

5.4	Rudolf Steiner (1861–1925) 208
	Anthroposophische Erziehung und Waldorfpädagogik

6	**Bildung 222**
6.1	Johann Amos Comenius (1592–1670) 224
	Große Didaktik – allen Menschen alles lehren
6.2	Wilhelm von Humboldt (1767–1835) 232
	Humanistische Bildung als Selbsterfüllung
6.3	Wolfgang Klafki (*1927) 240
	Bildungstheoretische Didaktik

7	**Menschsein mit Behinderung 249**
7.1	Helen Keller (1880–1968) 252
	Anne Sullivan Macy (1866–1936) – Wege aus dem Dunkel
7.2	Paul Moor (1899–1977) 265
	Innerer und äußerer Halt

Abbildungsverzeichnis 274
Der Autor 275

Einleitung

Mit Beginn eines Studiums der Sozialpädagogik oder einer Ausbildung an einer Fachschule für Sozialwesen entstehen für einen Studienanfänger viele Fragen: Wie bekomme ich einen systematischen Überblick über die verschiedenen Fachgebiete? Wie erhalte ich einen Zugang zu einem Fach und wie ist eine Orientierung in der vielfältigen Literatur möglich? Wie kann ich das Wesentliche von Spezialfragen unterscheiden?

Ein Lehrbuch bietet zunächst eine gewisse Systematik und Ordnung, orientiert an vorliegenden Lehrplänen, einem Curriculum oder den Theoriesystemen einer Fachrichtung.

Wie kann sich ein Studienanfänger im Fach Pädagogik oder Erziehungswissenschaft mit dem pädagogischen Sehen und Denken vertraut machen? Die Beschäftigung mit bedeutenden Gestalten der Erziehungsgeschichte kann dabei eine Hilfe sein. Diese stehen nicht nur für eine beachtenswerte oder bedeutsame Erziehungspraxis, vielmehr enthält jede Praxis Theorieelemente, die in den Lebenswerken aufscheinen oder explizit dargestellt sind.

Kann eine moderne Erziehungswissenschaft den Ausgangspunkt für pädagogisches Sehen und Denken bei bedeutenden Pädagogen, sogenannten „Klassikern", suchen? Was sind Klassiker? Eduard Spranger formulierte etwas lässig, „klassisch (sei) in der Pädagogik, was nicht totzukriegen ist", also überdauert und seinen Wert erwiesen hat. Diese Aussage ist aber nur ein Beleg für einen Historismus, beweist aber noch lange nicht die Bedeutung einer Person und ihres Werkes. Hans Scheuerl, der ein mehrbändiges Werk über „Klassiker der Pädagogik" herausgegeben hat, betont demgegenüber, Klassiker seien diejenigen, die in ihren Erfahrungswelten, Gründungen und Konzepten eine Idee, Position, Vision, Tradition oder eine Bewegung besonders deutlich und eindeutig repräsentieren. Sie haben in der Regel ihre pädagogischen Leitideen und Positionen besonders präzise und prägnant schriftlich dargestellt, und ihre Originalität, ihr Erfindungsreichtum und ihr Engagement sind heute noch Quellen der Erkenntnis, des Vergleichs und der Reflexion (vgl. Scheuerl 1995, S. 158). Ist dieser ideengeschichtliche Ansatz nicht veraltet und muss nicht eine Beschäftigung mit empirisch-sozial-wissenschaftlichen Theorien und Erkenntnissen am Beginn des Studiums stehen? Hier kann man entgegenhalten, dass Erziehung immer ein konkretes Geschehen zwischen Menschen ist, verbunden mit konkreten Lebensgeschichten, mit Hoffnungen und Grenzen, Erfolgen und Scheitern der Handelnden.

Die im vorliegenden Buch ausgewählten Gestalten der Erziehungspraxis können als Personen mit konkreten pädagogischen Vorstellungen, Motiven und gelebter Praxis erfasst werden. Sie werden nicht als „leuchtende Vorbilder" für die Pädagogik verklärt, sondern geben Anregungen für die Deutung eigener Erfahrungen und fördern die Fähigkeit zum pädagogischen Sehen und Denken. Sie waren oftmals keine wissenschaftlichen Pädagogen, also keine „Erziehungswissenschaftler", sondern Philosophen, Schriftsteller, Theologen und engagierte Praktiker. Bei genauerer Betrachtung erweisen sie sich nicht als Helden oder gar als fehlerfreie und vollkommene Menschen, bei einigen sind das Werk oder Teile davon gescheitert, mit Hohn und Spott bedacht, in Vergessenheit geraten und erst später wiederentdeckt worden (vgl. Scheuerl 1995, S. 158ff.). Oftmals liegt ihre Bedeutung und Stärke darin, dass sie bei ihrer pionierhaften und schwierigen Praxis den Problemen standgehalten und nicht aufgegeben, aus Fehlern gelernt und engagiert weitergearbeitet haben, was für junge Pädagogen sehr tröstlich sein kann. (So z. B. Pestalozzi, der mit seinen Heimen mehrfach wirtschaftlich bankrott ging.)

Pädagogische Leitideen und Konzepte lassen sich exemplarisch am besten am Lebenswerk konkreter Personen darstellen, hinterfragen und interpretieren. Die Auswahl der Persönlichkeiten der Erziehungspraxis ist natürlich immer subjektiv und muss didaktisch begründet werden. In diesem Lehrbuch sind aus der Sicht des Verfassers besonders gut geeignete Repräsentanten für die Einführung in sieben zentrale Fragestellungen der Pädagogik oder Erziehungswissenschaft ausgewählt worden:

1. Die Bildungs- und Erziehungsbedürftigkeit des Menschen,
2. Die Erwachsenen-Kind-Beziehung,
3. Persönlichkeit und Rechte des Kindes,
4. Das entwicklungsfördernde Milieu,
5. Christliche Erziehung und Anthroposophie,
6. Bildung,
7. Menschsein mit Behinderung.

Die einzelnen Porträts sind jeweils nach folgenden Kriterien geordnet:
(1) Biografie,
(2) Zeittafel,
(3) Pädagogische Leitideen und Konzept (Kernaussagen, Begriffsklärungen, Schaubilder),
(4) Lesetext,
(5) Impulse für die heutige Erziehungspraxis,
(6) Übungsfragen,
(7) Literatur (Quellentexte, Auswahlbiografie, aktuelle Literatur, Taschenbuchausgaben),
(8) Medien (Videos, Filme, Internetinformationen).

Einleitung

Das vorliegende Arbeitsbuch richtet sich an Studierende der Sozialpädagogik, der Fachschulen für Sozialwesen, ErzieherInnen, Jugend- und HeimerzieherInnen, HeilerziehungspflegerInnen, ArbeitserzieherInnen, ErgotherapeutInnen, HeilpädagogInnen, die einen Zugang zum pädagogischen Sehen, Denken und Reflektieren ihrer eigenen Erziehungspraxis suchen. Die didaktische Gliederung soll einen Überblick über die jeweilige Thematik erleichtern, ein exemplarischer Lesetext will in die Sprache des Autors und seiner Zeit einführen, Übungsfragen sollen das Eigenstudium und die selbstständige Lernkontrolle fördern. Das Arbeitsbuch ist als Ergänzung zum im gleichen Verlag erschienenen Lehrbuch Theodor Thesing und Michael Vogt, „Pädagogik und Heilerziehungspflege" konzipiert, aber auch als eigenständiges Unterrichtswerk einzusetzen.

Literatur

Herrman, U. (1995): Pädagogische Klassiker und Klassiker der Pädagogik. In: Zeitschrift für Pädagogik, 41. Jg., H. 2, 161ff.

Scheuerl, H. (1995): Was ist ein pädagogischer Klassiker, ebd., 155ff.

1 Die Bildungs- und Erziehungsbedürftigkeit des Menschen

Was ist der Mensch? Diese Frage führt hinein in den Problemkreis der Anthropologie. Der Mensch ist das einzige Wesen, das nach sich selbst fragen und seine eigene Existenz reflektieren kann.

Woher kommt der Mensch? Wer ist er heute und wie zeigte er sich im Licht der Geschichte? Was ist seine Bestimmung? Der Mensch ist ein fragendes Wesen, und er sucht Antworten durch die Human- und Sozialwissenschaften, vor allem aber durch Philosophie und Anthropologie. Die Frage nach der Existenzweise des Menschen wird von der Pädagogik fortgeführt und spezifiziert:

Ist der Mensch lern- und erziehungsbedürftig, oder kann er sich ohne gezielten erzieherischen Einfluß und Förderung eigenständig entwickeln? Ist der Mensch erziehungsfähig? Wie verändert er sich durch Lernen, Erfahrungen und Milieueinflüsse? Welche Bedeutung haben die Mitmenschen für ihn und seine Entwicklung? Welche Folgen treten ein, wenn Erziehung, Pflege, Zuwendung und Fürsorge gestört werden oder ausfallen? Gibt es Beispiele von Menschen, die nicht unter Mitmenschen aufgewachsen sind und wie haben sich entwickelt?

Aus ethischen Gründen verbieten sich wissenschaftliche Experimente, um diese Fragen experimentell zu klären. Allerdings wird von (vorwissenschaftlichen) Experimenten berichtet. Der ägyptische König Psammetich ließ im siebten Jahrhundert vor unserer Zeitrechnung mehrere neugeborene Kinder in die Wildnis bringen und unter Ziegen aufwachsen, um herauszufinden, ob sie von sich aus eine Sprache entwickeln würden und welche das wäre. Aus dem „bek, bek . . .", das die Kinder von sich gaben, schloss er, sie hätten in phrygischer Sprache um Brot gebettelt. Die Kinder starben in früher Kindheit. Zwei sehr viel später lebende Herrscher, Friedrich II. (13. Jhdt.) und König James IV. von Schottland (16. Jhdt.) sollen ebenfalls auf der Suche nach der Ursprache „Experimente" durchgeführt haben, mit ähnlichen grausamen Ergebnissen für die betroffenen Kinder.

Von Jean Marc Gaspard Itard (1774–1838), einem französischen Arzt, wird berichtet, dass er einen Jungen, den man als den „Wilden von Aveyron" zu ihm brachte und den er Victor nannte, erzogen und gefördert hat. Itard hat dabei erstaunliche Erfolge erzielt und seine Arbeit differenziert beschrieben; seine Aufzeichnungen gehören zu den wichtigsten historischen Quellen der Heilpädagogik.

Im Jahre 1920 fand der indische Missionar J.A.L. Singh zwei Mädchen im Dschungel, die nachweislich bei Wölfen gelebt hatten. Er nahm sie in sein Waisenhaus in Midnapore auf und versuchte sie zu erziehen. Trotz intensiver Förderung erwarb nur eines der Mädchen „Kamala" und erst nach fünf Jahren den aufrechten Gang, ohne allerdings noch rasch laufen zu lernen. Ihr aktiver Sprachschatz bestand lange nur aus wenigen Silben und bis zu ihrem Tode lernte sie nicht mehr als 50 Wörter. Die Aufzeichnungen von Itard und Singh lassen den Schluss zu, dass der Mensch von Natur her nicht festgelegt ist. Die Grundlagen seiner sozialen, kognitiven und emotionalen Fähigkeiten entwickeln sich wesentlich in der frühen Kindheit und lassen sich danach nur noch schwer und nur in eingeschränktem Maße ändern (sensible Phasen, Prägungen). Die Ausprägung der typisch menschlichen Lebensweise scheint auf langjährige soziokulturelle Anregungen und Lernhilfen angewiesen zu sein; in der Kindheit Versäumtes ist kaum nachzuholen. Mit der Frage nach der Bildbarkeit des Menschen beschäftigte sich auch Jean-Jacques Rousseau (1712–1778), der in seinem Erziehungsroman „Emile" die Figur des „edlen Wilden" schuf, der unbeeinflusst von der Kultur und den (vermeintlich schädlichen) Einflüssen der Gesellschaft aufwächst. Obwohl es sich nur um eine Romanfigur handelt, hat diese Vision Rousseaus die Pädagogik wesentlich beeinflusst.

Seine Ideen wurden von Johann Heinrich Pestalozzi (1746–1827) aufgegriffen, der aber zu ganz anderen Folgerungen gelangte. Er hielt den Menschen für gleichermaßen bildungsfähig wie bildungsbedürftig, erfuhr aber durch sein Zusammenleben mit den Kindern der Armen, dass bei fehlender Erziehung eben nicht das „Edle" im Menschen zum Vorschein kommt, sondern das „Elend".

1.1 Jean-Jacques Rousseau (1712–1778) Emile – oder der von Natur aus unverdorbene Mensch

Biografie

Jean-Jacques Rousseau wurde am 28. Juni 1712 in Genf als Sohn des Uhrmachers Isaac Rousseau und seiner Ehefrau Susanne, geb. Bernhard geboren. Die Mutter starb kurz nach der Geburt. Die ersten zehn Jahre seiner Kindheit erlebte er glücklich. Der Vater hing an dem frühreifen Jungen, las mit ihm Nächte lang sentimentale Romane, welche die Mutter hinterlassen hatte und legte so die Basis für seine Sensibilität und Fantasie. Er weckte aber auch das Interesse für politische Theorien, Begeisterung für den Patriotismus der antiken Republiken, wie Sparta und das frühe Rom. In der frühen Pubertät fand diese Förderung ein Ende. Der Vater musste nach einem Konflikt mit einem Genfer Patrizier, bei dem auch Waffen angewendet wurden, fliehen und kümmerte sich nicht mehr um den Sohn. Jean-Jacques begann zu verwahrlosen. Er trat eine Lehre als Kupferstecher an, beging aber Diebstähle, streunte nachts umher, verließ schließlich die Lehrstelle und begab sich auf Wanderschaft, war zeitweise obdachlos und bewegte sich unter Personen von zweifelhaftem Ruf (vgl. Rang 1979, S. 117).

Von 1729 bis 1740 lebte Rousseau, mit verschiedenen Unterbrechungen, bei der zwölf Jahre älteren Frau von Warens, die für ihn Mutter, Beschützerin, Förderin, aber auch Geliebte wurde. 1740 übernahm er Aufgaben als Hauslehrer bei der Familie Mably, erzog deren zwei Söhne und verfasste dort seine erste pädagogische Schrift Plan zur *Erziehung des Herrn Sainte-Marie*. Nach wenigen Monaten erlosch jedoch das pädagogische Interesse; Rousseau ging nach Paris, beschäftigte sich mit Musiktheorie und dem Theater und führte die Oper Der Dorfwahrsager auf. Die Kontakte mit berühmten Denkern seiner Zeit ließen sein Interesse an politisch-moralischen Fragen wachsen, seine leidenschaftliche Kritik an der französischen

Gesellschaft nahm zu.

1749 schrieb die Akademie von Dijon eine Preisfrage aus: „Hat der Fortschritt der Wissenschaften und Künste zur Reinigung der Sitten beigetragen?" Rousseau antwortete für seine Zeit ungewohnt kritisch:

„Die sozialen Verhältnisse haben sich verschlechtert, die Menschen wurden unglücklicher, die Sittenlosigkeit nahm zu." Auf eine weitere Preisfrage der Akademie im Jahre 1754 („Welches ist der Ursprung der Ungleichheit unter den Menschen und ist sie durch das Naturrecht gerechtfertigt?"), verfasste Rousseau eine viel beachtete Streitschrift. Er definierte darin den Menschen nicht als Gesellschaftswesen, sondern als ein Einzelwesen, welches sich selbst genügt. Individuelle Unabhängigkeit ist für ihn gleichbedeutend mit Gleichheit. Erst durch Eigentum an Grund und Boden wird der Nichtbesitzende vom Besitzenden abhängig. Der Mensch entfremdet sich von seinem Naturzustand. An die Stelle der ursprünglichen Ausgeglichenheit, Ruhe und Zufriedenheit treten in der Zivilisation Besitzgier, Ehrgeiz, Wetteifer, Unrast, Unzufriedenheit und Neid. Nur im Naturzustand ist der Mensch glücklich, ist er genügsam und zufrieden mit dem, was er zum Leben braucht. Der zivilisierte Mensch dagegen schwitzt, rackert sich ab, arbeitet sich zu Tode und verzichtet so auf das eigentliche Leben. Allein eine neue Staatsordnung, in welcher der Privatbesitz gerecht verteilt wird, kann, so Rousseau, Besserung bringen (vgl. ebd., S. 122). Jeder Bürger soll nur so viel Grund und Boden erhalten, wie er selbst bearbeiten kann und zur Ernährung seiner selbst und seiner Familie benötigt. Diese Gedanken finden Eingang in einem weiteren bedeutenden Werk über den „Contrat social". Rousseau verfolgt darin unter anderem die Frage: Wie kommt es zu der Überbewertung von Luxusgütern? Er kommt zu dem Schluss, dass allein die Erziehung daran Schuld trägt. Hier vollzieht sich der Schritt zum Pädagogen. In seinem Erziehungsroman „Emile oder Über die Erziehung" wird der fiktive Zögling von den Städten, für Rousseau Hochburgen menschlicher Entfremdung, ferngehalten. Er lebt auf dem Lande, gesund, natürlich. Rousseau entwickelt im „Emile" beschreibend eine Kulturkritik und seine pädagogische Theorie.

Kant, Fichte, Herder, Goethe, Schiller und Pestalozzi nahmen seine Ideen auf. Pestalozzi bezieht sich in seinen pädagogischen Ideen ausdrücklich auf Rousseau (vgl. Russ. 1968, S. 63).

Zeittafel

1712	Am 28. Juni wird Jean-Jacques Rousseau in Genf als Sohn des Uhrmachers Isaac Rousseau und seiner Ehefrau Susanne, geb. Bernhard, geboren. Am 4. Juli stirbt die Mutter
1722	Der Vater zieht nach Nyon. Jean-Jacques kommt in die Obhut seines Onkels Gabriel Bernhard, der ihn durch den Pfarrer Lambercier erziehen und unterrichten lässt
1724	Lehrling beim Geschichtsschreiber Masseron; Wechsel in die Lehre als Graveur bei Meister Ducommun
1728	Abbruch der Ausbildung; Wanderzeit; Aufnahme in ein Hospiz für Konvertierte; Übertritt zum katholischen Glauben; Lakai in Turiner Adelshäusern
1729	Erfolgloser Besuch eines Priesterseminars
1730	Wanderungen als Landstreicher, Musikant und Musiklehrer durch die Schweiz und Frankreich
1731	Aufenthalt in Paris; Arbeit am Katasteramt von Savoyen, später als Musiklehrer; autodidaktische Studien
1740	Hauslehrer in Lyon, Schrift: „Plan zur Erziehung des Herrn Sainte-Marie".
1743	Dissertation über moderne Musik; kurze Tätigkeit als Sekretär des französischen Botschafters in Venedig
1746	Geburt des ersten Sohnes aus der Beziehung zu Thérèse Levasseur, den Rousseau, wie auch die folgenden vier Kinder, einem Waisenhaus übergibt.
1749–1756	Veröffentlichungen: Musikartikel für eine Enzyklopädie; „Rede über den Ursprung und die Grundlagen für die Ungleichheit unter den Menschen"; „Die neue Heloise"; Singspiel „Die Wahrsagerin"
1759–1761	Arbeit am „Emile" „und am „Contrat social"; Beschlagnahmung und Verbot des Emile durch das Pariser Parlament; Haftbefehl; Flucht in die Schweiz.
1766	Reise nach England; Kontakte zu David Hume
1770	Rückkehr nach Paris; Arbeit als Notenkopist; häufige Depressionen und Wahnvorstellungen
1778	Am 2. Juli stirbt Rousseau in Ermenonville
1794	Überführung des Sarges in das Pariser Pantheon

(Die Zeittafel ist orientiert an Holmsten 1997, S. 161ff)

1.1 Jean-Jacques Rousseau (1712–1778)

Pädagogische Leitideen und Konzept

Jean-Jacques Rousseau ist kein akademischer Pädagoge, der seine pädagogischen Zielvorstellungen im Rahmen seiner Tätigkeit als Hochschullehrer entwickelte. Er übte die verschiedensten Berufe aus, war unter anderem Ladendiener, Lakai, Musiklehrer, Notenkopist, Opernkomponist, Hauslehrer, Botschaftssekretär, Schriftsteller, Philosoph.

Als Pädagoge trat Rousseau mit seinem Erziehungsroman „Emile oder Über die Erziehung" an die Öffentlichkeit und regte damit wie kaum ein anderer Schriftsteller und Kulturkritiker des 18. Jahrhunderts die Diskussion über Erziehungsfragen und Bildung des Menschen an. Mit diesem Werk trat ein neuartiges pädagogisches Denken in das Bewusstsein der Menschen. Martin Rang, einer der profiliertesten Rousseau-Interpreten weist auf die große zeitgenössische Wirkung der Veröffentlichung hin:

> „(. . .) jedermann im lesenden Publikum scheint sich auf einmal betroffen zu fühlen von einem Erziehungsdenken, das sich nicht auf Stände und Traditionen, sondern auf den Menschen selbst bezieht, auf seine innerste Natur, seine individuellen Fähigkeiten, seine eigenen Erfahrungen, Gefühle und Leidenschaften, vor allem aber auf die Stadien seines Lebensweges, auf Kindheit und Jugend als eigene Erlebnis- und Existenzweisen" (Rang 1979, S. 116).

Emile ist ein erdachter Zögling, der durch einen Hauslehrer (Hofmeister) von Geburt an begleitet wird. Ferngehalten von den Städten als Orten der Entfremdung führt er ein ländliches, naturbezogenes Leben. Rousseau setzt bei einer radikalen Kulturkritik an. Im 1. Buch seines fast tausend Seiten umfassenden fünfbändigen Werkes beschreibt er die Grundgedanken:

> „Alles ist gut, wie es aus den Händen des Schöpfers der Dinge hervorgeht; alles verdirbt unter den Menschen" (Rousseau 1963, S. 107).

Die Gesellschaft hat in ihrer Entwicklung den Menschen von seiner wahren Natur entfremdet, die Gefahr geht vor allem von den schlechten Lebensbedingungen der Städte aus.

> „Die Menschen sind nicht dazu geschaffen, wie in einem Ameisenhaufen zu leben, sondern als Einzelwesen auf dem Boden zu leben, den sie zu bearbeiten haben. Je mehr sie sich zusammenrotten, umso entarteter werden sie. (. . .) Die Stadt ist der Schlund, der das Menschengeschlecht verschlingt" (ebd., S. 150).

Rousseau sieht das einfache, naturgegebene Leben auf dem Lande als das angemessene Lebensmilieu. Das Grundübel ist die Scheinexistenz des gesellschaftlichen Menschen. Er fühlt sich abhängig von der öffentlichen Meinung;

er ist nur das, was die Gesellschaft von ihm hält. Er stürzt sich in Betriebsamkeit, häuft materielle Güter an, sucht Sozialprestige und verliert sich dadurch selbst. Diese Unterwerfung und Abhängigkeit führen zur *Selbstentfremdung*. Durch das Eigentum an Grund und Boden wird der Nichtbesitzende vom Besitzenden abhängig. Der Mensch entfernt sich von seinem Naturzustand. Der ursprüngliche Genuss des Lebens, Ruhe und Zufriedenheit werden ersetzt durch Habgier, Prestigedenken, Neid und Unzufriedenheit.

Rousseaus Bildungsideal ist der ursprüngliche, einfache, von Natur aus unverdorbene Mensch. Er verwendet die Begriffe Natur und Kultur in einer besonderen Weise:

Natur: (a) einfache Lebensweise, in Verbindung mit allseitiger Lebenstätigkeit ohne Verweichlichung und Verkünstelung;

(b) das Ursprüngliche, Eigentliche, Innere und Wesentliche im Menschen;

(c) die sittlich guten Kräfte.

Kultur: Zivilisation und nachteilige Begleiterscheinungen der Kulturentwicklung.

Wahre Kultur: deckt sich mit dem, was Rousseau als Natur bezeichnet: Streben nach Wahrheit und Tugendhaftigkeit, Selbstaufopferung und freiwillige Unterordnung unter den Willen der Gesamtheit (vgl. Russ. 1968, S. 64f.).

Im „Emile" fordert Rousseau, die Kindheit als eigene, bedeutsame Lebensphase zu achten und zu schützen und das Spiel als bedeutsame und ernsthafte Beschäftigung des Kindes anzuerkennen. Die Gliederung des Buchs folgt den Lebensphasen der Titelgestalt:

1. Buch: Säuglingsalter (1. Lebensjahr)
2. Buch: Kindesalter (2.–12. Lebensjahr)
3. Buch: Knabenalter (12.–15. Lebensjahr)
4. Buch: Jünglingsalter (15.–20. Lebensjahr)
5. Buch: Mannesalter (ab 20. Lebensjahr)

> „Die Natur will, dass Kinder Kinder sind, bevor sie zum Erwachsenen werden. Wollen wir diese Ordnung umkehren, erzeugen wir frühreife Früchte, die weder Saft noch Kraft haben und bald verfault sein werden – auf die Art erzeugen wir junge Doktoren und alte Kinder. Die Kindheit hat ihre eigene Weise zu sehen, zu denken und zu empfinden" (Rousseau 1963, S. 206f.).

> „Menschen seid menschlich, das ist eure vornehmste Aufgabe. Seid es jedem Lebensalter gegenüber (...) Liebt die Kindheit, fördert ihre Spiele, ihre Freuden und ihren liebenswerten Instinkt. Wer von euch hätte nicht manchmal dieser Zeit nachgetrauert, da die Lippen nur das Lächeln

kennen und die Seele den Frieden? Warum wollt ihr diesen kleinen Unschuldigen versagen, diese kurze Zeit, die ihnen so bald entschlüpft, und dieses kostbare Gut, dessen Missbrauch ihnen fremd ist, auszukosten?" (ebd., S. 185).

Rousseau wandte sich auch gegen ein Verständnis von Bildung als Bücherwissen. Das Auswendiglernen von Wörtern und Texten, Hauptaufgabe der Bildungsinstitutionen seiner Zeit, lehnte er strikt ab. Bücher bezeichnete er als Geisel der Kinder. Man stopfe die Köpfe der Kinder voll mit unbrauchbarem Zeug, das sie nicht verstehen und wozu sie keinen Bezug haben. Nicht Bildung aus Büchern, sondern Entfaltung und Schulung der Sinne, Sammlung von Erfahrungen durch Selbsttätigkeit sei gefordert. So soll Emile im Kindes- und Knabenalter keine Bücher haben, außer Daniel Defoes „Robinson Crusoe". Robinson schätzt nur die lebensnotwendigen Dinge, er stellt sich alle Werkzeuge selbst her. Er schätzt nur, was ihm nützt. Er erfährt Kraft und Ohnmacht im Umgang mit der Natur. Er erlebt, was wichtig und lebensfördernd ist. Er bildet sich durch die natürlichen Folgen seines Tuns, er erfährt Mühe und Schmerz.

Rousseau fordert statt Bücherbildung praktische Erfahrung durch Handarbeit, die dem Menschen im natürlichen Zustand am nächsten stehe. Sein Emile soll ein Handwerk erlernen. Er soll nicht Kunststicker, Vergolder, Schauspieler oder Dichter werden, sondern Schuster oder Straßenpflasterer.

Die Freiheit des Menschen sieht Rousseau in der *freiwilligen Beschränkung:*

„Jeder der tut, was er will, ist glücklich, wenn er sich selbst genügt; so ist es bei dem Menschen, der im Naturzustand lebt. Jeder der tut, was er will, ist unglücklich, wenn seine Bedürfnisse seine Kräfte überschreiten" (ebd. 1963, S. 196).

Kinder und bürgerliche Menschen sind gleich: Weil sie nicht verzichten können, sind sie schwach. Emile soll einzig und allein vom Gesetz der Natur abhängig sein. Seinen unvernünftigen Wünschen sollen natürliche Widerstände Grenzen setzen. Erfahrung oder Unvermögen sollen an die Stelle von Gesetzen treten. Am Ende werden Gehorsam und Herrschaft überflüssig und Emile gehorcht der Natur.

Die Entwicklung des Menschen verläuft für Rousseau in Entwicklungsstufen, die er als Alter der Natur, der Vernunft, der Stärke und der Weisheit bezeichnet – Einteilungen, die der heutigen Entwicklungspsychologie nicht genügen können.

Lesetext

Umgang mit Gefahren und Überbehütung

„Wenn es hinfällt, wenn es sich eine Beule am Kopf schlägt, wenn es Nasenbluten hat oder wenn es sich in die Finger schneidet – ich stürze nicht erschreckt hinzu, sondern bleibe ganz ruhig – zumindest für eine kleine Weile. Das Unglück ist geschehen und muss auf jeden Fall ertragen werden. Meine eifrige Hast würde das Kind nur noch mehr erschrecken und seine Empfindlichkeit steigern. Im Grunde ist es der Schreck eher als die Verletzung, was uns aus dem Gleichgewicht bringt. Wenigstens werde ich ihm so die Angst ersparen, denn sicherlich wird es sein Leid selbst so betrachten, wie es das bei mir beobachten kann. Sieht es mich aufgeregt herbeieilen, tröste und bedaure ich es, glaubt es sich verloren; sieht es, dass ich die Ruhe bewahre, wird es sich auch bald wieder beruhigen, und das Schlimmste scheint ihm vorbei, wenn es nichts mehr spürt. In diesem Alter wird man vor die ersten Mutproben gestellt, und durch furchtloses Ertragen kleiner Schmerzen lernt man allmählich die großen auszuhalten. Weit entfernt davon, Emile vor jeglicher Gefahr zu behüten, wäre es mir gar nicht recht, wenn ihm nie etwas zustieße und er aufwüchse, ohne zu wissen, was Schmerz heißt. Das erste, was er lernen und unbedingt wissen muss, ist leiden zu können. (...) Fällt das Kind hin, wird es sich nicht das Bein brechen, schlägt es sich mit einem Stock, so bricht es sich nicht den Arm; nimmt es ein scharfes Messer in die Hand, so fasst es nicht fest zu und wird sich also auch nicht tief schneiden. Ich wüsste nicht, dass sich je ein frei und ungezwungen aufwachsendes Kind verstümmelt oder zu Tode gebracht oder gefährlich verletzt hätte, wenn man es nicht gedankenlos der Gefahr ausgesetzt hat herabzustürzen oder es allein beim Feuer oder gefährliche Werkzeuge in seiner Reichweite gelassen hat" (ebd., S. 182).

Verwöhnung

„Kennt ihr das sicherste Mittel, euer Kind unglücklich zu machen? Gewöhnt es daran, alles zu bekommen. Denn, da seine Wünsche sich dann durch die Leichtigkeit ihrer Erfüllung unablässig vermehren, werdet ihr früher oder später durch die Unmöglichkeit, sie alle zu befriedigen, gezwungen sein, sie zu verweigern, und diese ungewohnte Verweigerung wird es mehr quälen als der Verzicht auf das, was es wünscht. Zuerst möchte es euren Spazierstock haben, dann eure Uhr, dann den Vogel, der vorbeifliegt; es möchte den Stern, den es leuchten sieht, es möchte alles, was es sieht – wie könnt ihr es zufriedenstellen, wenn ihr nicht gerade der liebe Gott seid?

Der Mensch ist von Natur so veranlagt, dass er alles als ihm gehörig ansieht, was in seinem Machtbereich liegt. In diesem Sinn ist Hobbes' These bis auf einen gewissen Punkt richtig: Multipliziert die Mittel, unsere Wünsche zu befriedigen, mit unseren Wünschen, und jeder macht sich zum Gebieter über alles. So fühlt sich das Kind, das nur zu wollen braucht, um zu bekommen, als Herr des Universums. Es betrachtet alle Menschen als seine Sklaven, und wenn man sich schließlich gezwungen sieht, ihm etwas zu versagen, so glaubt das Kind, das bisher alles für erreichbar hielt, was es haben wollte, an einen Akt der Auflehnung. Alle Vernunftgründe, die man ihm in einem Alter vorhält, da es zur Überlegung noch unfähig ist, sind nach seinem Ermessen nichts als Vorwände; es sieht nur bösen Willen: verbittert durch das Gefühl dieser scheinbaren Ungerechtigkeit fasst es einen Hass gegen die ganze Welt. Und ohne je einem Entgegenkommen Dank zu wissen, empört es sich über jeden Widerstand. Wie könnte ich mir vorstellen, dass ein so von seinem Zorn beherrschtes und von unausrottbaren Leidenschaften verzehrtes Kind jemals glücklich wäre? So ein Kind und glücklich! Es ist ein Despot. Es ist zugleich der niedrigste aller Sklaven und das unglücklichste aller Geschöpfe" (ebd. 1963, S. 201f.).

Zerstörung von Gegenständen und Strafe

„Euer etwas schwieriges Kind zerstört alles, was es anrührt – werdet nicht ärgerlich. Nehmt alles, was es zerstören könnte, aus seiner Reichweite. Zerbricht es alle Sachen, mit dem es umgeht – gebt ihm nicht gleich andere dafür. Lasst es den Schmerz des Verlustes fühlen. Zerbricht es die Fensterscheiben in seinem Zimmer – lasst ihm Tag und Nacht den Wind um die Nase weh und kümmert euch nicht um seine Erkältung, denn es ist besser, es hat einen Schnupfen, als dass es den Verstand verliert. Beklagt euch nie über die Ungelegenheiten, die es euch bereitet, sondern lasst sie es zuerst am eigenen Leib fühlen. Schließlich lasst ihr neue Scheiben einsetzen, ohne ein Wort zu verlieren. Zerbricht es sie wieder, wendet eine andere Methode an. Sagt ihm in knappen Worten, aber ohne Zorn: Die Fenster gehören mir, ich habe dafür gesorgt, dass sie da sind, und will, dass sie ganz bleiben. Dann schließt ihr es in einen dunklen, fensterlosen Raum ein. Bei dieser ihm so ungewohnten Maßnahme fängt es sofort wieder an zu schreien und zu toben – keiner kümmert sich darum.

Bald wird es müde und es ändert seinen Ton, es klagt und wimmert (. . .) nachdem das Kind mehrere Stunden so verbracht und Zeit genug gehabt hat, sich zu langweilen, schlägt ihm jemand vor, einen Vergleich mit euch abzuschließen:

> Ihr werdet ihm seine Freiheit wieder geben, wenn es nie mehr Fensterscheiben zerbrechen wird. Nichts wird ihm willkommener sein; es wird euch bitten lassen, zu ihm zu kommen, und ihr kommt. Es wird euch seinen Entschluss mitteilen, und ihr werdet ihn sofort annehmen, wobei ihr ihm sagt: Das ist vernünftig, wir werden alle beide Vorteile davon haben" (ebd., S. 225f.).

Impulse für die heutige Erziehungspraxis

Wenn sich Eltern oder Berufserzieher mit Pädagogen früherer Jahrhunderte beschäftigen wollen, so ist es sinnvoll, deren Aussagen grundsätzlich im Kontext ihrer Zeit zu interpretieren. Zu leicht fällt es, vom Wissensstand des 21. Jahrhunderts ihre pädagogischen Ideen als unzulänglich zu kritisieren und ihren Wert für die heutige Zeit in Frage zu stellen. Rousseau hat in seinem Erziehungsroman „Emile" eine Mischung aus Roman, psychologischer Abhandlung und moralischem Traktat geschaffen, die man als pädagogische Utopie bezeichnen kann und die ideengeschichtlich dem Naturalismus zuzuordnen ist. Immer wenn starre gesellschaftliche Vorstellungen durchbrochen werden sollen, sind scharfe Konturen und radikal neue Bilder notwendig. Rousseau setzt bei einer Kulturkritik einer Gesellschaft an, die zwar Kinder in die Welt setzt, aber nicht bereit ist, sich um sie zu kümmern, sondern dies den Ammen, Hauslehrern oder Internaten überlässt. Nicht mehr die Notwendigkeiten des Überlebens, sondern die Beschäftigung mit klassischer Bildung ohne Relevanz für das Leben, Zerstreuung und Langeweile, Verwöhnung durch Überfluss sind Lebensinhalt der Menschen geworden. Der Mensch wird durch die (schlechte) Kultur sich selbst entfremdet; stattdessen soll er in einer natürlichen Umgebung aufwachsen.

Ähnliche Fragen beschäftigen Eltern und Pädagogen heute: Die Welt wird den Kindern aus zweiter Hand nahegebracht. Im bebilderten Buch, noch stärker durch das Fernsehen werden fremde Tiere und fremde Länder zur Kenntnis genommen; die Tiere der näheren Heimat oder die Kulturobjekte der nahen Umgebung werden dagegen nicht mehr erlebt. Kinder zeichnen im Kindergarten eine lila Kuh, die sie aus der Werbung kennen. Konzepte der Natur- und Waldkindergärten setzen heute ähnlich an wie Rousseau im 18. Jahrhundert: Sie verbannen das vorgefertigte Spielzeug aus dem pädagogischen Raum. Die Kinder bewegen sich in der Natur, stellen alle Spielgeräte selbst her, machen ursprüngliche Naturerfahrungen, ernähren sich von jahreszeitlichen Früchten, im Gegensatz zur Fertigbeton und Fast food Kultur.

Rousseau setzt sich für die Anerkennung der Kindheit als eigenständige Lebensphase ein, die von den Erwachsenen nicht eingeschränkt wird und als unwiederholbar betrachtet werden muss. Sein Vorwurf ist, dass die Erwachsenen in den Kindern lediglich kleine Erwachsene sehen und die Kindheit als möglichst schnell zu überwindende Phase definieren. Sehr früh, zu früh werden Kinder kognitiven Lernprozessen unterworfen, der Alltag verplant, die Köpfe mit Lexikonwissen vollgestopft, ohne das die Kinder verstehen, wofür sie das alles brauchen. Die Vertröstung auf morgen („Später brauchst dies alles, um in der Welt zurecht zu kommen") ist auch heute ein aktuelles Problem. Der polnische Pädagoge Janusz Korczak spricht vom „Recht des Kindes auf den heutigen Tag". Rousseau formuliert ähnlich: „Die Natur will, dass Kinder Kinder sind, bevor sie zum Erwachsenen werden."

Nach dem sogenannten „Sputnikschock" der 1960er-Jahre, als russische Kosmonauten früher im Weltraum waren als die Amerikaner, begann auch in Deutschland eine heftige Diskussion um frühes Leselernen, Intelligenztraining und Vorschulerziehung ab dem dritten Lebensjahr. Argumente für eine unbelastete, freie und von den Erwachsenen ungestörte Kindheitsphase hatten damals starke Legitimationsprobleme.

Das Ziel von Rousseaus Erziehungskonzept war nicht der Erwachsene, sondern das reife Kind. Zwar ist seine Psychologie der Entwicklungsstufen nach heutigem Wissenschaftsstand unzureichend, sein Verdienst liegt aber in der engen Verbindung von Psychologie und Erziehung, die für das 18. Jahrhundert revolutionär war.

Rousseau fordert das Spiel als kindgemäße Beschäftigung und Lebensäußerung. Die Freude am nicht zweckgebundenen Tun anzuerkennen und zu fördern war ebenfalls völlig neu für das 18. Jahrhundert. Heute haben viele Eltern und Erzieher dieses Freiheitsverständnis im kindlichen Spiel immer noch nicht akzeptiert und nachvollzogen. Spiele werden häufig nach ihrem Lernwert gekauft, die gezielte Beschäftigung als Vorbereitung auf schulische Haltungen dem Freispiel vorgezogen. Kreative Beschäftigung wie Malen oder Gestalten werden am Endergebnis gemessen und nicht an Erfahrungen, die das Kind im Prozess des Tuns macht.

Die Vorstellung allerdings, der in der natürlichen, ländlichen Umgebung aufgewachsene Naturmensch würde sich bereitwillig dem Gemeinschaftswillen unterwerfen, weil er das Gemeinwohl im Auge hat, und der Staat würde ihn verantwortungsvoll schützen, erscheint aus heutiger Perspektive naiv und muss auf heftigen Widerspruch stoßen. Das Fehlen politischer Bildung, der Glaube an die Redlichkeit der Machthaber („Die da oben werden es schon richtig machen") ist für die menschliche Existenz gefährlich, wie die Geschichte gezeigt hat.

Martin Rang weist auf den soziologischen Standort der Erziehungstheorien Rousseaus hin: „So sehr Emile zum Menschen erzogen werden soll, die gesellschaftliche Welt, auf die seine Erziehung vorbereitet und vorbeugend ausgerichtet ist, ist unverkennbar die Welt der ‚Reichen', insbesondere die des französischen Adels" (Rang 1959, S. 82). Welche Familie kann sich einen privaten Hauslehrer leisten, der mindestens fünfzehn Jahre lang den Sohn oder die Tochter erzieht und begleitet? Hier ist ein bedeutender Mangel in der Umsetzbarkeit, eine fehlende Praxisrelevanz der Theorie feststellbar.

Übungsfragen

1. In welcher historischen und gesellschaftspolitischen Situation entwickelte Rousseau seine gesellschaftskritischen und pädagogischen Gedanken?

2. Geben Sie einen Überblick über den beruflichen und wissenschaftlichen Werdegang Rousseaus. Welche Erlebnisse und Erfahrungen scheinen richtungsweisend und prägend für seinen Erziehungsroman „Emile – oder Über die Erziehung"?

3. Nennen Sie wesentliche Punkte seiner Kulturkritik. Welches Gesellschaftsbild zeichnet er und welche Vorschläge zur Veränderung der Verhältnisse werden von ihm gemacht?

4. Interpretieren Sie die folgende These Rousseaus aus anthropologischer Sicht: „Alles ist gut, wie es aus den Händen des Schöpfers der Dinge hervorgeht, alles verdirbt unter den Menschen!"

5. Was bedeuten bei Rousseau die Begriffe „Scheinexistenz", „Selbstentfremdung" und „Naturzustand"?

6. Was versteht Rousseau unter „Natur", „Kultur" und „Wahre Natur"? Vergleichen Sie die Begriffe mit aktuellen Definitionen der Soziologie.

7. Welche Auffassung hat Rousseau von der Lebensphase „Kindheit"? Welche Bedeutung haben in dieser Phase Spiel, Bewegung und Lernen?

8. Beschäftigen Sie sich mit einem ausgewählten Lesetext. Welche modernen pädagogischen Argumente lassen sich für oder gegen seine Darlegungen zur „Überbehütung", „Verwöhnung" oder „Strafe" nennen?

9. Diskutieren Sie Rousseaus Begriff der „Freiheit" und seinen Vorschlag der „Selbstbeschränkung". Vergleichen Sie diesen Ansatz mit heutigen Problemen einer Überflussgesellschaft und der Normenpluralität moderner Gesellschaften.

10. Welche Impulse für die heutige Erziehungspraxis lassen sich aus dem Erziehungsroman „Emile" gewinnen? Nehmen Sie fachlich Stellung, ob die Erziehung eines „von der Natur unverdorbenen Menschen" möglich und sinnvoll ist und welche Bedeutung in diesem Zusammenhang gesellschaftliche Einflüsse haben.

Literatur

Holmsten, G. (1997 u. 2005): Jean-Jacques Rousseau, 17. Aufl. Reinbek b. Hamburg (rororo-Monographie Nr. 50191)

Rang, M. (1979 u. 1999): Jean Jacques Rousseau. In: Scheuerl, H. (1999): Klassiker der Pädagogik II, 2. Aufl., München, 116–134

ders. (1959): Rousseaus Lehre vom Menschen, Göttingen

Rousseau, J. J. (1963 u. 2012 (z. B. Kindle-Edition): Emile oder Über die Erziehung, Stuttgart

Russ, W. (1973): Geschichte der Pädagogik, 9. Aufl., Bad Heilbrunn

Soetard, M. (2012): Jean-Jacques Rousseau. Leben und Werk, München

Medien

Die natürliche Erziehung. Emile oder Über die Erziehung, 1986, VHS-Kassette, 30 Min., Landesmedienstelle Baden Württemberg, Stuttgart

Natur oder Dressur. Zwei Jahrtausende Kindheit, Erziehung im Jahrhundert der Aufklärung. John Locke und Jean Jacques Rousseau 1979, VHS-Kassette, 28 Min., ZDF, Sendung am 1.2.1980

Die Erziehung zum Glück. – vorgedacht von dem Philosophen Jean Jacques Rousseau, 1986, VHS-Kassette, 45 Min., WDR und West 3

Webliografie

de.wikipedia.org/wiki/jean_jacques_rousseau

1.2 Johann Heinrich Pestalozzi (1746–1827) Die Menschenbildung

Biografie

Johann Heinrich Pestalozzi wurde am 12. Januar 1746 als Sohn des Chirurgen Johann Baptist Pestalozzi und seiner Ehefrau Susanne, geb. Hotz, in Zürich geboren. Er gilt als einer der Klassiker der deutschsprachigen Pädagogik, eine große Erziehergestalt, die viel Widersprüchliches in sich vereint. So scheiterte er trotz seiner schon die Zeitgenossen beeindruckenden pädagogischen Ideen mit seinen Erziehungsprojekten mehrfach aus finanziellen Gründen. Sein Name steht für eine Grundlegung der Sozialpädagogik, für die Erziehung armer und verwaister Kinder, die Elementarbildung und die Reform des Volksschulwesens.

Pestalozzis Vorfahren, eine Kaufmannsfamilie, wanderten bereits 1550 aus Chiavenna/Italien ein. Johann Heinrich hatte sechs Geschwister, von denen bereits vier im frühen Kindesalter starben. Als der kleine Johann Heinrich fünf Jahre alt war, starb der Vater. Auf dem Sterbebett nahm er seiner Haushälterin und Magd Barbara Schmid (Babeli) das Versprechen ab, sich um die Familie zu kümmern:

> „Babeli, um Gottes und aller Erbarmen willen, verlasse meine Frau nicht; wenn ich tod bin, so ist sie verloren, und meine Kinder kommen in harte, fremde Hände. Sie ist ohne Deinen Beystand nicht im Stande, meine Kinder bey einander zu erhalten" (Pestalozzi, Sämtliche Werke, Bd. XXVIII, S. 213).

Sie blieb bis zu ihrem Tod 1788 bei der Familie. Johann Heinrich wurde so von zwei Frauen erzogen. Durch den frühen Tod des Vaters war die Familie zur äußersten Sparsamkeit gezwungen, obwohl sie zur Mittelschicht der Stadt gehörte. Die Kinder wurden im Haus gehalten, damit sie Kleidung und Schuhe nicht „unnötig verdarben". Pestalozzi bedauerte in seinen Schriften die Einseitigkeit der Erziehung durch zwei Frauen und das Fehlen altersgemäßer Spielkameraden:

„... ich mangelte von meinem sechsten Jahre an in meinen Umgebungen alles, dessen die männliche Kraftbildung in diesem Alter so dringend bedarf. Ich wuchs an der Hand der besten Mutter in dieser Rücksicht als ein Weiber- und Mutterkind auf, wie nicht bald eins in allen Rücksichten ein größeres sein konnte. Ich kam, wie man bei uns sagt, jahraus jahrein nie hinter dem Ofen hervor" (Pestalozzi, Sämtliche Werke, Bd. XXVIII, S. 212).

Die kargen wirtschaftlichen Verhältnisse, die emotionale Geborgenheit durch zwei Frauen in einer vaterlosen Familie, die Abgrenzung von der Welt, prägten den jungen Pestalozzi und diese Erfahrungen kehrten in seinen Schriften als Motive immer wieder. Pestalozzi besuchte ab dem fünften Lebensjahr die Elementarschule. In diesen sogenannten „Hausschulen" lernten die Kinder des Bürgertums Lesen, Schreiben, Rechnen und den Katechismus, überwiegend durch bloßes Auswendiglernen und lautes Lesen der Texte (vgl. Liedke 1968, S. 13). Durch sein sonderbares tapsiges Verhalten wurde er von den anderen Kindern als „Heiri (Heinrich) Wunderli von Thorliken" verspottet. Mit acht Jahren besuchte er die Lateinschule. Im 17. Lebensjahr wurde er Student an der Akademie Carolinum, um sich auf die Pfarrerslaufbahn vorzubereiten, brach aber nach zwei Jahren das Studium ab.

In den Studentenjahren wurde er Mitglied einer politischen Vereinigung, den „Patrioten". Er kam mit dem Gesetz in Konflikt und wurde wegen Verbreitung verbotener Flugblätter verhaftet. In diesen politischen Zirkeln wurde heftig debattiert, man las Rousseaus „Emile" und den „Contrat social", die zeitweise verboten waren und für Aufsehen sorgten. Die Studenten distanzierten sich von den „korrupten Erwachsenen", wählten bewusst asketische Ideale (kein Tee, Kaffee, Wein, Tabak) und wollten, beeinflusst durch Rousseau, zurück zur ursprünglichen Einfachheit der gesellschaftlichen Verhältnisse (vgl. Hebenstreit 1996, S. 21). Das gesunde Landleben wurde gegen die Verderbtheit der Stadt gesetzt. Diese politischen Ideen prägten Pestalozzi.

1767 lernte er seine spätere Frau, die acht Jahre ältere Anna Schuldhess kennen. Ihre Eltern waren gegen die Verbindung, da der junge Pestalozzi (21 Jahre alt) mittellos war, sein Studium abgebrochen hatte und als politisch suspekt galt. Sie befürchteten einen sozialen Abstieg der Tochter. Trotz des Widerstandes der Eltern fand zwei Jahre später die Hochzeit außerhalb Zürichs in einem kleinen Dorf statt. Pestalozzi hatte inzwischen beschlossen, seine politischen Ideen in die Tat umzusetzen und Landwirt zu werden. Rousseaus Ideen von der Einfachheit des Landlebens und Vorstellungen eines physiokratischen (d. h. von der alleinigen Produktivität der Landwirtschaft ausgehenden) Wirtschaftssystems beflügelten ihn. Er begann eine Lehre auf dem Musterhof von Tschiffeli in Kirchberg, um dort neue Anbaumethoden zu studieren, brach aber den Aufenthalt nach neun Monaten ab. Pestalozzi scheint in dieser Zeit viele neue Ideen und landwirtschaftliche Verfahren kennengelernt zu haben, so den Krappanbau (rotes Textilfärbemittel), den Anbau von neuartigen Futtermitteln, aber für eine systematische Lehre blieb die Zeit zu kurz. Er beschloss, sich selbstständig zu machen und eine Familie zu gründen, nahm Kredite auf und kaufte den Neuhof bei Brugg. Landwirtschaftliche Äcker wurden gekauft, ein überdimensionierter Gutshof gebaut. Dabei übernahm sich Pestalozzi finanziell. Ein wichtiger Kapitalgeber forderte einen Kredit von 15.000 Gulden zurück, da er nicht in ein Fass ohne Boden und einen erfolglosen Bauern zu investieren bereit war. Der Krappanbau benötigte eine viel längere Vorlaufzeit als geplant, ein Teil der Anbaufläche erwies sich als nicht genügend ertragreich (vgl. ebd., S. 25f.). Pestalozzis finanzielle Situation war und blieb auch in der Folge desolat. Er selbst schrieb später einem Freund:

„Dreißig Jahr war mein Leben eine unaufhörliche ökonomische Verwirrung und ein Kampf gegen eine zur Wut treibende Bedrängnis der äußersten Armut! – Wußtest Du es nicht, dass mir gegen dreißig Jahren die Nothdurft des Lebens mangelte; nicht, dass ich bis auf heute weder Gesellschaft noch Kirchen besuchen kann, weil ich nicht gekleidet bin und mich nicht zu kleiden vermag" (Pestalozzi, Sämtliche Briefe, Bd. IV, S. 109).

Im Jahr 1773 nahm Pestalozzi Kinder auf dem Neuhof auf und gründete eine Armenerziehungsanstalt. 1776 beherbergte die Anstalt 22 Kinder, 1778 bereits 37. Hebenstreit weist in seinem Werk über Pestalozzi kritisch auf die Motive hin:

„Zunächst werden die Kinder als billige Arbeitskräfte gebraucht, doch als dies das Scheitern der Landwirtschaft nicht aufhält, versucht Pestalozzi durch die Verbindung von Kinderarbeit und der Ausbildung der Kinder eine neue wirtschaftliche Basis zu finden. Seine Rechnung geht dahin, dass er den Kindern für ihre Arbeit freie Unterkunft und Essen bietet und darüber hinaus noch für eine solideErziehung der Kinder sorgt. Die so ausgebildeten Kinder, so dachte er, würden sicher über die Erziehungszeit hinaus aus Dankbarkeit auf dem Neuhof bleiben, um als billige Arbeitskräfte das in sie investierte Geld zurückzubezahlen" (Hebenstreit 1996, S. 26).

Doch die Rechnung ging nicht auf. Die Kinder nahmen zwar die Ausbildung an, verschwanden dann aber. Eltern holten ihre Kinder, nachdem sie körperlich gepflegt und eingekleidet waren, wieder ab, um sie zum Betteln zu schicken. Zur Betreuung und Ausbildung stellte Pestalozzi Mitarbeiter ein:

> „einen Webermeister, zwei gelernte Weber, eine Spinnmeisterin, zwei erwachsene Spinner, einen Mann der neben dem Spuhlen die Anfänge des Lesens und Buchstabierens besorgt, zwei Knechte, zwei Mägde vast ganz für den Landbau" (Pestalozzi, Sämtliche Werke, Bd. I, S. 190).

Der kleine Feldbau und die Weberei sind

> „Bestimmung der Knaben, und Spinnen, Garten und Landküche Bestimmung der Mädchen, mit Anfangen im Nehen und Lismen. Lesen, Schreiben und Rechnen nur zum kleinen Haus- und Landgebrauch (...) Reformierten Religionsunterricht genießen sie mit den Pfarrkindern unsers Dorfs (...)" (Pestalozzi, Sämtliche Briefe, Bd. III, S. 52).

Im Jahr 1780, nach sieben Jahren, scheiterte die Armenerziehungsanstalt Neuhof aus finanziellen Gründen. Das Erbe der Ehefrau war verbraucht, die Kinder mussten den Neuhof verlassen, ein Teil der Ländereien verkauft werden. Für Pestalozzi begann eine neue Schaffensphase als Schriftsteller. Nebenbei verkaufte er als kleiner Textilunternehmer Rohstoffe an die Landbevölkerung und handelte mit Halbfertigprodukten. 1781 erschien der Volksroman „Lienhard und Gertrud", der ein großer Erfolg wurde. Die „Abendstunde eines Einsiedlers" folgte. 1792 wurde Pestalozzi mit siebzehn anderen Geistesgrößen Europas durch die Revolutionsregierung die französische Ehrenbürgerschaft verliehen. 1798 kam es in der Schweiz zur Revolution, die alte Schweizer Eidgenossenschaft wurde aufgelöst, die Helvetische Republik ausgerufen.

In der Zeit von Dezember 1798 bis Juni 1799 leitete Pestalozzi die Anstalt Stans, eine Armen- und Industrieschule, die aber unter dem Druck des österreichisch-französischen Krieges wieder geschlossen wurde, nur 22 von 80 Kindern konnten im Heim verbleiben. Pestalozzi verließ Stans, physisch und psychisch ausgelaugt. Zusammen mit einer Haushälterin hatte er allein die Kinder versorgt. 1799 wurde er Lehrer in Burgdorf, übernahm eine Zeit lang die Redaktion des „Helvetischen Volksblattes", einer regierungsamtlichen Zeitung. Im Jahre 1800 gründete er im Burgdorfer Schloß ein Erziehungsinstitut für begüterte Bürgerkinder, das europaweit bekannt wurde. Besucherscharen pilgerten zu ihm, um sich von seinem Erziehungskonzept zu überzeugen. Die politischen Verhältnisse – napoleonische Truppen besetzten erneut die Schweiz – führten dazu, dass das Institut 1804 geschlossen und ins Schloß Münchenbuchsee, später nach Yverdon umziehen musste. Die Schülerzahlen stiegen, 1809 wurden 165 Schüler von 31 Lehrkräften ausgebildet (vgl. Hebestreit 1996, S. 39). 1815 starb Pestalozzis Ehefrau. 1817 erhielt er die Ehrendoktorwürde der Universität Breslau. 1825 verließ Pestalozzi 78jährig Yverdon, wieder war das Institut in wirtschaftlichen

Schwierigkeiten. Am 17. Februar 1827 starb Pestalozzi in Brugg (vgl. dazu Liedtke 2002 u. Russ 1973).

Zeittafel

1746	Am 12. Januar wird Johann Heinrich Pestalozzi als Sohn des Chirurgen Johann Baptist Pestalozzi und seiner Ehefrau Susanne, geb. Hotz, in Zürich geboren
1751	Tod des Vaters
1751–1754	Besuch der Elementarschule
1754–1763	Schüler der Schola Abbatissana, der Schola Carolina und des Collegium Humanitatis
1763–1765	Studium der Philologie und Philosophie am Collegium Carolinum in Zürich; Abbruch des Studiums
1767–1768	Landwirtschaftliche Lehrzeit bei Tschiffeli
1769	Landwirt in Müllingen; Heirat mit Anna Schulthess
1771	Bezug des Neuhofs; Misserfolge in der Landwirtschaft
1774–1780	Armenanstalt auf dem Neuhof; anschließend Arbeit als Schriftsteller
1798–1799	Leiter der Anstalt Stans; Lehrer in Burgdorf; es erscheint „Wie Gertrud ihre Kinder lehrt"
1804	Verlegung des Instituts nach Münchenbuchsee; Eröffnung der Zweigniederlassung in Yverdon (Iferten)
1806	Gründung des Töchterinstituts in Münchenbuchsee
1818	Gründung der Armenschule zu Clindy bei Yverdon
1825	Rückkehr zum Neuhof; Wahl zum Präsidenten der Helvetischen Gesellschaft.
1827	Am 17. Februar stirbt Pestalozzi in Brugg

(Zeittafel orientiert an Liedtke 2002)

1.2 Johann Heinrich Pestalozzi (1746–1827)

Pädagogische Leitideen und Konzept

Johann Heinrich Pestalozzi hat eine Vielzahl von Schriften verfasst, die seine pädagogische Arbeit in den Bildungs- und Erziehungsinstitutionen begleiteten, fundierten oder reflektierten. Das gesamte pädagogische Werk an dieser Stelle vorzustellen, ist unmöglich (die kritische Ausgabe von 1927 umfasst 28 Werk- und 13 Briefbände), einige wesentliche Elemente seiner Pädagogik sollen aber nachfolgend dargestellt werden:
(1) die Bildung des Menschen,
(2) die Schaffung einer neuen Schule,
(3) die Wohnstubenerziehung,
(4) die Armenerziehung,
(5) die Elementarbildung,
(6) die Bildung von Kopf, Herz und Hand.

Menschenbildung

Die Bildung des Menschen beziehungsweise der Menschheit ist ein zentrales Thema Pestalozzis und wird vor allem in seinem Werk *Die Abendstunde des Einsiedlers* (1880) grundgelegt. Hier klingen viele später publizierte Themen an, wie das Menschenbild, die Kritik an der damaligen Gesellschaft, Vorstellungen einer besseren, gerechteren Welt, die Beziehung des Menschen zu Gott, die Bedeutung der richtigen Erziehung für die Entwicklung des Menschen, die Betonung der nahen, vertrauten Welt des Konkreten und die Methode der Anschauung (vgl. Hebenstreit 1996, S. 46).

Die Struktur seiner „Bildungstheorie" hat die Gestalt konzentrischer Kreise: Im Mittelpunkt steht der Mensch und seine „Individualbestimmung", der anthropologische Auftrag, zu sich selbst zu kommen, und die Beziehung zu Gott. Der erste Kreis beinhaltet die vertraute Welt, die Familie, die wiederum von zwei weiteren Kreisen, der Berufswelt und den gesellschaftlich-politischen Bedingungen umgeben ist. Die Struktur von Familie, Gesellschaft und das Verhältnis zu Gott denkt Pestalozzi in einer hierarchischen Vater-Kind-Beziehung, geordnet in liebevoller Verantwortung. Um glücklich zu sein, muss der Mensch zur „inneren Ruhe" und zum „stillen Genießen" streben, was den Verzicht auf Oberflächlichkeiten, Zerstreuung und alles Überflüssige einschließt.

„Nicht in dem Sich-Verlieren in der Welt, nicht im äußeren Ruhm, im Erfolg oder materiellen Überfluß und nicht in der Macht über andere liegt das Ziel des Lebens, sondern in dem Sich-selber-Finden, Zu-sich-selbst-Gelangen. Aufgabe des Menschen ist es, ein „Gleichgewicht" herzustellen (. . .) zwischen den Bedürfnissen und ihrer Befriedigung, zwischen dem Fühlen und dem Denken, zwischen der Vergangenheit und der Gegenwart, als Harmonie zwischen den Familienmitgliedern, als gerechte soziale, wirtschaftliche und politische Ordnung, als Frieden zwischen Gott und dem Menschen" (Hebenstreit 1996, S. 4).

Den Schlüssel zu einem gelungenen Leben sieht Pestalozzi in der „Einfachheit" des Lebens. Diesen Entwurf macht er auf dem Hintergrund der Erfahrungen mit dem Bürgertum seiner Zeit, das durch Zerstreuung und fehlende Verantwortung für ihre Untergebenen die wahre Bestimmung des Menschseins vertut und der armen Bevölkerung die Lebenschancen beschneidet. Diesen Prozess des Zu-sich-selbst-Gelangens bezeichnet Pestalozzi als „Wahrheit", wir würden heute sagen, den Prozess der Ich-Identitätsbildung. Wie kann der Mensch zu dieser Wahrheit beziehungsweise Ich-Identität gelangen? Pestalozzi führt dazu den Begriff der „Natur" ein:

> „Der Mensch hat die Wahrheit im ‚Innersten seiner Natur'. Wenn er der ‚Bahn der Natur' folgt, dann wird er sich selbst finden, wissen, was er ist und was er soll, er wird Gott in sich finden und den Weg zu gerechten sozialen und politischen Verhältnissen. Nur dadurch, dass der Mensch und die Menschheit von der ‚Bahn der Natur' abgekommen sind, hat sie sich selbst verloren, so wie sie Gott verlassen hat und die Gesellschaft in schlechter und ungerechter Weise gestaltet. Allein im Zurückkehren zur Natur hat der Mensch Hoffnung" (ebd., S. 49).

Pestalozzi sieht in der „Nähe" der Familie das zentrale Erfahrungsfeld des Kindes und Menschen. Das Kind wird in die Familie geboren, liebevoll umsorgt und entwickelt durch die Erfahrung der bedingungslosen Zuwendung der Eltern das Gefühl der Dankbarkeit. Auch die kognitive Entwicklung wird durch die häusliche Welt wesentlich gefördert, hier macht das Kind seine grundlegenden Erfahrungen sinnlicher Anschauung. Das Erlebnis der Befriedigung der primären Bedürfnisse, das verantwortungsvolle Gehaltensein, nennt Pestalozzi „Vatersinn". Diese Vater-Kind-Beziehung wendet er auch auf das Staatswesen an: alle Menschen sind Kinder Gottes. So wie es Aufgabe des Vaters ist, für seine Kinder und seine Familie zu sorgen, ist es Aufgabe des Machthabers (Fürsten), für seine Untertanen zu sorgen. Da aber die Fürsten ihre Macht nicht mehr auf Gott hin rückbinden, kommt es zum egoistischen Machtmissbrauch und als Folge zum Ungehorsam ihrer Untertanen. Pestalozzi fordert deshalb in der „Abendstunde eines Einsiedlers", dass der Machthaber seinen „Vatersinn" wieder entdecken soll.

Das optimistische Menschenbild in der „Abendstunde" ist noch in der Denktradition Rousseaus geschrieben. Die „Natur" des Menschen wird noch als Garant für eine ausgeglichene, sittlich reife Entwicklung des Menschen gesehen, wenn er nur in einer wohlwollenden und seine elementaren Bedürfnisse befriedigenden Umwelt aufwachsen kann. Nach 1785 erhält dieses Menschenbild wesentlich pessimistischere Züge. Pestalozzi entdeckt immer mehr Kräfte im Menschen, die das Gleichgewicht stören können: Der Mensch, schreibt er, „ist von Natur (. . .) träg, (. . .) leichtsinnig, (. . .) und ohne Grenzen gierig".

Pestalozzi gelangt zu einer mehr interaktiven Sicht: Der Mensch ist Werk der Natur, ist daher gebunden an seine physischen und biologischen Voraussetzungen. Er ist aber auch Werk der Gesellschaft, mit der er sich auseinandersetzen muss. Schließlich ist er das Werk seiner selbst, insoweit er als Mensch in Freiheit über sich selbst zu entscheiden vermag. Erst als Werk seiner selbst hat er das Niveau eines freien und sittlichen Lebens erreicht (vgl. Liedtke 1979, S. 178).

Erziehung bedeutet für Pestalozzi keineswegs nur ein Gewährenlassen, sondern muss bemüht sein, den Hindernissen der Natur und der Gesellschaft entgegenzuwirken.

Kritik an der bestehenden Schule

Pestalozzi schreibt in seiner Zeit als Lehrer an der Burgdorfer Schule und nach Einrichtung einer Lehrerbildungsstätte sein Werk „Wie Gertrud ihre Kinder lehrt". Er ist über den von seinem Verleger bestimmten Titel nicht glücklich; dieser verspricht sich aber durch den Anklang zu dem früheren Werk „Lienhard und Gertrud" einen besseren Werbeeffekt. In diesem Werk entwickelt er Grundlagen für seine „Elementarbücher", Handbücher für die unmittelbare Unterrichtsvorbereitung der Lehrer und für die praktische Erziehung der Mütter. Er beginnt mit einer massiven Kritik an der damaligen Schulerziehung, die nach seiner Auffassung den Kindern nur den Kopf mit unrelevanten Dingen vollstopfe und sie nicht auf das Leben vorbereite. Die Schule erziehe „Wortnarren", die nur zum einseitigen „Maulbrauchen" angehalten würden, leere Köpfe, höchstens angefüllt mit auswendig gelernten Definitionen, deren Sinn sie nicht verstehen. Bedenken muss man, dass der Unterricht in den Dorfschulen oft von schlecht ausgebildeten Handwerkern oder ausgemusterten Soldaten gehalten wurde. Auch in der gymnasialen Bildung stand das Auswendiglernen und Aufsagen klassischer Texte im Vordergrund. Pestalozzi vergleicht die Schule und das Bildungswesen mit einem Haus,

> „dessen oberstes Stockwerk zwar in hoher vollendeter Kunst strahlt, aber nur von wenigen Menschen bewohnt ist, während im unteren Stockwerk eine zahllose Menschenherde wohnt, die im ekelhaftem Dunkel fensterloser Löcher sich selbst überlassen bleibt, und denen, wenn sie nur das Licht des oberen Stockwerks betrachten wollen, die Augen gewaltsam ausgestochen würden" (Pestalozzi, Sämtliche Werke, Bd. XIII, S. 242).

Seine Kritik richtet sich besonders darauf, dass die Kinder der Armen keine oder nur unzureichende Ausbildung erhalten und nicht auf die Bewältigung ihres künftigen Lebens vorbereitet werden. Ihnen werde nur eine stumpfe Zwangsbildung durch ungeeignete Lehrer vermittelt, um sie politisch ruhig zu stellen.

Pestalozzi führt zwei Begriffe ein: „Natur" und „Kunst". Natur ist für ihn der Trieb jedes Kindes, seine Entwicklung vorwärts zu treiben und sich die Welt anzueignen. Durch falsche Erziehung wird dieser Selbstentwicklungstrieb gehemmt und verkümmert. Im Gegensatz zum optimistischen Ansatz in der „Abendstunde" (1880) hält Pestalozzi jetzt den freien Lauf der Natur nicht mehr für ausreichend für den Bildungsprozess.

„Wo du die Erde der Natur überläßt, da trägt sie Unkraut und Disteln, und wo du ihr die Bildung deines Geschlechts überläßt, da führt sie dasselbe weiter nicht, als in den Wirrwarr einer Anschauung, die weder für deine noch für die Fassung deines Kindes so geordnet ist, wie es für den ersten Unterricht bedürfet" (Pestalozzi, Sämtliche Werke, Bd. XIII, S. 324).

Das Wohnstubenmodell

Pestalozzi wirft der Schule vor, sie vermittle die Wörter als Schall oder leeren Klang statt brauchbares Lebenswissen, und fordert eine neue Schule nach dem Modell der „Wohnstube", der guten „häuslichen Verhältnisse" zu führen.

„Was für den Vogel das Nest ist, in dem er dem Ey entschlüpft und aufwächst, und sowohl das Streben als die Ruhe seines ganzen Lebens vereinigt, so ist die Wohnstube dem Volk der Mittelpunkt, in dem und durch den sich alle Kräfte seines Lebens bewegen, und hinwieder darin ruhen. Nimm dem Vogel sein Nest (. . .) so hast du ihm sein Leben verdorben; lass dem Volk seine Wohnstube verderben, so lassest du ihm sein Leben verderben" (Pestalozzi, zit. nach Liedtke 1979, S. 179; vgl. auch Lesetext).

Das „häusliche Leben" ist für Pestalozzi Modell für Unterricht und Erziehung. In der Familie, in der Wohnstube, in der gelebten Beziehung von Vater, Mutter und Geschwister, in der Hilfsbereitschaft der Nachbarn kann das Kind am besten gebildet werden. Hier herrscht nicht das Wort oder der abstrakte Begriff, sondern die Sache und das Leben selbst, mit seinen notwendigen Arbeiten und Verrichtungen, seinen existentiellen Sorgen und Freuden. Hier ist der Vater vorbildlich und verantwortlich tätig, die Liebe der Mutter erzeugt Gegenliebe, Dankbarkeit und sittliche Verpflichtung (vgl. Russ. 1968, S. 98). In diesem häuslichen Leben bilden sich die physischen, affektiven und intellektuellen Kräfte, „Herz, Kopf und Hand". Pestalozzi hält die Trennung der Schule von diesem Lebensumfeld für ein zentrales Übel. Er fordert die Erziehungskraft der Familie wieder zu stärken, möchte die Schule am liebsten in die Wohnstube verlegen und dort, wo durch die technische und gesellschaftliche Entwicklung die Schule notwendig ist, diese dem Wohnstubenmodell wieder angleichen.

1.2 Johann Heinrich Pestalozzi (1746–1827)

Bildung von Herz, Kopf und Hand

Pestalozzi sieht die Bildung des Kindes „ganzheitlich" und unterscheidet die sittliche (Herz), geistige (Kopf) und physische (Hand) Entwicklung des Menschen. Die sittliche Entwicklung wird in der frühen Mutter-Kind-Beziehung grundgelegt. Durch die erlebte emotionale Sicherheit bildet sich ein Urvertrauen. Durch diese emotionalen Grunderfahrungen gewinnt das Kind Vertrauen in andere Menschen, in die Welt und kann auch eine vertrauensvolle Beziehung zu Gott entwickeln. Die geistige Entwicklung ist eng an die praktische sinnliche Erfahrung gebunden. Pestalozzi erkannte, dass Welterfahrung mit konkretem praktischen Handeln verbunden sein muss, wenn sich Kinder nicht zu „Schwätzern" entwickeln sollen, die mit leeren Worthülsen hantieren. Das Gleichgewicht einer Bildung von Herz, Kopf und Hand ist für Pestalozzi Ziel und Methode zugleich.

In der heutigen pädagogischen Diskussion über Ganzheitlichkeit in der Erziehung gewinnt Pestalozzis Ansatz aktuelle Bedeutung. Die Gefahr eines Verbalismus ohne Praxiskenntnisse, aufgeblähte wissenschaftliche Texte, die den Zugang zum Gegenstand eher verschleiern als erleichtern, die totale Abhängigkeit des modernen Menschen von technischen Systemen, auf die er keinen Einfluss nehmen kann und deren Funktionsweise er nicht versteht, zeigen die Notwendigkeit umfassender und praktischer Bildung.

Die Elementarbildung

Pestalozzi formuliert die pädagogische Notwendigkeit einer Elementarbildung:

> „In der natürlichen Umgebung des Kindes und noch vielmehr in seinem gesellschaftlichen Umfeld herrscht ein großes Chaos, eine Überflutung an Reizen, die keine Ordnung haben. Würde das Kind der natürlichen und gesellschaftlichen Umwelt hilflos ausgesetzt, würde es in ihm untergehen. Weder seine geistige noch seine moralische Entwicklung würde sich zum Guten wenden, würde das Kind allein gelassen" (Hebenstreit 1996, S. 115).

Aus dieser chaotischen „Natursituation" ergibt sich die Notwendigkeit einer geplanten und reflektierten Erziehung, die Pestalozzi „Kunst" nennt. Durch bewusste Erziehung wird die Umwelt so dargestellt, dass sie vom Kind überschaubar strukturiert erfasst werden kann. Die Dinge, die das Kind lernen soll, werden in die richtige Reihenfolge gebracht, das Wesentliche vom Unwesentlichen geschieden. Was in der Lebenswelt des Kindes zerstreut, ungeordnet, zufällig beieinander ist, wird zur leichteren Übersicht geordnet und ergänzt. Wie gelangt das Kind zur Erkenntnis von Dingen in der Welt? Pestalozzi nennt vier Schritte in einer Stufenfolge: (1) Anschauung, (2) Bestimmtheit, (3) Klarheit, (4) Deutlichkeit.

Die Armenerziehung

Die Verbesserung der Lebensbedingungen der Armen ist ein zentrales Anliegen Pestalozzis.

Seine Forderung, „Der Arme muss zur Armut gezogen werden" (Pestalozzi, Sämtliche Werke, Bd. IX, S. 41), hat vielfach Kritik hervorgerufen und ihm den Vorwurf eingebracht, er verfechte ein konservativ-reaktionäres Programm. Man hielt ihm vor, er wolle nicht die gesellschaftlichen Verhältnisse ändern, sondern fordere den Armen zum Verbleiben in seiner misslichen Situation auf. Pestalozzi kannte sehr wohl die schlechten Verhältnisse, die Armut, Unwissenheit und auch Verbrechen hervorbringen, aber er wollte keinen utopischen Gegenentwurf aufstellen. Sicher hat er einen gesellschaftlichen und sozialen Wandel, wie ihn unsere heutige Zeit kennt, nicht für möglich gehalten. Pestalozzi forderte nicht, umfassende soziale Hilfen für die Armen aufzubringen, sondern richtete sein Augenmerk auf die praktische Bildung, das „Sich-selbst-helfen-Können" (Prinzip: Hilfe zur Selbsthilfe). Die Kinder der Armenschicht sollten die elementaren Kulturtechniken wie Lesen, Schreiben und Rechnen lernen. Er ging aber davon aus, dass die ökonomische Situation der Armen schwierig bleiben und nur durch eine Kombination von Hauswirtschaft, kleinem Feldbau und Befähigung zur Industriearbeit gesichert werden könne (vgl. Liedtke 1981, S. 53). Die handwerklich industrielle Ausbildung sollte möglichst umfassend sein, um sich neuen wirtschaftlichen Entwicklungen anpassen zu können. Für den Fall eines konjunkturellen Rückschlages sollte der Arme frühzeitig „zu der Kunst, jeden Winkel des schlechtesten Lands zur Anpflanzung eines Überflusses an Brod ersparenden Herdspeisen und Gemüsen wohl zu nutzen", erzogen werden (Pestalozzi, X, S. 56, zit. nach Liedtke, S. 53). Selbst auf den Druck des Abhängigkeitsverhältnisses zum „Brotherrn" sollten sich die Kinder realistisch vorbereiten. Die harten Anforderungen des Lebens lernten sie im straff geplanten Tagesplan seiner Erziehungs- und Bildungsanstalten kennen. Um 5.30 Uhr wurden die Kinder geweckt.

> „Nach verrichtetem Gebet werden die Kinder gekämmt und gewaschen, und um 6 Uhr sind sie gewöhnlich an der Arbeit in ihren Schulen. Um ½ 8 werden sie zum Morgenessen gerufen, und nach demselben, bis 8 ¼ haben sie Spielstunde; dann wird von neuem gearbeitet bis kurz vor 12 Uhr, wo sie sich vor dem Essen noch eine kleine Bewegung geben können. Um 12 Uhr wird zu Mittag gespeist, und bis ½ 2 ist Spielstunde, Von da bis 4 Uhr wird wieder gearbeitet, dann zu Abend gegessen und Spielstunde bis 5 Uhr; von da bis ½ 8 Uhr wird wieder gearbeitet, und dann eine kleine Bewegung wie vor dem Mittagessen; kurz darauf wird zur Nacht gespeist, dann noch ½ Stunde gespielt, hernach wie des Morgens gebetet, und um 9 Uhr sind sie alle zu Bette" (Pestalozzi,

Sämtliche Werke, Bd. XIV, S. 48).

Pestalozzis Konzept lässt sich kurz so fassen: der Arme muss lernen, sich selbst zu helfen, darf nicht nur eine Möglichkeit des Broterwerbs haben, er muss mit dem Erreichbaren zufrieden sein, das Erreichte genießen, aber auch erdulden, was er aus eigener Kraft nicht ändern kann. Die Bildung von Kopf, Herz, Hand sind der Schlüssel für die Führung eines zufriedenen Lebens.

> **Lesetext**
>
> **Die Methode der Menschenbildung – Hauptgrundsätze**
>
> „**1.** Das ganze Erdenleben des Menschen ist ein Stand der Erziehung, in welchem nach dem Willen unseres Schöpfers die Kräfte und Anlagen für die Ewigkeit ausgebildet werden sollen. Die Verhältnisse, in denen der Mensch hienieden lebt, sind als Zwischenstufen und Hilfsmittel zu seiner eigentlichen und ewigen Kultur zu betrachten und dürfen nicht übersehen, nicht vernachlässigt werden, aber sie müssen, ohne idealistisch sich zu verlieren, dem Hauptzweck der Bildung für die Ewigkeit untergeordnet und angerichtet werden.
>
> **2.** Moralität und Religiosität, aus der Vernunft und Offenbarung abgeleitet, müssen notwendig die Basis aller Mittel sein . . . und eine Erziehung ohne dieselbe . . . ist in meine Augen ein Unding und eine Absonderung der Religion von dem Leben und Weben der Menschen, um sie allein in einzelne religiöse Handlungen zu setzen, ein leider häufiger Fehlgriff der Erziehung, der sich schwer zu rächen pflegt.
>
> **3.** Die instinktartige Liebe des Kindes zur Mutter, dessen Wohlwollen für alles, was es nur gibt, seine heitere Unbefangenheit soll ihm durch eine naturgemäße Erziehung erhalten werden, indem die Personen, welche das Kind umgeben, ihm Liebe und Wohlwollen bezeugen und ein musterhaftes Betragen beobachten, damit die erwachende Sinnlichkeit und der herrschsüchtige Egoismus sogleich an die Herrschaft des kindlichen Gemüts und an die Forderungen der Religion Jesu gewöhnt werden.
>
> **4.** Je mehr dem Kind Gelegenheit gegeben wird, seine Einsichten zu bereichern und zu berichtigen, indem es eigene Beobachtungen und Erfahrungen macht, je mehr man ihm Spielraum zur Anwendung und Entwicklung seiner Kräfte gibt (. . .) desto glücklicher ist das Kind und desto gutmütiger bleibt es.
>
> **6.** Anstatt dass man in dem Unterricht sich beinahe ausschließlich an das Gedächtnis hält und Schüler viel ihnen Unverständliches auswendig lernen lässt, so dass das Lernen ihnen die ärgste Plage wird, glaube ich vielmehr, dass Kinder einen ganz besonderen Drang haben sich zu unterrichten und

zu lernen, aber jeder Unterricht muss bei dem ersten Anfangspunkt der Wissenschaft anfangen, den das Kind begreift und durch eine geschickte Leitung des Lehrers muss es veranlasst werden, selbst die daraus fließende Wahrheit aufzusuchen und zu finden, und die Freude, die es dabei hat, muss es anspornen, weiter zu forschen. Das Kind soll den Lohn des Forschens und Lernens in dem Lernen selbst finden (...).

7. Ich glaube nicht, dass Karzer, Fasten, der haselne Schulszepter, gute Punkte, Orden und wie alle künstlichen und unnatürlichen Treibhausmittel der Pädagogik heißen, jenem inneren Prinzip der geistigen Tätigkeit, das Gleichgewicht halten. (...) Ich bin überzeugt, dass, sobald der Lehrer seinen Stand nicht als einen Notstand ansieht, den er mit jedem andern gerne vertauschen möchte, wenn er sein Leben dem Wohl seiner Schüler wirklich uneigennützig und liebevoll weiht und wenn er vonseiten des Geistes und Gemüts achtungs- und liebenswürdig ist, dass nicht leicht ein kindliches Gemüt der kräftigen Einwirkung des guten musterhaften Beispiels des Lehrers widerstehen könne (...).

8. Ich erkläre feierlich, dass ich mich und meine Methode des Unterrichts nicht im Gegensatz und Kampf mit dem Bestreben und Bemühen der rechtschaffnen, frommen, einsichtsvollen Schulmänner glaube, die das unveränderliche Ziel der Menschheit vor Augen haben, die ihren Unterricht der Natur des Menschen und der Wissenschaft gemäß einrichten, Wahrheit suchen und lieben und großmütig der aufblühenden Jugend ihr Leben weihen" (Die Methode der Menschenbildung – Hauptgrundsätze der Methode, in: Pestalozzis sämtliche Werke, hrsg. von W. Seyffarth, 1899, S. 626).

Die Wohnstube der Gertrud

„Das Fundament einer guten Schule ist das gleiche mit dem Fundament allen Menschenglücks: und nichts anders als wahre Weisheit des Lebens. Ihre Stube war so voll, als sie hinein kamen, dass sie vor Rädern fast nicht hinein konnten. Gertrud, die an keinen fremden Menschen dachte, da sie die Türe aufmachte, hieß die Kinder aufstehen und Platz machen: aber der Junker wollte nicht, dass sich nur eines von seinem Orth bewege, bott dem Pfarrer und dem Lieutenant, einem nach dem anderen die Hand, sie hinter den Kindern der Wand nach zu ihrem Tisch herfür zu führen. – Ihr könnt nicht glauben, wie diese Stube die Herren ergözte. Es schien ihnen nichts dagegen was sie beim Baumwollen-Meyer sahen. Es ist natürlich

– die Ordnung und der Wohlstand bei einem reichen Mann nimmt nicht so ein, man denkt gleich, hundert andere können das nicht so machen, sie haben das Geld nicht; aber der Segen und Wohlstand in einer armen

Hütten, die so unwiedersprechlich beweist, dass es allen Menschen in der Welt wohl sein könnte, wenn sie Ordnung hätten und wohl erzogen wären, dieses nimmt ein gutes Gemüt ein bis zum Sinnen verlieren.

– Jetzt hatten die Herren eine ganze Stube voll solcher armen Kinder in vollem Haussegen vor ihren Augen. Es war dem Junker eine Weile nicht anders als er sehe das Bild des erstgeborenen seines besser erzogenen Volks wie in einem Traum vor seinen Augen: und der Lieutenant ließ seine Falkenausgen wie ein Blitz herumgehen, von Kind auf Kind, von Hand auf Hand, von Arbeit auf Arbeit, von Aug auf Aug; je mehr er sah, je mehr schwoll sein Herz vom Gedanken; sie hat's getan und vollendet was wir suchen: die Schule, die wir suchen, ist ihre Stube. Es war eine Weile so still, wie der Tod, in dieser Stube – die Herren konnten nichts als sehen und sehen, und – schweigen. Der Gertrud schlug das Herz vor dieser Stille, und ein paar Zeichen von Achtung, die an Ehrerbietung grenzte, welche der Lieutenant während dieser Stille ihr zeigte. Die Kinder sponnen munter fort: lachten mit den Augen gegen einander; denn sie sahen dass die Herren um ihretwillen da seien und auf ihre Arbeit sahen. Das erste, was der Lieutenant redte, war: sind diese Kinder alle Ihre, Frau? Nein, sie sind nicht alle mein, sagte Gertrud; zeiget ihm dann von Rad zu Rad die welche dem Rudi und die welche ihr gehören. Denket, Herr Lieutenant, sagte der Pfarrer, die Kinder so dem Rudi gehören, haben vor 4 Wochen alle noch keinen Faden spinnen können. Der Lieutenant sah den Pfarrer und die Frau beide an und sagte, aber ist das möglich? Das ist nichts anders, erwiederte Gertrud, in ein paar Wochen soll ein Kind recht spinnen lernen; ich hab welche gekannt, die es in ein paar Tagen gelernt. Das ist nicht was mich an dieser Stube verwundert, sondern etwas ganz anders – sagte der Junker – diese fremden Kinder sehen sind 3 oder 4 Wochen, da diese Frau sich ihrer annimmt, aus, dass ich bei Gott keines von allen mehr gekannt hätte. Der lebendige Tod und das äußerste Elend redte aus ihren Gesichteren und das ist weggewischt, dass man keine Spur mehr davon siehet. Der Lieutenant antwortete französisch – aber was macht dann die Frau mit den Kindern? Das weiß Gott, sagte der Junker. Und der Pfarrer: wenn man den ganzen Tag bei ihr ist, so hört man keine Ton und sieht keinen Schatten, der etwas besonders scheint, man meinet immer und bei allem was sie tut, eine jede andere Frau könnte das auch so machen: und sicher wird es dem gemeinsten Weib im Dorf nicht in den Sinn kommen, sie tue etwas oder könne etwas, dass sie nicht auch könne. Ihr könntet nicht mehr sagen, sie in meinen Augen groß zu machen, sagte der Lieutenant; und sezte hinzu, die Kunst endet wo man meinet, es sei überall keine. Und das höchste Erhabene ist so einfach, dass Kinder und Buben meinen, sie können gar vielmehr als nur das. - Da die Herren mit einander

Die Bildungs- und Erziehungsbedürftigkeit des Menschen

> französisch redten, fiengen die Kinder an einander Blick zu geben und zu lachen: Heirlj und das, so gegenüber ihm saß, machten sogar gegen einander mit dem Maul: parlen, parlen, parlen. Gertrud winkte nur, und es war im Augenblick still. – und da der Lieutenant auf allen Rädern Bücher liegen sah, fragte er Gertrud was sie damit machen. – Sie sah ihn an und sagte: äh, sie lernen darin. Aber doch nicht wenn sie spinnen? sagte der Lieutenant. Ja, freilich, sagte Gertrud. Das möchte ich jetzt doch auch sehen, sagte der Lieutenant. Und der Junker: Ja, du musst uns das zeigen, Gertrud. Kinder, nehmet eure Bücher in die Hände, und lernet! sagte diese. Laut wie sonst? fragten die Kinder. Ja, laut wie sonst – aber auch recht: sagte Gertrud. Da taten die Kinder ihre Bücher auf: ein jedes legte die ihm gezeichnete Seite vor sich zu und lernte an der Lezgen die ihm vor heut aufgegeben war. Die Räder aber gingen wie vorhin, wann die Kinder schon ihre Augen völlig auf die Bücher hatten (Lienhard und Gertrud [1785], Dritter Teil, zit. nach: Pestalozzi 1966, S. 189ff.)

Impulse für die heutige Erziehungspraxis

Wie bei allen Klassikern der Pädagogik stellt sich bei Pestalozzi die Frage, ob seine pädagogischen Aussagen nur für seine Zeit Bedeutung hatten oder ob sie auch für die heutige pädagogische Praxis hilfreich sind. Trotz großer Verdienste müssen einige Punkte kritisch angemerkt werden: Pestalozzi verlor sehr früh seinen Vater und wurde von zwei Frauen unter stark behüteter Aufsicht erzogen. Diese Verlusterfahrung und Mutterprägung führte bei ihm zu einer Überidealisierung der Mutterfigur; der Vater wird dagegen patriarchalisch mit einem König und Herrscher gleichgesetzt. Dies entspricht keineswegs dem heutigen Familienbild. Seine Vorstellungen einer pädagogischen Beziehung sind patriarchalisch geprägt und tragen autoritäre Züge.

In Pestalozzis Konzept kommt Spiel kaum vor, höchstens als Zeitfüller, neben Schule und Arbeit. Die pädagogische Bedeutung des Spiels wird von ihm zu gering gesehen, vergleicht man seine mit den Aussagen Fröbels, der im Spiel das zentrale Entwicklungselement und die wesentliche Ausdrucksform des Kindes erkannte. In Pestalozzis Einrichtungen wurden täglich über viele Stunden unterrichtet, Kinderarbeit war für ihn (wie für seine Zeitgenossen) völlig normal, er versuchte sogar die wirtschaftliche Sanierung seines Hofes durch die Mitarbeit der Kinder.

Ein dritter Kritikpunkt betrifft die standesmäßige Beschränkung der Bildung: „Der Arme soll zur Armut erzogen werden." Das arme Kind soll lernen, sich durch seine Hände Arbeit zu ernähren und mit seinem Status zufrieden zu sein. Hier wird deutlich, dass Pestalozzi moderne Formen der Sozialpolitik, der Vermögensumverteilung und der Chancenverbesserung unterprivilegierter Schichten noch nicht erahnen konnte.

Was kann man heute von Pestalozzi lernen?

Pestalozzi ist ein Beispiel für einen Pädagogen, der viele Misserfolge, finanzielle Pleiten und den Untergang seiner Einrichtungen erlebt hat, aber niemals resigniert aufgab, sondern reflektierte, die Fehler verarbeitete und zu neuen Aufgaben aufbrach. Für die heutige Burn-out-Diskussion ist er ein hoffnungsvolles und Respekt verdienendes Modell.

Pestalozzi spricht von der Notwendigkeit „meinen Kindern alles in allem zu sein", mit der Konsequenz, dass er zeitweise in seinem Heim in Stans 80 Jugendliche nur mit Hilfe einer Haushälterin bis zur eigenen physischen Erschöpfung versorgte und erzog. Darin ist sicher kein Arbeitszeitmodell für Erzieher heute zu sehen, schärft aber den Blick für die Ganzheitlichkeit und Unteilbarkeit des Alltags: „Es macht keinen Sinn, zwischen der pädagogisch wertvollen sozial- oder heilpädagogischen Einflussnahme, die nur Fachleuten zu übertragen ist, und den niederen pflegerischen Handlungen, für die es die Hilfskräfte gibt, zu unterscheiden. Die pädagogische Profession findet nicht jenseits der alltäglichen Besorgung der kindlichen Grundbedürfnisse statt: Ich habe zwar nicht die Verantwortung für „alle", aber für „alles", der mir anvertrauten Kinder. Dies hemmt das Karrierestreben, weil es mich zäh an die Hunderttausend Kleinigkeiten bindet (vgl. Hebenstreit 1996, S. 169f.). Bei Korczak finden wir eine ähnliche Einstellung und im Milieukonzept von Bettelheim und Trieschman wird die zentrale Bedeutung des Alltags mit seinen „23 Stunden" außerhalb der Therapie hervorgehoben. Das Gleichgewicht der Bildung von Herz, Kopf und Hand besitzt ebenfalls aktuelle Bedeutung in einer technisierten und den Menschen zum bloßen Bedienen der Maschinen verdammenden Welt. Junge Menschen wollen aber die Welt praktisch mitgestalten, Hand anlegen und ihren Verstand gebrauchen. Die Sinnlosigkeit vieler Jobs hat ihren Ursprung in der fehlenden Gestaltungsfähigkeit und dem Erleben, nur ein unwichtiges, auswechselbares Teilchen zu sein.

Die Volksschulbildung des 19. und 20. Jahrhunderts ist wesentlich von Pestalozzi geprägt worden. Generationen von Lehrern wurden nach den Prinzipien der Elementarbildung, der Anschauung, der Herz-Kopf-Hand-Methode ausgebildet. Für die Bildung der breiten Bevölkerungsschichten ist Johann Heinrich Pestalozzi ein wesentlicher Vordenker und Wegbereiter.

Die Bildungs- und Erziehungsbedürftigkeit des Menschen

Übungsfragen

1. In welcher geschichtlichen Epoche lebte Johann Heinrich Pestalozzi und welche politischen und philosophischen Denkrichtungen beeinflussten seine Entwicklung als Pädagoge?

2. Welche Erziehungs- und Beziehungserfahrungen machte Pestalozzi in seiner Familie? Vergleichen Sie diese Erfahrungen mit dem Konzept der „Wohnstubenpädagogik".

3. Pestalozzi entwickelte eine Theorie der Menschenbildung. Welche anthropologische Sichtweise des Menschen, seiner Bildbarkeit ist erkennbar? Was versteht er unter Bildung?

4. Beschreiben Sie Pestalozzis Erziehungsversuche auf dem Neuhof und in Stans. Welche Ziele verfolgte er primär und welchen Stellenwert hatten schulische Ausbildung und Arbeit?

5. Welche Rollenvorstellungen der Mutter und des Vaters hat Pestalozzi und wie beurteilen Sie diese im Blick auf die moderne Familie heute?

6. Pestalozzi kritisierte die Schule des 18. Jahrhunderts. Worauf bezieht sich seine Kritik und welche Reformen für eine neue Schule schlägt er vor?

7. Erläutern Sie die „Herz-Kopf-Hand-Methode" bei Pestalozzi. Welche Verbindungen zu einer modernen Didaktik sind erkennbar?

8. Pestalozzi wird der Vorwurf gemacht, dass er in seinem Konzept der „Armenerziehung" eine standesmäßige Beschränkung der Bildung fordert. Beurteilen Sie sein Konzept auf dem Hintergrund einer modernen Sozial- und Bildungspolitik. Welche Möglichkeiten einer Steuerung von Bildungschancen sind heute denkbar?

9. Welche Impulse für die heutige Erziehungspraxis lassen sich aus Pestalozzis pädagogischen Ansichten gewinnen.

10. Vergleichen Sie Pestalozzis Postulat „Ich will meinen Kindern alles in allem sein" mit dem Prinzip der „Ganzheitlichkeit" in der Pädagogik.

Literatur 📖

Hebenstreit, S. (1996): Johann Heinrich Pestalozzi. Leben und Schriften, Freiburg

Liedtke, M. (1968 u. 2002): Pestalozzi, Reinbek b.Hamburg (rororo-Monographie, Nr. 138)

ders. (1979): Johann Heinrich Pestalozzi. In: Scheuerl, H.: Klassiker der Pädagogik, Bd. I, München, 170–186

Pestalozzi, J. H. (1927 ff.): Sämtliche Werke (Kritische Ausgabe), Bd. 28, Berlin

Seyffarth, L. W. (Hg.) (1899): Pestalozzis sämtliche Werke, Bd. 12, Liegnitz

ders.: Lienhard und Gertrud, hrsg. von A. Reble, Bad Heilbrunn 1966

ders. (1946ff.): Sämtliche Briefe, Bd. 13, Zürich

Russ, W. (1968 u.1973): Geschichte der Pädagogik, Bad Heilbrunn

Kuhlemann, G./Brühlmeier, A. (2002): Johann Heinrich Pestalozzi. Basiswissen Pädagogik, Bd. 2, Hohengehren

Medien 🎬

Pestalozzis Burg, 1989, Schweiz, Peter von Gunten, Dokumentarischer Spielfilm, 16mm, 117 Min., Progress Filmverleih, Friedrichstrasse 55a, 10117 Berlin

Im Namen Pestalozzis, 1996, VHS-Kassette, 50 Min., 3 sat, Sendung am 20.3.1997

Alles für andere, für sich nichts. Der Pädagoge und Sozialreformer Johann Heinrich Pestalozzi, 1998, 30 Min., Bayern 3, Sendung am 2.12.1998

Webliografie 💻

de.wikipedia.org/wiki/Johann_Heinrich_Pestalozzi

www.heinrich-pestalozzi.de

1.3 Jean Marc Gaspard Itard (1774–1838) Victor – der Wilde von Aveyron

Biografie

Jean Marc Gaspard Itard wurde am 24. April 1774 in Oraison, Basses-Alpes in Frankreich geboren. Im Alter von acht Jahren wurde er zur Erziehung zu seinem Onkel, dem Domherren der Kathedrale von Riez, gegeben und besuchte dort das Gymnasium. Er studierte Medizin bei dem bekannten Anatomieprofessor Larrey, arbeitete als Arzt an einem Militärhospital und wurde im Jahre 1800 im Alter von 26 Jahren zum Chefarzt am kaiserlichen Taubstummeninstitut berufen. Im gleichen Jahr übernahm er die Erziehung des sogenannten „Wilden von Aveyron". Die Veröffentlichung eines Gutachtens über dieses Kind machte ihn bereits 1801 in ganz Europa bekannt. Ein zweiter Bericht wurde 1806 auf Aufforderung des Innenministers erstellt und gedruckt. Beide Werke werden bis heute als geschichtliche Grundlagen der Heil- und Sonderpädagogik vielfach zitiert. Itard veröffentlichte ab 1800 Fachaufsätze und Schriften über medizinische Fragen, wie Hygiene und Wassersucht, vor allem aber über Krankheiten des Ohres, über Sprachstörungen, Stottern und Spracherziehung. Er erfand das Audiometer, mit dem Resthörfähigkeiten gemessen werden können. Bedeutung erlangte Itard aber vor allem als Pädagoge, der versuchte Taubstumme zu behandeln. Er ging dabei neue Wege und versuchte unter anderem das Lippenlesen und den sprachlichen Ausdruck bei Gehörlosen einzuführen. Er war der Auffassung,

> „dass die Stummheit nicht nur organische Ursachen habe und dass, wenn die Aufmerksamkeit kein Hören, das Gedächtnis kein Behalten, die Stimmbildung keine Wiederholung gestatte, die Sprache nicht in Erscheinung treten könne" (Malson 2001, S. 109).

Itard erkannte die enge Verbindung zwischen Hören und Stimmbildung, Sprache und Denken, Kultur und Intelligenz; er

> „gilt daher nicht nur als einer der ersten Erzieher der Taubstummen,

sondern als erster Pädagoge der Oligophrenie (Schwachsinn), der fünf Jahre lang, im Kampf mit dem außergewöhnlichen Victor, ganz neue Verfahren erfand, um in ihm das Bewusstsein für die Realität und ihre Verbindungen zu wecken" (ebd., S. 110).

1806 gab Itard seine Versuche auf, seinem Zögling das Sprechen beizubringen und den „jungen Wilden" in die Gesellschaft zu integrieren. Victor blieb jedoch bis zu seinem Tod im Haus des Doktors, betreut von der Haushälterin Madame Guerin. Itard starb am 5. Juli 1838.

Sein Schüler Seguin nahm seine Ideen und Methoden auf und gründete in den USA zahlreiche Institute für Behinderte. Maria Montessori beschäftigte sich ab 1898 mit den Schriften von Itard und Seguin und entwickelte die dort beschriebenen Materialien zu ihren sogenannten „Sinnesmaterialien" weiter.

Zeittafel

1774	Jean Marc Gaspard Itard wird am 24. April in Oraison, Basses-Alpes in Frankreich geboren
1782	Aufnahme bei seinem Onkel, Domherr der Kathedrale von Riez, Besuch des Gymnasiums, später Studien bei den Oratorianern in Marseille, Studium der Medizin
1796	Tätigkeit als Arzt in einem Militärkrankenhaus
1797	Erste Beobachtungen von Victor, des „Wilden von Aveyron"
1800	Chefarzt des Taubstummen-Instituts; Aufnahme von Victor in das Institut
1801	Veröffentlichung des ersten „Gutachten über die ersten Entwicklungen des Victor von Aveyron"
1806	Zweiter „Bericht über die Weiterentwicklung des Victor, des ‚Wilden von Aveyron'"
1821	Mitglied der Academie de Medicine; zahlreiche Veröffentlichungen; Erfindung des Audiometers
1829	Tod Victors
1838	Itard stirbt am 5. Juli

(Zeittafel orientiert an Lutz 1965 u. Malson 2001)

Pädagogische Leitideen und Konzept

Der Name und die Bekanntheit von Jean Marc Gaspard Itard ist unlösbar mit Victor, dem „Wilden von Aveyron" verbunden. Itard und Victor stehen für das Interesse der Menschen an Personen, die in der Abgeschiedenheit der Wildnis, fernab von Menschen in Gesellschaft von Tieren aufgewachsen sind. Das Interesse gilt einer „pädagogischen Urszene", der „Zivilisation des Wilden".

> „Was geschieht mit einem Kind, das bis zu seinem zwölften oder dreizehnten Lebensjahr allein gelebt hat, das sich nur mit den Erscheinungen der Wildnis auseinandersetzen musste, das keine Sprache erlernte und nie mit Wesen seiner Art kommuniziert hat (...), was geschieht mit solch einem Kind, wenn es von Menschen aufgegriffen und in die Zivilisation versetzt wird? Ist es möglich, ein solches Kind in die menschliche Gesellschaft zu integrieren? Hat es eine Chance, in der Gesellschaft zu überleben? Welche Rolle spielen in einem solchen Prozess jene Maßnahmen, die wir dem gezielten Unterricht zuordnen, und welche Funktionen kann bei diesem Vorgang unser überliefertes Verständnis von Erziehung haben?" (Koch 1997, S. 10).

Victor ist nicht der einzige „Wilde", von dem berichtet wird. Lucien Malson (2001, S. 69ff.) weist auf 53 vergleichbare Fälle hin, davon die Hälfte aus der Zeit des 19. Jahrhunderts.

Victor, der Wilde von Aveyron

Victor ist, neben Kaspar Hauser, sicherlich der bekannteste Fall von Verwilderung und durch die wissenschaftliche Beschreibung auch als authentisch zu werten. 1797 wird der Wilde von Aveyron in Südfrankreich erstmals von einem Bauern entdeckt; seine Lagerstätten werden in den folgenden Jahren gefunden. 1799 wird er von Holzfällern oder Jägern gefangen und in das Dorf Lacaune gebracht, kann aber fliehen. Am 25. Juli 1799 wird er von drei Jägern auf einem Baum entdeckt, gefangen, kann aber wiederum flüchten. Am 8. Januar 1800 erscheint der „Wilde" hungrig am Haus eines Färbers, der ihn in das Waisenhaus von Saint-Affrique bringt. Der Junge ist zu diesem Zeitpunkt ca. 10 bis 15 Jahre alt, spricht nicht, sondern stößt nur unartikulierte Schreie aus:

> „Äußerlich unterschied sich der Knabe nicht von gleichaltrigen zwölf- bis dreizehnjährigen Kindern. Jedoch war sein Körper mit einer Fülle von Narben bedeckt. Besonders auffällig war eine waagerechte Narbe in Höhe des Kehlkopfes. Sie war 25 mm lang und offensichtlich die Folge einer Schnittwunde. Sein Gang bestand nicht aus gleichmäßigen Schritten, sondern hatte etwas Trottendes. Beim Laufen geriet er nie außer Atem. Auf allen Vieren ist er nur einmal beobachtet worden, als er in den Wäldern auf der Flucht war. Beim Sitzen pendelte er mit dem Körper von rechts nach links oder vorwärts und rückwärts, wobei er gutturale Laute von sich gab. Dabei streckte er das Kinn nach vorn und hielt den Kopf hochgestreckt. Bisweilen geriet er bei dieser Haltung in Zuckungen und Krämpfe. Seine Sinne schienen intakt zu sein. Die anfängliche Vermutung, er sei taub, bestätigte sich nicht. Der Geruchssinn war besonders entwickelt. Bevor er Speisen zu sich nahm, beschnupperte er

sie und stellte fest, ob sie ihm zuträglich waren oder nicht. Seine Sehschärfe war vollkommen ausgebildet und auch der Tastsinn entwickelt, wenngleich er neben dem Gehör, dem Geruchs- und Geschmackssinn eine untergeordnete Rolle zu spielen schien. (. . .) Der Wilde konnte nur durch unartikulierte Laute und durch Schreie seine Wünsche und sein Befinden äußern. (. . .) Seine Bedürfnisse waren ganz auf Nahrung, auf Ruhe und Unabhängigkeit beschränkt. Der Wilde befand sich stets auf der Suche nach etwas Eßbarem. Als er gefunden wurde, hatte er zunächst eine Abneigung gegen Brot, Suppe und Fleisch; Kartoffeln, Kastanien und Eicheln jedoch aß er mit Heißhunger. (. . .) Was seinen Charakter anging, so war der junge Wilde sehr mißtrauisch. Streichelte man ihn, so konnte er sanft und gefällig sein. (. . .) Boshaftigkeit und Mutwilligkeit waren ihm fremd. Aber er zeigte auch keine Gefühle der Dankbarkeit, des Mitleids oder der Scham (. . .) verrichtete seine Notdurft, wo immer er sich gerade aufhielt: in seinem Zimmer, auf dem Lager, im Freien oder anders wo. Er kotete im Stehen und urinierte in Hockstellung" (Lane 1985, S. 52).

Das wissenschaftliche Interesse an dem Jungen erlosch bald, nachdem hier nicht ein Wesen erschien, das ein „von der Natur unverdorbener hochmoralischer Wilder" war, sondern ein verschmutzter und unordentlicher Mensch, der stumpf in sich versunken war.

„Von unverdorbenen moralischen Instinkten war nicht die geringste Spur zu entdecken. Selbstbezogen, gierig und undankbar nahm der Wilde die Speisen entgegen; kratzte und biß um sich, wenn man ihm zu nahe kam. Dies war nicht das reine Naturkind, das man sich erhofft hatte. Das verdreckte Wesen schien wenig geeignet, künftigen Generationen die, erhabenen Tugenden einer großmütigen Seele' vorzuführen" (Koch 1997, S. 18).

Der „Wilde" wurde von verschiedenen Fachleuten als idiotisch diagnostiziert, ein hoffnungsloser Fall, bei dem Erziehung nichts bewirken könne. Dieses Urteil wurde von Philippe Pinel, der damals führenden Autorität auf dem Gebiet der Geisteskrankheiten, gestützt. Abbé Sicard, ein bekannter Taubstummenlehrer und Leiter einer staatlichen Anstalt, berief an seinem Institut Itard auf die Stelle eines Anstaltsarztes, um die Erziehung des Jungen wahrzunehmen. Itard sah, im Gegensatz zu Pinel, bei dem „jungen Wilden" eine sozial erzeugte Idiotie, die er für heilbar hielt. Er wollte durch ein pädagogisches Experiment beweisen, dass die Maxime der Aufklärung („Der Mensch ist nur das, was die Erziehung aus ihm macht") zutraf.

Das Erziehungsprogramm

Itard setzte sich für die Erziehung Victors fünf Ziele:

(1) Ihn für das Leben in Gemeinschaft gewinnen, indem man es ihm angenehmer gestaltet als das, welches er bisher geführt hat, und gleichzeitig dem Leben ähnlicher macht, das er verlassen hat.
(2) Die Sensibilität der Nerven durch kräftige Stimulantien und zuweilen durch heftige seelische Erschütterungen wecken.
(3) Den Gedankenkreis erweitern, indem man ihm neue Bedürfnisse gibt und seine Beziehungen zu der ihn umgebenden Welt vervielfältigt.
(4) Ihn zum Gebrauch der Sprache führen, wobei das Einüben der Nachahmung durch das zwingende Gebot der Notwendigkeit betont wird.
(5) Eine Zeitlang die einfachsten Geistestätigkeiten an den Gegenständen seiner körperlichen Bedürfnisse üben und sie dann auf den Bildungsbegriff ausdehnen (Itard 1801, S. 125–150).

Für das Leben in Gemeinschaft gewinnen

Der Wechsel der Lebensweise, die Belästigung durch Gaffer und Misshandlungen von Kindern hatten Victor in dumpfe Apathie fallen lassen. So fand man ihn häufig, außer wenn er nach Nahrung in der Küche suchte, in der Ecke des Gartens zusammengekauert oder hinter Mauerwerk versteckt. Seine Versorgung und Pflege übernahm die Haushälterin Madame Guerin. Nahrung, aber auch das Erlebnis von Wind, Wolken, Gewitter, Sturm, Schnee und Sonne rissen ihn aus seiner Lethargie. Er zeigte dann Freudenausbrüche in einer Art Raserei; verdrehte die Arme, presste seine geballten Fäuste auf die Augen, knirschte mit den Zähnen oder wälzte sich halb angekleidet im Schnee, den er mit beiden Händen packte und gierig in den Mund stopfte (vgl. Malson 2001, S. 126).

Itard versuchte Victor zu bewegen, weniger wild herumzurennen, mäßiger zu essen und kürzer zu schlafen, damit zunehmend mehr Zeit für die Bildungsarbeit blieb, ohne jedoch seine Bedürfnisse stark einzuschränken (Koch 1997, S. 25).

Die Sensibilität erhöhen

Ausgehend von der Vermutung der damaligen Physiologen, dass die Sensibilität im direkten Verhältnis zur Zivilisation stehe, versuchte Itard die geringe Ausprägung der Sinnesorgane zu stimulieren. Victor zeigte sich unempfindlich gegen Kälte und Hitze, hob glühende Kohlen oder brennende Holzscheite mit der Hand auf, holte aus kochendem Wasser Kartoffeln, ohne sich zu verbrennen. Wurde Schnupftabak in seine Nasenlöcher geblasen, so löste dies keinen Niesreiz aus. Neben seinem Kopf abgefeuerte Pistolenschüsse lösten keine Reaktion aus, wohl aber das leise Knacken einer Nuss. Itard versuchte die Sensibilisierung zu verbessern, indem er Victor warm kleidete, ihm täglich ein zwei- bis dreistündiges heißes Bad verordnete und auch den Kopf mit heißem Wasser übergoss, Verfahren, die damals in der Psychiatrie üblich waren (vgl. Malson 1972, S. 129f.). Nach wenigen Wochen registrierte der Doktor eine erhöhte Erregbarkeit der sensitiven Kräfte, eine erhöhte Empfindlichkeit des Tastsinnes gegenüber heißen, kalten, rauen oder harten Gegenständen (vgl. Koch 1997, S. 26).

> „Nach einiger Zeit zeigte sich unser junger Wilder gegen Kälte empfindlich, benutzte die Hand, um die Temperatur des Badewassers zu messen. (. . .) Aus demselben Grund lernte er bald die Nützlichkeit von Kleidern schätzen, die er bisher höchst widerwillig getragen hatte. Nachdem er diese Nützlichkeit einmal erkannte hatte, bedurfte es nur noch eines Schrittes, um ihn dahin zu bringen, sich alleine anzukleiden. (. . .) Eine ähnliche Maßnahme genügte, um ihn gleichzeitig an Sauberkeit zu gewöhnen: die Gewißheit, die Nacht in einem kalten und feuchten Bett zu verbringen, veranlasste ihn aufzustehen, um seine Notdurft zu verrichten" (Malson 2001, S. 130).

Victor begann auch die Garheit von Kartoffeln zu prüfen, nachdem er sie vorher mit einem Löffel aus dem Topf geholt hatte, fand Gefallen am Streicheln von Samtstoff, begann bei Reizungen zu niesen, bekam einen Schnupfen und verweigerte Essen, wenn ihm eine unbekannte Substanz nicht gefiel (vgl. ebd., S. 132f.). Der „junge Wilde" war nach einigen Monaten empfindlicher gegenüber der ihn umgebenden Zivilisation geworden, was Itard als Erfolg wertete.

Erweiterung des gedanklichen Horizontes

Bei diesem Erziehungsziel gab es massive Probleme: Victor interessierte sich für keine Art von Spielzeug, versteckte, zerstörte und verbrannte es. Nur die Einbeziehung von Nahrungsmitteln verstärkte sein Interesse. Itard versteckte Kastanien unter verschiedene Becher, diese wurden von Victor rasch gefunden. Das Interesse am Becherspiel konnte auch erhalten werden, nachdem die Kastanien entfernt worden waren. Itard versuchte das Interesse für Süßigkeiten zu wecken, die Kinder allgemein als angenehm empfinden, um sie als Verstärker einzusetzen. Victor zeigte nur Abscheu gegen alle Süßigkeiten, ebenso gegen extrem stark gewürzte Speisen oder starke Liköre. Der Junge fand Gefallen an Ausflügen in Parks, erkannte nach einiger Zeit die Vorbereitungen, z. B. Hut auf dem Kopf und zog sich dann selbstständig an. Itard war unsicher, ob er dieses Verhalten als wachsende Intelligenz ansehen sollte, da „auch der gewöhnliche Hund nicht anders handeln würde" (ebd., S. 136). Nachdem die Ausflüge in die Natur und in Parks zu Fluchtversuchen führten, brach Itard diese Aktivitäten ab, da dieses Verhalten das Interesse des Jungen für Kulturation senkte. Kritiker sehen einen gravierenden

Fehler darin, das lebhafte Interesse Victors zu unterbrechen, statt es für das Lernen und die Förderung einzusetzen.

Sprachentwicklung

Dieses Ziel lag Itard besonders am Herzen, da dem Spracherwerb der Taubstummen, der Entwicklung der Lautsprache sein spezifisches Interesse galt. Er gab aber zu, in diesem Bereich bei Victor nur sehr geringe Erfolge erzielt zu haben.Victors Gehör war nicht genügend entwickelt, er hatte in der Wildnis ein Interesse nur für Geräusche entwickelt, die sich auf seine körperlichen Bedürfnisse bezogen. Er reagierte auf das Herabfallen einer Frucht oder das Herannahen eines gefährlichen Tieres. Menschliche Stimmen dagegen hatten für ihn zunächst so gut wie keine Bedeutung. Er konnte die Artikulation nicht unterscheiden und hatte keine Wortbilder zur Verfügung. Der Vokal „O" schien sein Interesse zu fesseln. Wenn jemand den Ausruf des Erstaunens „Oh" von sich gab, drehte er sich sofort um. Um dieses Interesse zu binden, gab Itard ihm den Namen Victor. Auch das Wort „non" für eine Verneinung ließ sich für die Kommunikation nutzen. Itard kam zu dem Ergebnis, dass Victors Stimmorgane zwar ausgebildet, aber nicht geübt waren und er deshalb stumm blieb. Versuche das Bedürfnis nach Milch mit dem Wort „lait" zu koppeln gelangen; Durst mit dem Wort Wasser („eau") zu verbinden, gelang wiederum nicht.

> „Im Gegensatz zu der Gehemmtheit seiner stimmlichen Äußerungen war die pantomimische Sprache gut entwickelt. Wenn er Absichten und Wünsche hatte, konnte er sie durch eine phantasievolle Aktionssprache zum Ausdruck bringen. Wenn er hungrig war, drängte er auf den Beginn der Mahlzeit, indem er den Tisch deckte und Madame Guerin seine Schüssel in die Hand drückte. Einem Gast, dessen Besuch ihm zu lang wurde, drückte er Handschuhe, Stock und Hut in die Hände und drängte ihn zur Tür" (Koch 1997, S. 29f.).

Trotz der geringen Erfolge in der Sprachentwicklung blieb Itard optimistisch. Kritiker bemängeln allerdings, dass er die pantomimischen Kommunikationsmöglichkeiten zu wenig würdigte und nutzte.

Die geistigen Tätigkeiten entwickeln

Itard ging davon aus, dass in der frühkindlichen Lebensphase alle geistige Tätigkeit an körperliche Bedürfnisse gebunden sind. Ausgehend von dieser Annahme müsse die Bildung des Menschen zur Beschäftigung mit Gegenständen führen, die nicht mehr in unmittelbarer Verbindung mit elementaren Bedürfnissen wie Hunger, Schlaf, Nahrung und Zuneigung stehen. Da Victors Gehör nicht genügend ausgebildet war, er sich praktisch wie ein Taubstummer verhielt, versuchte Itard mit optischen Übungen zum Erfolg zu kommen. In Anlehnung an Sicards Methode, zeichnete er auf eine schwarze

Tafel die Umrisse von Gegenständen, so einen Schlüssel, eine Schere, einen Hammer. Er legte die passenden Gegenstände auf die Zeichnung und forderte den Jungen auf die Gegenstände zu bringen, ohne Erfolg, die geforderte Abstraktionsleistung war scheinbar zu hoch. Itard versuchte daraufhin, sich Victors Sinn für Ordnung zunutze zu machen.

„Er schlug je einen Nagel neben eine Zeichnung und ließ die Gegenstände einige Zeit bei der Zeichnung hängen. Danach entfernte er die Gegenstände und gab sie Victor in die Hand. Der Junge reagierte sofort. Er hängte jeden Gegenstand bei seiner Zeichnung auf und erledigte die Aufgabe auch dann richtig, als Itard die Reihenfolge veränderte. Das war zunächst nur eine Gedächtnisleistung. Später aber, als Itard die Gegenstände und Zeichnungen immer zahlreicher werden ließ, war Victor gezwungen, Zeichnungen und Gegenstände miteinander zu vergleichen und Schlüsse zu ziehen" (Koch 1997, S. 31).

Victor erledigte diese Aufgaben mit Erfolg. Nun wurden die Zeichnungen an der Tafel mit Buchstaben umlegt, um das dazugehörige Wort zu bilden, diese abstrakte Aufgabe konnte er nicht lösen. Itard kam auf die Idee, auf einem vorgefertigten Brett das Wort „LAIT" (Milch) zu legen. Als Victor am frühen Morgen Milch haben wollte, wurde er mit dem Begriff konfrontiert, lernte die Buchstaben zu ordnen und ihn mit Milch in Verbindung zu bringen.

„Man sah ihn am Abend, als er zum Observatorium gehen wollte, wie er aus eigenem Antrieb sich mit jenen vier Buchstaben versah, sie in seine Tasche steckte und sie, kaum bei dem Bürger Lemeri angekommen, bei dem er, wie schon gesagt, jeden Tag seine Vespermilch bekam, dergestalt auf den Tisch legte, dass sie das Wort lait bildeten" (Malson 2001, S. 160).

Lesetext

Die Fortschritte eines jungen Wilden

„Ein Kind von elf oder zwölf Jahren, das man im Walde von Caune völlig nackt gesehen hatte und das sich Eicheln und Wurzeln als Nahrung suchte, wurde am selben Orte gegen Ende des Jahres VII (1797) von drei Jägern aufgespürt, die es in dem Augenblick einfingen, da es auf einen Baum klettern wollte, um sich ihrer Verfolgung zu entziehen. Man brachte es in ein benachbartes Dorf und übergab es der Obhut einer Witwe, doch nach einer Woche konnte der Knabe entwischen und die Berge erreichen, in denen er bei den strengsten Winterfrösten umherirrte, in ein zerschlissenes Hemd gehüllt; des Nachts zog er sich an einsam gelegene Orte zurück, am Tag näherte er sich den benachbarten Dörfern und lebte so vagabundierend bis zu dem Tag, da er aus eigenem Antrieb ein bewohntes Haus im Kanton Saint-Sernin betrat. Wiederum wurde er eingefangen, überwacht und zwei oder drei Tages lang gepflegt; von hier aus brachte man ihn ins Hospiz von Saint-Affrique, sodann nach Rodez, wo man ihn mehrere Monate behielt. Während seines Aufenthalts an diesen verschiedenen Orten zeigte er sich stets gleich wild, ungebärdig und unstet, versuchte immer wieder zu entfliehen, und gab Anlass zu den interessantesten Beobachtungen, die von glaubwürdigen Zeugen gesammelt wurden (...) Ein Minister, Förderer der Wissenschaften, glaubte, dass dieses Ereignis für die Erkenntnis des Menschen von einigem Aufschluß sein könnte. Er gab die Anweisung, das Kind nach Paris zu bringen. Dort kam es gegen Ende des Jahres VIII an, begleitet von einem braven Greis, der versprach, es wieder zu sich zu nehmen und ihm ein Vater zu sein, wenn die Gesellschaft es je aufgeben sollte. Die glänzendsten und unvernünftigsten Hoffnungen waren dem Wilden von Aveyron nach Paris vorausgeeilt. Viele Neugierige malten sich genüsslich aus, wie wohl sein Erstaunen beim Anblick all der schönen Dinge in der Hauptstadt wäre. Andererseits glaubten viele Leute, die sonst durch ihre Kenntnisse achtenswert waren, aber vergaßen, dass unsere Organe um so unbildsamer und die Nachahmung um so schwieriger sind, je länger der Mensch von der Gesellschaft und der Zeit seiner frühen Kindheit entfernt ist, dass die Erziehung dieses Individuums eine Angelegenheit von wenigen Monaten sei und dass man schon bald über sein vergangenes Leben die pikantesten Auskünfte vernehmen werde. Was aber sah man stattdessen? Ein Knabe von ekelerregender Schmutzigkeit, von spastischen Krämpfen und Zuckungen geschüttelt, ein Kind, das sich unaufhörlich hin und her wiegte wie manche Zirkustiere, das diejenigen biß und kratzte, die ihn betreuten; das ansonsten allen Dingen gleichgültig gegenüber stand und keiner Sache Aufmerksamkeit schenkte. (...)

Der Bürger Pinel (ein berühmter Arzt für Geisteskrankheiten), der zunächst die Sinnesfunktionen des jungen Wilden untersuchte, zeigte uns ein Kind, dessen Sinnesorgane sich in einem solchen Zustand der Stumpfheit befanden, dass der Unglückliche in dieser Hinsicht manchen unserer Haustiere weit unterlegen war; dessen flackernde, ausdruckslose Augen träge von einem Gegenstand zum anderen glitten, ohne sich je an einen von ihnen zu heften, und zudem so wenig geübt waren, dass sie einen plastischen Körper nicht von einem gemalten zu unterscheiden vermochten; dessen Gehörorgan auf die stärksten Geräusche ebensowenig reagierte wie auf die zarteste Musik, dessen Stimme von einem Zustand völliger Stummheit zeugte oder nur einen kehligen und eintönigen Laut von sich gab; dessen Geruchssinn so wenig ausgeprägt war, dass er den Duft von Parfüms mit

1.3 Jean Marc Gaspard Itard (1774–1838)

> derselben Gleichgültigkeit aufnahm wie die stinkenden Ausdünstungen des Kots, von dem sein Lager voll war; dessen Tastsinn schließlich sich auf die mechanischen Funktionen des Betastens von Gegenständen beschränkte. Dann ging der Berichterstatter zu den geistigen Funktionen des Knaben über: er war unfähig zur Aufmerksamkeit, außer wenn es um die Gegenstände seiner Bedürfnisse ging, folglich auch unfähig zu irgendwelcher geistigen Tätigkeit, die jene erstere nach sich zieht, besaß weder Gedächtnis, noch Urteil, noch Nachahmungsgabe, und war selbst in dem, was seine Bedürfnisse anbelangt, so beschränkt, dass es ihm noch nicht einmal gelungen war, eine Tür zu öffnen oder auf einen Stuhl zu steigen, um Nahrungsmittel zu holen, die man der Reichweite seiner Hand entzogen hatte; schließlich fehlte ihm jedwedes Mittel der Verständigung: die Gesten und Bewegungen seines Körpers verrieten weder Ausdruck noch Absicht; rasch und ohne erkennbaren Grund verfiel er aus apathischer Traurigkeit in das unbändige Lachen; er war unempfänglich für irgendwelche seelischen Affekte; seine Urteilskraft beschränkte sich auf eine Berechnung der Gefräßigkeit, sein Vergnügen auf eine angenehme Geschmacksempfindung, seine Intelligenz auf die Fähigkeit, einige zusammenhanglose Vorstellungen hinsichtlich seiner Bedürfnisse hervorzubringen; mit einem Wort, seine ganze Existenz bestand in einem rein animalischen Leben. (...) Aus einer solchen Identität musste notgedrungen der Schluß gezogen werden, dass der Knabe, damit einer bisher für unheilbar geltenden Krankheit behaftet, zu keinerlei Art von Geselligkeit und Bildung fähig sei. Zu diesem Schluß kam auch Pinel. (...) Ich teilte diese ungünstige Ansicht nicht; und wiewohl das Bild sehr der Wahrheit entsprach (...) hegte ich noch einige Hoffnungen" (Itard, Gutachten und Bericht über Victor von Aveyron, in: Malson 2001, S. 117ff.).

Impulse für die heutige Erziehungspraxis

Jean Marc Gaspard Itard gilt als der Urheber einer modernen Erziehung von Kindern mit geistiger Behinderung. Er setzte seinen Erziehungsoptimismus gegen die in seiner Zeit vorherrschende medizinisch psychiatrische Sicht von Behinderung. Der Psychiater Pinel sah Victors Zustand als organisch verursachten Intelligenzdefekt, Itard als Medico-Pädagoge dagegen als einen Mangel an Erziehung, als sozial verursachte Verwahrlosung.

Seit Itard wird der geistig behinderte Mensch als erziehbar gesehen. Mit der Erziehung von Victor stellte er eine richtungsweisende Verbindung von Medizin und Pädagogik her, die für die Entwicklung zur heutigen Heilpädagogik wegweisend war.

> „Sein medicopädagogischer Behandlungsversuch läßt sich im besten Sinne als basalpädagogisches Erziehungsprogramm qualifizieren: Victors Behinderung (nicht Krankheit) läßt sich analytisch in die Komponenten einer Sinnes-, Motivations-, Denk- und Sprachstörung aufgliedern, für die man systematisch entwicklungsgemäß aufbauend Übungs- und Lerngelegenheiten arrangieren müsse. Besonders in der Sinnesschulung (sensomotorisches Training) erwies sich Itards außergewöhnliche Geschicklichkeit sowie die Realisierung des sensualistischen Grundprinzips (Condillac) des Aufstiegs vom Konkreten zum Abstrakten (Sinnestätigkeit Denken/Sprache)" (Gröschke 1995, S. 18).

Itard hat sich viele Verdienste in der Förderung von sprachgestörten Kindern, in der Behandlung von Stotterern und taubstummen Kindern erworben: Durch seine Erfindung des Audiometers konnten Resthörfähigkeiten gemessen und oftmals technisch ausgeglichen werden. Er führte das Lippenlesen und die Übung des sprachlichen Ausdrucks für Gehörlose ein und gewann für die Hör- und Sprachbehindertenpädagogik wertvolle Einsichten über die Zusammenhänge von Hör- und Stimmbildung, Sprache und Intelligenzentwicklung.

Maria Montessori studierte die Schriften Itards und seines Schülers Seguin und entwickelte daraus ihre „Sinnesmaterialien" zur Förderung entwicklungsverzögerter und behinderter Kinder. Die heutige heilpädagogische Übungsbehandlung hat hier ihre Grundlagen. Trotz dieser Verdienste und fruchtbarer Impulse wird von einigen Fachvertretern das Projekt der Erziehung des Victor als die „Geschichte einer gescheiterten Dressur" (vgl. Koch und Malson) bezeichnet. Itard konzentrierte sich im Rahmen seines pädagogischen Experiments auf das Sprechenlernen und versuchte seinen Plan in fünf Schritten zu erreichen, ohne Rücksicht auf die Ist-Situation des Jungen, Pestalozzi würde sagen: auf seine „Individuallage". Er unterwarf den jungen Victor einer „totalen Pädagogik" in der Isolation seiner Wohnung, ohne für ausreichenden Kontakt zu Gleichaltrigen zu sorgen.

Der pädagogische Bezug wurde nach sechs Jahren Arbeit abgebrochen, nachdem sich der gewünschte Erfolg, der Spracherwerb, nicht einstellte. Victor wurde danach bis zu seinem Tod im Jahre 1828 von Madame Guerin versorgt. „Besucher, die ihm nach Jahren in dem Haus begegneten, fanden ihn ängstlich, scheu und unfähig zu irgendeiner Kommunikation" (Koch 1997, S. 4). Weitere starke ethische Bedenken sprechen gegen die Form des Erziehungsstils, die Erziehung in einer „künstlichen Laboratoriums-Situation", sowie der Einsatz von Erziehungspraktiken, wie Drohungen, strafender Blick, Liebesentzug, körperliche Züchtigung (z. B. Schlagen auf die Finger und Einkerkerung). Itard ging sogar soweit die „Erfahrung von Todesnähe" als pädagogisches Instrument einzusetzen:

1.3 Jean Marc Gaspard Itard (1774–1838)

„In dem Augenblick nun, da die Sinnesfunktionen noch nicht lahmgelegt waren, öffnete ich heftig das Fenster seines Zimmers, das im vierten Stock direkt über einem gepflasterten Hof liegt: ich näherte mich ihm mit allen Anzeichen des Zorns, packte ihn fest bei den Hüften und hob ihn aus dem Fenster, den Kopf dem Abgrund zugekehrt. Nach einigen Sekunden zog ich ihn wieder zurück, er war bleich, mit kaltem Schweiß bedeckt, hatte einige Tränen in den Augen und zitterte, was ich den Folgen der Angst zuschrieb" (Itard 1972, S. 156).

Diese Disziplinierungstechniken entsprachen weitgehend dem Verständnis der damaligen Zeit und sind aus heutiger pädagogischer Sicht völlig unakzeptabel. Das Spiel, heute als wesentliche Entwicklungsbedingung geschätzt, hatte im Konzept Itards keinen Platz und wurde als störend für den Lernprozess gesehen. Gründe für das Misslingen der Erziehung des „jungen Wilden" lagen wesentlich in den Dressurvorstellungen des 18. Jahrhunderts, von denen Itard beeinflusst war. Denk- und Verhaltensweisen sollten gewaltsam und mit Druck aufgezwungen werden, ohne den Willen des Betroffenen zu berücksichtigen.

Übungsfragen

1. In welcher historischen Situation lebte Itard und von welchen zeitgenössischen sonderpädagogischen Ideen war er beeinflusst?

2. Schildern Sie die biografische Entwicklung des jungen Victor. Welche Verhaltensweisen zeigte er, als man ihn in die Erziehung von Itard gab?

3. Welche Sichtweise hatte Itard von Behinderung und welche Bedeutung hat diese für die heutige Heilerziehungspflege und Heilpädagogik?

4. Welche Diagnose in Bezug auf Victor stellte Itard im Gegensatz zu Seguin und anderen Experten seiner Zeit?

5. Welche primären Ziele verfolgte Itard bei der Erziehung des Victor und welche Materialien und Hilfsmittel setzte er ein?

6. Vergleichen Sie die emotionale Beziehung zwischen Victor und Itard beziehungsweise der Haushälterin Madame Guerin. Welche Mängel erkennen Sie aus heutiger pädagogischer Sicht?

7. Wie können Sie aus heutiger Sicht die Erziehungsmaßnahmen von Itard bewerten? Nennen Sie pädagogische und ethische Gründe.

8. Diskutieren sie die Ansätze „Dressur" und „Erziehung vom Kinde aus". Welche anthropologische Sichtweise hatte Itard?

9. Beschreiben Sie den medicopädagogischen Behandlungsansatz von Itard.

10. Itard beschrieb ein systematisches Programm der Sozialisation und Kulturation des Victor durch Verabreichung starker Reize. Vergleichen Sie diese Methode mit der sensorischen Sensibilisierung beziehungsweise basalen Stimulation heute.

Literatur

Itard, J. M. G. (1801): Gutachten und Berichte über die ersten Entwicklungen des Victor von Aveyron. In: Malson a.a.O

ders.: Bericht über die Weiterentwicklung des Victor von Aveyron (1806). In: Malson a.a.O

Koch, F. (1997): Das wilde Kind. Die Geschichte einer gescheiterten Dressur, Hamburg

Lane, H. (1985): Das wilde Kind von Aveyron. Der Fall des Wolfsjungen, Frankfurt/M./Berlin/Wien

Lutz, J. (Hg.) (1965): Jean Itard: Victor, das wilde Kind von Aveyron, Zürich/Stuttgart

Malson, L. (2001): Die wilden Kinder, 13. Aufl., Frankfurt/M.

Gröschke, D. (1995): Die Behindertenhilfe im Spannungsfeld von Heilpädagogik und Sozialpädagogik. In: Merz, H. P.: Brennpunkte der Sozialpädagogik, hrsg. von der Schweizerischen Zentralstelle für Heilpädagogik. Luzern

Werner, B. (2004): Die Erziehung des Wilden von Aveyron. Ein Experiment an der Schwelle zur Moderne, Frankfurt/M.

Medien/Internet

Der Wolfsjunge, 1969, Frankreich, François Truffaut, 81 Min., 16mm Lichttonfilm, Landesmedienstelle Baden Württemberg Stuttgart, oder Meteor, Frankfurt/M., oder ARD, Sendung am 16.11.1983

Webliografie

de.wikipedia.org./wiki/Jean_Itard

de.wikipedia.org/wiki/Victor_von_Aveyron

2 Die Erwachsenen-Kind-Beziehung

Die Beziehung, das „besondere" Verhältnis zwischen Eltern und Kind, war und ist für die Pädagogik von hohem Interesse. Dies gilt auch für die professionelle Erziehung, also für die Beziehung von Erzieherin und (Klein-)Kind in einer Kindertagesstätte, für den Heimerzieher und jugendlichen Heimbewohner, für die Heilerziehungspflegerin und das Kind mit einer Behinderung oder für einen Sozialpädagogen in der Arbeit mit drogenabhängigen Jugendlichen. Herman Nohl (1879–1960) hat für diese Dimension den Begriff *Pädagogisches Verhältnis* geprägt und in der geisteswissenschaftlich orientierten Pädagogik etabliert. Der Sprachgebrauch ist aber in der erziehungswissenschaftlichen Literatur nicht eindeutig, so spricht Martin Buber vom *Dialogischen Verhältnis*, Friedrich W. Kron vom *Erziehungsverhältnis*, Wilhelm Flitner von *Erziehungsgemeinschaft*, Jürgen Langefeld vom *Erziehungsverhältnis*, Hans-Joachim Netzer vom *Existentialistischen Verhältnis* und Friedrich Schleiermacher vom *Generationenverhältnis*.

Nohl bezieht sich in weiten Teilen seiner theoretischen Grundlegung auf Martin Buber (1878–1965), einem jüdischen Religions- und Sozialphilosophen, der das Grundverhältnis des Menschen in einer *Ich-Du-Beziehung* sieht. Nach Bubers Auffassung entfaltet sich der Mensch erst als Partner in einer lebendigen dialogischen Beziehung. Er braucht als soziales Wesen den Dialog, er ist auf den anderen Menschen angelegt und angewiesen. Beide, Erzieher und Kind, brauchen zwischenmenschliche Beziehungen. Ein Mensch kann nur menschlich, human aufwachsen, wenn ihm Liebe und Sorge, Bejahung und Schutz, Vertrauen und Teilnahme entgegengebracht werden und umgekehrt, wenn er selbst lieben, bejahen, Vertrauen entgegenbringen kann. Lange Zeit dachte man, dass die Initiative, die Interaktionen in der Erziehung, allein vom Erwachsenen ausgehen, dass er „der Erziehende" ist. Heute belegt die Forschung, dass schon angeborene Reflexe des Neugeborenen Reaktionen beim Erwachsenen auslösen, dass also von Beginn an eine wechsel- seitige Beziehung zwischen Erwachsenem und Kind besteht. So bilden z. B. das Saugen (Kind) und Stillen (Mutter) oder der Körperkontakt beim Tragen oder das Streicheln aufeinander bezogene basale Interaktionsformen. Das Weinen des Kindes ist nicht nur ein Klagen über ein Unwohlsein, sondern gleichzeitig eine Kontaktaufforderung, die mit Gesicht-zu-Gesicht-Bewegungen oder einem Lächeln beantwortet wird. Auch der Körpergeruch des Kindes oder der Eltern stimulieren Kontakt und Kommunikation.

Ebenso belegen neuere Untersuchungen zur Heimerziehung, dass heimentlassene Kinder und Jugendliche im Rückblick nicht pädagogische Konzepte, exklusive Programme und schöne Gebäude als bedeutsam erachten, sondern die Menschen (Erzieher, Betreuer), die mit ihnen verlässliche, stabile Beziehungen eingegangen sind (vgl.Wieland, N.: Ein Zuhause – kein Zuhause. Lebenserfahrungen und -entwürfe heimentlassener junger Menschen, Freiburg 1992 u.1998).

2.1 Martin Buber (1878–1965)
Die dialogische Existenz des Menschen

Biografie

Martin Buber wurde am 8. Februar 1878 als Sohn von Karl und Elise Buber, geb. Wurgast, in Wien geboren. Seine Eltern trennten sich, als er drei Jahre alt war. Buber wuchs im Hause seines Großvaters Salomon Buber auf, eines wohlhabenden Bankdirektors und Vorstehers der jüdischen Kultusgemeinde in Lemberg, der auch als Kenner der talmudischen und chassidischen Lehre und Tradition galt. Buber besuchte in Lemberg das polnische Gymnasium, begann 1896 als Achtzehnjähriger in Wien ein Studium der Philosophie und Kunstgeschichte. 1897 wechselte er nach Leipzig und später nach Zürich und besuchte zusätzlich germanistische und literaturhistorische Seminare. Buber beschäftigte sich mit den Mystikern, mit Cusanus und Paracelsus. In Zürich lernte er seine Frau Paula Winkler kennen, mit der er bis zu deren Tod 1958 zusammenlebte.

Als Theodor Herzl, der spätere Gründer des Staates Israel, die Führung in der Zionistischen Bewegung übernahm, engagierte sich Buber, gründete eine Studentenvereinigung und einen jüdischen Verlag und vertiefte seine Studien der jüdischen Überlieferungen. 1904 promovierte er mit einer Dissertation über die „Geschichte des Individuationsproblems" und wurde anschließend als freier Schriftsteller tätig. In der Folge entstanden zahlreiche Schriften, so 1923 „Ich und Du", welche ihn als Begründer des „dialogischen Prinzips" bekannt machte, 1930 „Zwiesprache", 1926 „Über das Erzieherische", 1939 „Über die Charaktererziehung", 1951 „Urdistanz und Beziehung" und 1953 „Elemente des Zwischenmenschlichen". Ab 1923 übernahm er Lehraufträge und wurde 1930 Honorarprofessor an der Universität Frankfurt/M. 1933 wurde ihm von den Nationalsozialisten die Lehrerlaubnis entzogen. Martin Buber begann, sich in der Erwachsenenbildung zu engagieren.

Nach dem antisemitischen Pogrom der sogenannten „Reichskristallnacht" im November 1938 verließ er Deutschland, ging nach Jerusalem und übernahm dort einen Lehrstuhl für Sozialphilosophie. Buber setzte sich für die Verständigung von Juden und Arabern ein. Seine Vorschläge wurden politisch verworfen, der Staat Israel wurde gegründet, Palästina und Jerusalem geteilt. Seine Vorstellungen eines genossenschaftlichen Sozialismus übten großen Einfluss auf die Kibbuz-Bewegung aus. Buber unternahm Vortragsreisen nach Europa. 1953 erhielt er den Friedenspreis des Deutschen Buchhandels und 1963 den Erasmuspreis der Stadt Amsterdam. Am 13. Juni 1965 starb Martin Buber im Alter von 87 Jahren in Jerusalem (vgl. Wehr 2001 u. 2010).

Bekannt wurde Buber als Religionsphilosoph durch seine Arbeiten zum Chassidismus (einer Lebens- und Frömmigkeitsform des Ostjudentums), vor allem aber als „dialogischer Denker", der die Ich-Du-Beziehung des Menschen zum Ausgangspunkt seiner Philosophie machte. Sein Konzept des „dialogischen Prinzips" und insbesondere seine Anstrengungen, das erzieherische Verhältnis als dialogische Beziehung zu entfalten, haben die geisteswissenschaftliche Pädagogik wesentlich beeinflusst.

Zeittafel

1878	Am 8. Februar wird Martin Buber als Sohn von Karl Buber und seiner Ehefrau Elise, geb. Wurgast in Wien geboren. Im Alter von drei Jahren trennen sich die Eltern, Martin wächst bei seinem Großvater Salomon Buber auf, einem vermögenden Geschäftsmann, Vorsteher einer jüdischen Kultusgemeinde und anerkannter Midraschgelehrter; Besuch des Gymnasiums
1896	Studium in Wien; Kontakte zu Theodor Herzl
1897	Studium in Leipzig Beschäftigung mit der Mystik
1899	Studium in Zürich; Buber lernt seine spätere Frau Paula Winkler kennen; Delegierter beim Dritten Zionistischen Kongress in Basel
1902	Gründung eines jüdischen Verlages; intensives Studium der jüdischen Überlieferungen
1904	Promotion: „Beiträge zur Geschichte des Individuationsproblems"
1904–1912	Wissenschaftliche Arbeit als freier Schriftsteller; Erforschung des jüdischen Chassidismus; zahlreiche Veröffentlichungen
1923	Lehrauftrag; ab 1930 Honorarprofessur für Religionswissenschaft und jüdische Ethik an der Universität Frankfurt/M. „Ich und Du"
1926	„Rede über das Erzieherische"
1933	Entzug der Lehrerlaubnis; Engagement in der jüdischen Erwachsenenbildung
1938	Ausreise nach Palästina; Übernahme des Lehrstuhls für Sozialphilosophie in Jerusalem
1948	Errichtung des Staates Israel; jüdisch-arabischer Krieg; Buber hatte sich für eine friedliche Koexistenz von Arabern und Israelis eingesetzt; Europareisen
1953	Verleihung des Friedenspreises des Deutschen Buchhandels in Frankfurt/M.; „Elemente des Zwischenmenschlichen"; „Geschichte des dialogischen Prinzips"
1965	Am 13. Juni stirbt Martin Buber im Alter von 87 Jahren

(Zeittafel orientiert an Wehr 2001)

Pädagogische Leitideen und Konzept

Martin Buber war ein Religions- und Sozialphilosoph und kein Erziehungswissenschaftler. In seinem Gesamtwerk nehmen die pädagogischen Schriften nur einen kleinen Bereich ein. Auch das *dialogische Philosophieren*, in dessen Kontext er sein Erziehungsverständnis entwickelt, macht nur einen kleinen Teil seines Lebenswerkes aus, obwohl sich das Interesse der Fachwelt gerade auf diesen Themenbereich konzentriert (vgl. Scarbath/Scheuerl 1979, S. 216). „Der Mensch wird am Du zum Ich" und „Das erzieherische Verhältnis ist ein rein dialogisches" – diese beiden Thesen und auch sein Werke „Ich und Du" (1923) und „Über das Erzieherische" (1926) fanden insbesondere in der Nachkriegszeit großes Interesse. Der Nachklang und die Verarbeitung kollektiver Gleichschaltung während des nationalsozialistischen Regimes spielten dabei eine wesentliche Rolle (vgl. ebd., S. 135).

Grundgedanken Bubers

Die Aussagen Martin Bubers zur Pädagogik und Anthropologie sind von der These geprägt, dass der Mensch nicht primär ein Einzelwesen ist, sondern nur in zwischenmenschlichen Bezügen existieren kann und auf den anderen Menschen hin angelegt ist. Diese zwischenmenschlichen Beziehungen sind von einer intensiven Art, es sind Beziehungen der Liebe, genauer: des Liebens und Geliebtwerdens, des Vertrauens, des Anerkennens, des Bejahtwerdens und so fort (vgl. Klafki 1969, S. 18).

Diese Vertrauensbasis hat eine elementare Bedeutung sowohl für das Aufwachsen eines Kleinkindes wie auch für das gesamte Leben des Menschen. Der Mensch ist ein dialogisches Wesen. Sein Menschsein konstituiert sich im Dialog, im „Du"; ohne diese Du-Beziehungen kann er nicht menschlich aufwachsen und sich entwickeln. Erst in der Beziehung zum „Du" wird der Mensch zum „Ich". Neben die Ich-Du-Beziehung stellt Buber die Ich-Es-Beziehung, die man auch als distanzierte Subjekt-Objekt-Beziehung bezeichnen kann. Objektive Erkenntnis, naturwissenschaftliche Forschung sind nur mit Distanz zum Objekt möglich. Erziehung muss also sowohl die vertrauliche Ich-Du-Beziehung beinhalten als auch die distanzierte Ich-Es beziehungsweise Subjekt-Objekt-Beziehung realisieren. Buber benennt zwar die Subjekt-Objekt-Beziehung, der Bezug zu umfassenden gesellschaftlichen und politischen Ordnungssystemen wird aber von ihm nur wenig bedacht, darauf weist Wolfgang Klafki hin:

> „Gleichwohl sieht Buber die dialogischen Beziehungen als die eigentlich tragenden an, ohne die Menschen nicht existenzfähig sind. Wer keine Beziehungen der Liebe, des Vertrauens, des Anerkennenkönnens und Bejahens und des Anerkanntwerdens und Bejahtwerdens mehr hätte, würde irrsinnig werden, physisch verkümmern" (ebd., S. 19).

Die Richtigkeit dieser Auffassung ist durch Untersuchungen zur Hospitalismusforschung und zur Entwicklung sozioemotionaler Störungsformen weitreichend belegt.

2.1 Martin Buber (1878–1965)

Die Rolle des Erziehers

Buber sieht im erzieherischen Verhältnis eine besondere Form dialogischer Existenz. Erzieher und Kind sind gleichwertig, aber nicht gleiche Partner, der Erwachsene ist dem Kind de facto an Erfahrung überlegen. Der Erzieher muss diesen Wissens- und Erfahrungsvorsprung ausgleichen durch die „Umfassung" des Kindes. Er muss sich in das Kind hineinversetzen, muss spüren, was dieses will und benötigt. Er muss das Kind in seinem Sosein akzeptieren und seine Überlegenheit erkennen.Buber sieht beim Erzieher zwei Gefahren: den *Machtwillen* und den Eros. Der Machtwille kann sich im Erzieher zeigen, wenn er als Repräsentant scheinbar gesicherten Wissens oder überdauernder Normen auftritt und das Kind zwingt, dieses Gesellschaftswissen gehorsam zu übernehmen. Eros bedeutet bei Buber, das Kind für sich besitzen und genießen zu wollen, es im Extremfall auszubeuten und so die Bestimmung des Kindes (auf ein eigenes Leben hin) zu verfehlen. Buber fordert vom Erzieher, um des Kindes willen auf Macht und Eros zu verzichten (Askese). In der Umfassung des Kindes durch den Erzieher soll dieser ganz nahe am Kind sein. Er soll mitvollziehen, was dem Leben des Kindes angemessen ist, versuchen zu verstehen, was es ängstigt oder erfreut, und auch sein eigenes Wirken am Kind sensibel beobachten und reflektieren. Die Hochform der Erziehung wird von Buber im Vergleich in die Nähe der Gott-Mensch-Beziehung gerückt:

> „Erziehung ist in der Weise Einwirkung auf einen Menschen, in der das Ich zum Du steht und in der es zu einem Wechsel des Gebens und des Nehmens kommt. Erziehung bedeutet weiter eine Erweckung für ein Leben in der Beziehung, der Mensch-Mitmensch-Beziehung, die die Mensch-Gott-Beziehung umgreift beziehungsweise von ihr umgriffen wird. Erziehung aber ist nur möglich in Freiheit und im Atemraum des Vertrauens" (Buber 1926, zit. nach Wehr 2001, S. 33).

Das erzieherische Verhältnis als dialogische Beziehung

Buber sieht die Bestimmung des Menschen darin, in einer dialogischen Existenz zu leben, in der lebendigen Beziehung zu einem Du und darin die Erfüllung zu finden. Das erzieherische Verhältnis, als dialogische Beziehung, ist für ihn gekennzeichnet durch *Freiwilligkeit* und gegenseitiges *Vertrauen*.

> „Vertrauen (...) erwirbt man (...) nicht, indem man sich bemüht, es zu erwerben, sondern indem man an dem Leben der Menschen, mit denen man umgeht, hier also am Leben der Zöglinge, unmittelbar und unbefangen teilnimmt und die Verantwortung, die sich daraus ergibt, auf sich nimmt (...) Steht der Lehrer so zu seinem Schüler, an seinem Leben teilnehmend und verantwortungsbewußt, dann kann alles, was sich zwischen ihnen ereignet, einen Weg zur Charaktererziehung erschließen.

> (...) Nur darf der Lehrer die der Erziehung gezogenen Grenzen nicht vergessen. Er darf auch da, wo Vertrauen herrscht, nicht erwarten, dass damit schlechthin Übereinstimmung herrsche. (...) Der Lehrer darf nie vergessen, dass auch Konflikte erziehen, wenn sie nur in reiner Luft ausgetragen werden.
>
> Ein Konflikt mit dem Zögling ist die höchste Probe des Erziehens (...) Er darf nicht einen Augenblick lang einen (...) Scheinkampf (...) führen, aber wenn er siegt, hat er dem Besiegten zu helfen, die Niederlage zu ertragen, und wenn er über die eigenwillige Seele nicht siegt, die ihm gegenübersteht (man siegt nicht so leicht über Seelen!), hat er das Wort der Liebe zu finden, das allein über eine so schwierige Situation wie diese hinwegführen kann" (Buber 1986, S. 71f.).

Buber erkennt, dass Erziehung bedeutet, auf einen anderen Menschen einzuwirken und auf ihn Einfluss zu nehmen. Da der Erzieher Repräsentant seiner Gesellschaft und geschichtlichen Epoche ist, muss er suchen, sein Handeln zu orientieren. Für Buber heißt die Priorität: In der Mitte aller Bemühungen steht das Kind.

> „Mit dem eigenen Sein auf das Sein anderer einzuwirken, ist hier Amt und Gesetz geworden. Damit aber (...) hat sich die Gefahr aufgetan, dass (...) der erzieherische Wille in Willkür ausarte; dass der Erzieher von sich und von seinem Begriff des Zöglings, nicht aber von dessen Wirklichkeit aus die Auslese und Einwirkung vollziehe" (ebd., S. 42f.).

In einer dialogischen Beziehung lassen sich Erzieher und Kind aufeinander ein, sie erfahren sich am anderen, an der „Gegenseite" und wachsen so in ihrer Persönlichkeit. Nicht nur der Erzieher beeinflusst das Kind, wie lange angenommen wurde, sondern beide beeinflussen sich gegenseitig, lernen voneinander und verändern sich.

> „Der Mensch, dessen Beruf es ist, auf das Sein bestimmbarer Wesen einzuwirken, muss immer wieder eben dieses sein Tun (...) von der Gegenseite erfahren. Er muss, ohne dass die Handlung seiner Seele irgend geschwächt würde, zugleich drüben sein, an der Fläche jener anderen Seele, die sie empfängt; und nicht etwa einer begrifflich konstruierten Seele, sondern je und je der ganz konkreten dieses einzelnen und einzigen Wesen, das ihm gegenüber lebt, das zusammen mit ihm in der gemeinsamen Situation des ‚Erziehens' und ‚Erzogenwerdens', die ja eine ist, nur eben am anderen Ende steht" (ebd., S. 43).

Zur Besonderheit des erzieherischen Verhältnisses, im Gegensatz zur Freundschaft oder einer Liebesbeziehung, ist diese Erziehung von vornherein zeitlich begrenzt und hat sein Ziel in der Selbstständigkeit des Kindes erreicht. Bestimmung des Kindes ist, selbstständig und verantwortlich sein

Leben zu bewältigen und zwar ohne diesen Erzieher, den es längere Zeit als Entwicklungshelfer benötigte.

> „Indem der Erzieher so Mal um Mal gewahr wird, was dieser Mensch in diesem Augenblick braucht und was nicht, führt es ihn immer tiefer in die Erkenntnis, was der Mensch braucht, damit er werde; aber auch in das, was der „Erzieher", von dem Gebrauchten zu geben vermag, was nicht. So weist ihn die Verantwortung für diesen ihm zugeteilten und anvertrauten Lebensbereich, je und je für diese lebende Seele, auf jenes unmöglich Scheinende und doch uns irgendwie Gewährte, auf die Selbsterziehung hin" (ebd., S. 45).

Die vorbehaltlose Annahme des Kindes, so wie es ist, ist eine zentrale Voraussetzung für eine Beziehung. Buber sieht, dass aber das Kind und der Erzieher nicht in diesem Zustand verharren können, sondern Visionen entwickeln müssen, wie die im Kind schlummernden Fähigkeiten entfaltet werden können:

> „(. . .) der echte Erzieher hat nicht bloß einzelne Funktionen seines Zöglings im Auge, (. . .) sondern es ist ihm jedesmal um den ganzen Menschen zu tun, und zwar um den ganzen Menschen sowohl seiner gegenwärtigen Tatsächlichkeit nach, in der er vor dir lebt, als auch seiner Möglichkeit nach, was aus ihm werden kann" (ebd., S. 65).

Dieser Vorgriff auf die Zukunft, die Entwicklung einer Vorstellung, was das Kind zukünftig braucht, welche Kompetenzen es in zwanzig oder dreißig Jahren benötigt, um sinnvoll existieren zu können, ist sehr schwierig. Der Erzieher benötigt Visionen, es kann zu Fehleinschätzungen kommen, sie beinhalten die Gefahr des Irrtums und des Scheiterns. Die Zukunft können Kind und Erzieher wiederum nur im Vertrauen und in der Hoffnung angehen.

Lesetext

Das erzieherische Verhältnis

„Das erzieherische Verhältnis ist ein rein dialogisches. Ich habe auf das Kind hingewiesen, das, halbgeschlossener Augen daliegend, der Ansprache der Mutter entgegenharrt. Aber mache Kinder brauchen nicht zu harren: weil sie sich unablässig angesprochen wissen, in einer nie abreißenden Zwiesprache. Im Angesicht der einsamen Nacht, die einzudringen droht, liegen sie bewahrt und behütet, unverwundbar, im silbernen Panzerhemd des Vertrauens. *Vertrauen, Vertrauen zur Welt, weil es diesen Menschen gibt – das ist* das *innerlichste* Werk des erzieherischen Verhältnisses (Hervorhebung, d. Verf.). Weil es diesen Menschen gibt, kann der Widersinn nicht die wahre Wahrheit sein, so hart er einen bedrängt. Weil es diesen Menschen gibt, ist gewiß in der Finsternis das Licht, im Schrecken das Heil und in der Stumpfheit der Mitlebenden die große Liebe verborgen. Weil es diesen Menschen gibt. Und so muss denn dieser Mensch auch wirklich dasein. (...) Er braucht keine der Vollkommenheiten zu besitzen, (...) aber er muss wirklich da sein. (...) Freilich kann er sich nicht in einem fort mit dem Kind befassen, weder tatsächlich noch auch in Gedanken, und solls auch nicht. Aber hat er es wirklich aufgenommen, dann ist jene unterirdische Dialogik, jene stete potentielle Gegenwärtigkeit des einen für den anderen gestiftet und dauert. Dann ist Wirklichkeit zwischen beiden, Gegenseitigkeit. (...) Wir dürfen drei Hauptgestaltungen des dialogischen Verhältnisses unterscheiden:

Die eine beruht auf einer abstrakten, aber gegenseitigen Umfassungserfahrung. Das deutlichste Beispiel dafür ist eine Disputation zweier in Artung, Anschauung, Berufung grundverschiedener Menschen, in der (...) jeder die mit den Insignien der Notwendigkeit und des Sinns bekleidete Legitimität des andern gewahrt. Welch eine Erleuchtung! Um nichts wird die eigne Wahrheit, die eigene Überzeugungsmacht, der eigene ‚Standpunkt' oder vielmehr Bewegungskreis durch sie geschmälert; keine Relativierung geschieht, es sei denn so zu nennen, dass im Zeichen der Grenze sich uns die urschicksalshafte Wesenheit der sterblichen Erkenntnis darstellt: erkennen heißt für uns Kreaturen, unsere, jeder die seine, Relation zum Seienden wahrhaft und verantwortlich erfüllen, indem wir all seine Erscheinung getreulich, weltoffen, geistoffen mit unseren Kräften empfangen und unserem Sosein einverleiben; so entsteht und besteht lebendige Wahrheit. Ich bin inne geworden, dass es so mit dem andern ist, wie es mit mir ist. (...)

2.1 Martin Buber (1878–1965)

Wenn Erziehung bedeutet, eine Auslese der Welt durch das Medium einer Person auf eine andere Person einwirken zu lassen, so ist die Person durch die dies geschieht, vielmehr, die es durch sie geschehen macht, einer eigentümlichen Paradoxie verhaftet. Was sonst nur als Gnade (...) besteht: mit dem eignen Sein auf das Sein anderer einzuwirken, ist hier Amt und Gesetz geworden. Damit aber, dass solchermaßen an die Stelle des meisterlichen Menschen der erzieherische getreten ist, hat sich die Gefahr aufgetan, dass das neue Phänomen, der erzieherische Wille, in Willkür ausarte; dass der Erzieher von sich und seinem Begriff des Zöglings, nicht aber von dessen Wirklichkeit aus die Auslese und Einwirkung vollziehe. (...) Der Mensch, dessen Beruf es ist, auf das Sein bestimmbarer Wesen einzuwirken, muss immer wieder eben dieses Tun (...) von der Gegenseite erfahren. Er muss, ohne dass die Handlung seiner Seele irgend geschwächt würde, zugleich drüben sein, an der Fläche jener anderen Seele, die sie empfängt; und nicht etwa einer begrifflichen, konstruierten Seele, sondern je und je der ganz konkreten dieses einzelnen und einzigen Wesens, das ihm gegenüber lebt, das zusammen mit ihm in der gemeinsamen Situation des ‚Erziehens' und ‚Erzogenwerdens', die ja eine ist, nur eben an deren andrem Ende steht. Es genügt nicht, dass er sich die Individualität dieses Kindes vorstelle; es genügt aber auch nicht, dass er es unmittelbar als eine geistige Person erfahre und dann anerkenne; erst wenn er von drüben aus sich selbst auffängt und verspürt, ‚wie das tut', wie das diesem andern Menschen tut, erkennt er die reale Grenze, tauft er in der Wirklichkeit seine Willkür zum Willen, erneuert er seine paradoxe Rechtmäßigkeit. (...) Aber, in wie vertrauter Gegenseitigkeit des Gebens und Nehmens er auch sonst mit seinem Zögling verknüpft ist, die Umfassung kann hier keine gegenseitige sein. Er erfährt das Erzogenwerden des Zöglings, aber der kann das Erziehen des Erziehers nicht erfahren. Der Erzieher steht an beiden Enden der gemeinsamen Situation, der Zögling nur an einem. In dem Augenblick, wo auch dieser sich hinüberzuwerfen und von drüben zu erleben vermöchte, würde das erzieherische Verhältnis zersprengt oder es wandelt sich zu Freundschaft.

Freundschaft nennen wird die dritte Gestaltung des dialogischen Verhältnisses, auf die konkrete und gegenseitige Umfassungserfahrung gegründet. Sie ist das wahrhafte Einander-Umfassen der Menschenseelen" (Buber 1986, S. 40ff.).

Impulse für die heutige Erziehungspraxis

Bubers pädagogische Gedanken sind vor allem in seinem Hauptwerk „Reden über Erziehung" dargelegt. Zu Bubers pädagogischen Schriften finden sich sowohl positive Stimmen, wie auch schroffe Ablehnung. (Klafki 1964, S. 513f.) betont, „Bubers Analyse des dialogischen Prinzips ist die tiefste Auslegung jenes fundamentalen Verhältnisses von Erzieher und Zögling, das seit Herman Nohl durch den Terminus *pädagogischer Bezug* bezeichnet wird".

Die Betonung der *Ebenbürtigkeit des Kindes* im Verhältnis zum erziehenden Erwachsenen und die *Verantwortung* des Erwachsenen für das sich entwickelnde Kind sind ohne Zweifel eine moderne Erziehungsauffassung. Bubers besonderer Verdienst ist es, herausgearbeitet zu haben, dass ein Mensch nur zur Entfaltung seiner Möglichkeiten kommt, wenn er in einer Ich-Du-Beziehung lebt, wenn er geliebt und bejaht wird, aber auch selbst lieben und bejahen kann. Die Basis dieser Beziehung ist Vertrauen. Indem das Kind erlebt, das der Erzieher nicht ein Geschäft mit ihm betreibt, sondern an seinem Leben ehrlichen Anteil nimmt und sich engagiert. Bedeutsam ist auch Bubers Auffassung, das Kind nicht als *Objekt*, sondern als *Subjekt* zu sehen, das einmalig und einzigartig ist. Erziehung steht im Gegensatz zu Indoktrination und Machtausübung, hat mit bedingungsloser Unterordnung unter Gesetze und Gehorsam gegenüber Autoritäten nichts gemein. Das Kind wird zum gleichwertigen, wenn auch noch nicht mit gleichen Fähigkeiten ausgestatteten Partner erhoben.

Obwohl Bubers philosophische Aussagen für die Pädagogik von großer Bedeutung sind, ist sein Beitrag zur erziehungswissenschaftlichen Theoriebildung gering. Speck hält Bubers Pädagogik, gemessen an strengen logischen Ansprüchen an wissenschaftliche Theorie, „für ein Gemisch aus hypothetischen und dogmatischen, deskriptiven und präskriptiven Elementen (...), für das generell nur vage Wissenschaftlichkeit zu beanspruchen ist" (Speck 1978, S. 132). Theodor W. Adorno ordnet Bubers existenzialistischen Stil sogar dem „Jargon der Eigentlichkeit" zu und karikiert ihn als eine „Wurlitzer-Orgel des Geistes" (zit. nach Scarbath/ Scheuerl 1979, S. 213). Eine Pädagogik, die dem erzieherischen Verhältnis eine hohe Bedeutung zumisst, kann aber von Bubers philosophischen Klärungsversuchen erheblich profitieren. Seine Texte sind allerdings, ohne eine gründliche Einführung in das dialogische Denken, für Studienanfänger schwer zu verstehen.

Übungsfragen

1. Aus welcher religiösen Denktradition heraus entwickelte Buber seinen philosophischen Ansatz des dialogischen Denkens?
2. Erläutern Sie wesentliche Elemente des dialogischen Prinzips.
3. Buber grenzt die Grundworte Ich-Du und Ich-Es von einander ab. Versuchen Sie diese philosophischen Begriffe in die heutige Sprache zu übersetzen und für die Erziehung zu interpretieren.
4. Erläutern Sie die These Bubers: „Das erzieherische Verhältnis ist ein rein dialogisches".
5. Welche Bedeutung haben bei Buber „Vertrauen" und „Distanz" im erzieherischen Verhältnis?
6. Was bedeutet „Umfassung" der Person? Grenzen Sie den Begriff zum heutigen Begriff der „Ganzheitlichkeit" ab.
7. Welche Grundprobleme sieht Buber im erzieherischen Verhältnis? Klären Sie die Begriffe „Macht" und „Eros". Welchen Weg schlägt Buber aus dem Dilemma vor?
8. Zwischen den philosophischen Ansichten Bubers über Erziehung und den Merkmalen des pädagogischen Verhältnisses der geisteswissenschaftlichen Pädagogik (Nohl) gibt es starke Überschneidungen. Zeigen Sie an Beispielen die inhaltliche Nähe auf.
9. Welche Impulse der Pädagogik Bubers für die heutige Erziehungspraxis und -wissenschaft können Sie erkennen? Welchen Beitrag hat er zur Theoriebildung geleistet?

Literatur

Buber, M. (1986 u. 2005): Reden über Erziehung, 10. Aufl., Gütersloh

ders. (1997 u. 2006): Das dialogische Prinzip, 9. Aufl., Heidelberg

ders. (1926): Rede über das Erzieherische. In: Reden über Erziehung, a.a.O.

ders. (1926): Über Charaktererziehung, In: Reden über Erziehung, a.a.O.

ders. (1923): Ich und Du. In: Das dialogische Prinzip, a.a.O.

Klafki, W. (1969): Funkkolleg Erziehungswissenschaft. Studienbegleitbriefe, Bd.1, Weinheim

ders. (1964): Dialogik und Dialektik in der gegenwärtigen Erziehungswissenschaft. In: Zeitschrift für Pädagogik, 10. Jg., 513ff.

Scarbath, H./Scheuerl, H. (1999): Martin Buber. In: Scheuerl, H.: Klassiker der Pädagogik, Bd. 2, 2. Aufl. München, 212–224

Speck, J. (1985): Martin Buber. In: Speck, J. (Hg.): Geschichte der Pädagogik des 20. Jahrhunderts, Stuttgart u. a.

Wehr, G. (2001): Martin Buber, Reinbek b. Hamburg (rororo-Monographie, Nr. 147)

ders. (2010): Martin Buber. Leben-Werk-Wirkung, Gütersloh

Medien

„Ich stoße das Fenster auf und zeige hinaus." Portrait des Philosophen Martin Buber, sein Lebensweg, seine Einstellung in Dokumenten und Aussagen ehemaliger Wegbegleiter, 1982, 46 Min., 16mm Lichttonfilm, Landesmedienstelle Baden Württemberg, Stuttgart

Webliografie

de.wikipedia.org/wiki/Martin_Buber

www.buber-gesellschaft.de

2.2 Herman Nohl (1879–1960)
Das pädagogische Verhältnis

Biografie

Herman Nohl wurde am 7. Oktober 1879 in Berlin als Sohn des Lehrers für alte Sprachen Hermann Nohl geboren. In Abgrenzung zum Vater, der philologische Werke veröffentlichte, führte der Sohn nur ein „n" in seinem Vornamen. Nach dem Besuch des Gymnasiums studierte Herman Nohl zunächst zwei Semester Medizin in Berlin, wechselte dann aber zu den geisteswissenschaftlichen Fächern Philosophie, Geschichte und Literatur. Er promovierte 1904 mit einer Dissertation über „Sokrates und die Ethik". Die Habilitation folgte 1908 in Jena mit einer Arbeit über das Thema „Die Weltanschauung der Malerei". In den dazwischenliegenden Jahren bearbeitete er als Herausgeber wissenschaftliche Editionen, darunter Hegels theologische Jugendschriften und eine mehrbändige Ausgabe der Werke Herders. Dazu kam eine Vortragstätigkeit vor allem zu ästhetischen Fragen und zur Geschichte der Philosophie. Unter dem Eindruck des Ersten Weltkrieges wandte er sich ab 1918 Erziehungsfragen zu und gründete 1919 die Jenaer Volkshochschule, die eine große Zahl bildungswilliger Menschen anzog.

Gleichzeitig nahm Nohl eine Lehrtätigkeit als Privatdozent an der Universität auf und wurde 1920 auf den „Lehrstuhl für praktische Philosophie mit besonderer Berücksichtigung der Pädagogik" berufen. In der Folge entwickelte er sich zu einem der profiliertesten wissenschaftlich arbeitenden Pädagogen in Deutschland. In seinen Vorträgen und Schriften fasste er die vielfältigen zeitgenössischen Reformbestrebungen wie Einheitsschule, Kunsterziehung, Arbeitsschule u. a. zu einer einheitlichen „Pädagogischen Bewegung" zusammen, die gekennzeichnet ist durch „ihr Eintreten für die *Entfaltung der kindlichen Spontaneität, das aktive Lernen* gegenüber dem passiven, die Ergänzung der bloßen Verstandesschulung durch Bildung von ‚Herz und Hand', die Erweckung und *Pflege aller Lebenskräfte* als Voraussetzung jeglicher Formung und nicht zuletzt die *soziale Verantwortung* der Erziehung anstelle einer vorwiegend individualistisch orientierten Pädagogik" (Geißler 1979, S. 228; Hervorhebungen d. Verf.).

Während sich viele akademisch lehrende Pädagogen vorwiegend mit der Schule befassten, beschäftigte sich Herman Nohl mit sozialpädagogischen Fragen und war an der Erarbeitung des Reichsjugendwohlfahrtsgesetzes (1922) und des Jugendgerichtsgesetzes (1923) beteiligt. Von besonderer Bedeutung war die Herausgabe des mehrbändigen „Handbuchs der Pädagogik" in den Jahren 1928–1933, das eine erste Zusammenfassung aller Gebiete der Pädagogik aus moderner Sicht darstellte.

„Nohls pädagogische Theorie stützte sich nicht nur auf die geisteswissenschaftliche Überlieferung, sondern auch auf seine unmittelbaren Erziehungserfahrungen, wie er sie vor allem aus dem Umgang mit seinen fünf Kindern und seinen Studenten gewonnen hatte. Seinem Seminar gliederte er einen Kindergarten und eine Grundschulklasse an, um den Zusammenhang mit Kindern zu bewahren und Fragen des Schulunterrichts, wie z. B. den Gruppenwetteifer, praktisch zu erproben. (. . .) (Er) übernahm den Vorsitz im Fröbelverband (. . .) wirkte mit beim Aufbau der Pädagogischen Akademien in Preußen" (Geißler 1979, S. 229f.).

1937 wurde Nohl durch die Nationalsozialisten zwangsemeritiert, sein Lehrstuhl aufgehoben. 1943 zog man ihn zur Fabrikarbeit ein. 1945 erhielt er den Lehrstuhl für Pädagogik zurück und wurde 1947 ordentlich emeritiert. Sein Schüler Erich Weniger übernahm die Nachfolge. Am 27. September 1960 starb Herman Nohl im Alter von 81 Jahren.

Zeittafel

1879	Herman Nohl wird am 7. Oktober 1879 als Sohn des Hermann Nohl, Lehrer für alte Sprachen am Gymnasium zum Grauen Kloster, und dessen Ehefrau in Berlin geboren
1898	Studium der Medizin an der Universität in Berlin; nach zwei Semestern Wechsel zu den Geisteswissenschaften, Studium bei Wilhelm Dilthey
1904	Dissertation über „Sokrates und die Ethik"; Herausgeber von „Herders Werke" und „Hegels theologische Jugendschriften"
1908	Habilitation in Jena über „Die Weltanschauung der Malerei"; Heirat mit Bertha Oser
1915–1918	Einberufung als Soldat
1919	Gründung der Jenaer Volkshochschule; ein großer Erfolg, am ersten Tag schreiben sich 2000 Hörer ein;

	Tätigkeit als Privatdozent in Jena und Ernennung zum außerordentlichen Honorarprofessor
1920	Außerordentlicher Lehrstuhl für „Praktische Philosophie mit besonderer Berücksichtigung der Pädagogik" in Göttingen
1922	Ordinarius für Pädagogik; Veröffentlichungen zur Pädagogischen Bewegung in Deutschland; Mitherausgeber der „Zeitschrift für Kinderforschung"
1925	Herausgeber der Zeitschrift „Die Erziehung" zusammen mit Aloys Fischer, Wilhelm Flitner, Theodor Litt und Eduard Spranger
1928–1933	Herausgabe des fünfbändigen „Handbuch der Pädagogik"
1935–1938	„Theorie der Bildung"; „Die pädagogische Bewegung in Deutschland und ihre Theorie"
1937	Zwangsemeritierung durch die Nationalsozialisten; Aufhebung des Lehrstuhl; „Einführung in die Philosophie"; „Die ästhetische Erziehung"; „Die ästhetische Wirklichkeit"
1945	Wiedereröffnung der Universität Göttingen; Nohl erhält den Lehrstuhl für Pädagogik zurück; Herausgeber von „Diltheys gesammelten Werken"; „Pädagogik aus dreißig Jahren"
1947	Emeritierung; Erich Weniger wird sein Nachfolger
1960	Am 27. September 1960 stirbt Herman Nohl

(Die Zeittafel ist orientiert an Geißler 1979, S. 225ff.)

Pädagogische Leitideen und Konzept

Herman Nohl ist einer der profiliertesten wissenschaftlichen Pädagogen in Deutschland. Er steht in der philosophischen Denktradition Wilhelm Diltheys, der die geisteswissenschaftliche Pädagogik begründet hat. Wesentlich für das geisteswissenschaftliche Denken ist das „Verstehen". Verstehen, als wissenschaftliches Verfahren, will den Sinn, die Bedeutung sprachlicher Phänomene und die geschichtliche Gewordenheit pädagogischer Normen, Haltungen oder Institutionen *in ihrer Zeit und aus ihrer Zeit heraus* erfassen. Nohl knüpft als Schüler Diltheys an diesen Ansatz an und prägt zusammen mit Eduard Spranger und Theodor Litt die geisteswissenschaftliche Pädagogik in den 1930er-Jahren und nach dem Zweiten Weltkrieg bis in die 1960er-Jahre hinein (vgl. Klafki 1984, S. 57).

Für Nohl und die geisteswissenschaftliche Pädagogik ist die „Erziehungswirklichkeit" immer schon vorgegeben; Erziehung geschieht, auch wenn sie nicht theoretisch reflektiert wird. Die Erziehungsziele und -aufgaben leiten sich nicht von gesellschaftlichen oder theologischen Normen ab, sondern müssen aus einer konkret gegebenen Erziehungswirklichkeit entwickelt werden.

Die Erwachsenen-Kind-Beziehung

Das pädagogische Verhältnis

Die Erwachsenen-Kind-Beziehung war und ist in der Pädagogik von besonderem Interesse. In der erziehungswissenschaftlichen Fachliteratur finden sich dafür verschiedene Begriffe: Martin Buber etwa spricht vom *Dialogischen Verhältnis*, Friedrich W. Kron vom *Erziehungsverhältnis*, Wilhelm Flitner von *Erziehungsgemeinschaft*, Jürgen Langefeld vom *Erziehungsverhältnis*, Hans-Joachim Netzer vom *Existentialistischen Verhältnis* und Friedrich Schleiermacher vom *Generationenverhältnis*.

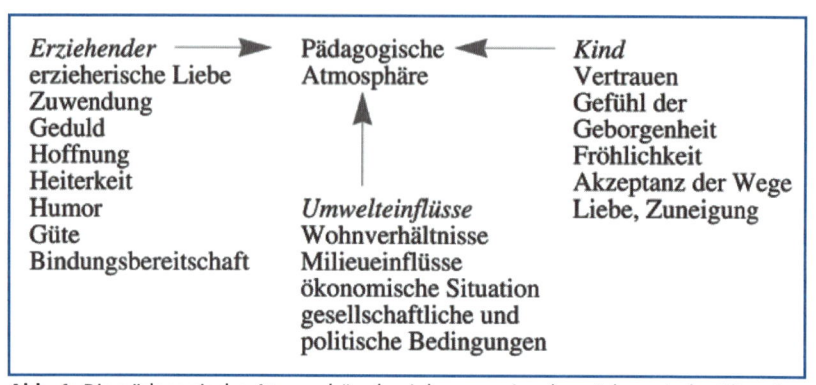

Erziehender ⟶	Pädagogische ⟵	*Kind*
erzieherische Liebe	Atmosphäre	Vertrauen
Zuwendung	↑	Gefühl der
Geduld		Geborgenheit
Hoffnung		Fröhlichkeit
Heiterkeit		Akzeptanz der Wege
Humor	*Umwelteinflüsse*	Liebe, Zuneigung
Güte	Wohnverhältnisse	
Bindungsbereitschaft	Milieueinflüsse	
	ökonomische Situation	
	gesellschaftliche und	
	politische Bedingungen	

Abb. 1: Die pädagogische Atmosphäre beziehungsweise das pädagogische Klima im Erziehungsprozess

Für Herman Nohl bildet das pädagogische Verhältnis das Kernstück der geisteswissenschaftlichen Pädagogik. Er stellt sich damit in die Denktradition seines Lehrers Dilthey, der schrieb: „Die Wissenschaft der Pädagogik (...) kann nur beginnen mit der Deskription des Erziehers in seinem Verhältnis zum Zögling" (Dilthey 1934, S. 190). Nohl führte diesen Ansatz weiter und präzisierte:

> „Die Grundlage der Erziehung ist (...) das leidenschaftliche Verhältnis eines reifen Menschen zu einem werdenden Menschen, und zwar um seiner selbst willen, dass er zu seinem Leben und seiner Form komme" (Nohl 1961, S. 134).

Wolfgang Klafki (1969, S. 20f.) hat die Aussagen Nohls zum pädagogischen Verhältnis didaktisch in sechs Thesen zusammengefasst:
1. Im pädagogischen Bezug *dienen die erzieherischen Maßnahmen dem jungen Menschen und werden um seinetwillen* ergriffen.
2. Die den pädagogischen Bezug konkret bestimmenden Inhalte und Leitgedanken unterliegen einem *historischen Wandel*.
3. Der pädagogische Bezug ist ein Verhältnis der *Wechselwirkung*.
4. Der pädagogische Bezug kann vom Erzieher *nicht erzwungen werden*.

5. Der pädagogische Bezug ist darauf angelegt, *sich selbst überflüssig zu machen und den jungen Menschen in die Selbstständigkeit* zu entlassen.
6. Im pädagogischen Bezug orientiert sich der Erzieher sowohl an der *Gegenwart* des jungen Menschen wie auch an seiner *probeweise vorweggenommenen Zukunft*.

(1) Im pädagogischen Bezug dienen die erzieherischen Maßnahmen dem jungen Menschen und werden um seinetwillen ergriffen.

Nohl geht von einer relativen Autonomie der Erziehung aus. Das Kind steht in der Mitte aller Bemühungen. Alle pädagogischen Aktionen müssen sich daran messen lassen, ob sie dem Wohl des Kindes dienen. Er ist sich bewusst, dass dies ein formales Kriterium ist, das verantwortungsvoll gefüllt werden muss. Der Erziehende muss regelmäßig reflektieren und sich im Erziehungsalltag fragen: Kommt das Kind zu seinem Recht? Ist das, was ich für oder mit dem Kind oder Jugendlichen tue, sinnvoll und förderlich? Wird es dadurch reifer, glücklicher, selbstständiger, unabhängiger? Nohl verkennt aber auch nicht die Verflechtungen mit der Welt, die offen oder verdeckt vorhanden sind.

Der Erziehende muss diese Einflüsse kennen, aufdecken und bewusst machen, dazu muss vor allem die pädagogische Fachausbildung ihren Teil leisten. Die vorhandene Spannung zwischen gesellschaftlichen Ansprüchen und den Bedürfnissen des Kindes kann nur im Bewusstsein der Verantwortung für das konkrete Kind gelöst werden.

(2) Die den pädagogischen Bezug konkret bestimmenden Inhalte und Leitgedanken unterliegen einem historischen Wandel.

„Das Kind ist . . . nicht bloß ein Naturwesen, sondern seine geistige Wirklichkeit ist immer eine historisch bestimmte, und alle Feststellungen, die ich an ihm vornehme, sind historisch relativ . . . Und dieses historische Moment gilt auch für das pädagogische Verhältnis selbst" (Nohl 1961, S. 117).

Kind und Erzieher leben in einer gegebenen Welt, in einer konkreten gesellschaftlichen Situation. Beide sind „Kinder ihrer Zeit", beeinflusst durch die eigene Biografie, Zeitgeist, Moden und Trends. Was dem Wohl des Kindes heute dient beziehungsweise was für die Zukunft wichtig ist, muss in jeder Epoche neu definiert werden.

Der erziehende Erwachsene muss sich fragen: Erziehe ich noch zeitgemäß? Welche Qualifikationen benötigt das Kind in 20 Jahren? Welche soziale Haltung ist zukünftig notwendig? Durchsetzungsfähigkeit oder Solidaritätsbereitschaft? Eine Antwort ist nicht von der Wissenschaft zu erwarten, sondern muss immer neu gesucht und verantwortet werden.

(3) Das pädagogische Verhältnis ist ein Verhältnis der Wechselwirkung.

Erziehung ist ein Interaktionsprozess; alle Beteiligten, Kind und Erwachsene, verändern sich. Sie lernen beide, machen gemeinsam Erfahrungen, werden reifer. Das Kind holt in der Regel sein Informations- und Erfahrungsdefizit auf, aber auch der Erwachsene macht oft nicht geahnte Erfahrungen. Nohl betont, dass diese Beziehung nur positiv wachsen kann im gegenseitigen Vertrauen. Die *Wechselseitigkeit* der Beziehung zeigt sich in der Entwicklung der *Bindung*, die sich durch Qualitäten wie Zuneigung, Hoffnung, Konstanz und Zuneigung geprägt ist. Das pädagogische Verhältnis kann auch als „Entwicklungsklima" oder „pädagogische Atmosphäre" bezeichnet werden.

Diese Atmosphäre wird durch sich wechselseitig beeinflussende Erwartungen des Kindes und des Erwachsenen sowie durch soziale Umwelteinflüsse geprägt. Sie kann gestört werden durch Gefühle von Angst, Sorgen, Stimmungen, Verlust der Geborgenheit, Krisen, Angst vor dem Scheitern (vgl. Kron 1991, S. 228).

(4) Der pädagogische Bezug kann vom Erzieher nicht erzwungen werden.

„Er (der Erzieher) wird dabei auch nicht vergessen dürfen, dass sie (die pädagogische Beziehung) nicht zu erzwingen ist, dass hier irrationale Momente wirksam sind, wie Sympathie und Antipathie, die beide Teile nicht in der Hand haben, und er darf darum nicht gekränkt sein oder es gar den Zögling entgelten lassen, wenn ihm der Bezug nicht gelingt (...) Man wird dann versuchen, ihn an jemand anderen zu binden, wenn die Bindung nur überhaupt erfolgt" (Nohl 1949, S. 154).

Sympathie und Zuneigung sind in einer Beziehung wichtig, können aber nicht erzwungen oder manipuliert werden. Eine positive Beziehung ist „methodisch" nicht „machbar", sondern man kann sich darum bemühen, bleibt aber letztlich Geschenk, sie braucht Zeit und muss wachsen.

(5) Der pädagogische Bezug ist darauf angelegt, sich selbst überflüssig zu machen und den jungen Menschen in die Selbstständigkeit zu entlassen.

„Aber dieser Veränderungs- und Gestaltungswille wird doch gleichzeitig immer gebremst und im Kern veredelt durch eine bewußte Zurückhaltung vor der Spontaneität und dem Eigenwesen des Zöglings (...) Dieses eigentümliche Gegeneinander und Ineinander von zwei Richtungen der Arbeit macht die pädagogische Haltung aus und gibt dem Erzieher eine eigentümliche Distanz zu seiner Sache wie zu seinem Zögling, deren feinster Ausdruck ein pädagogischer Takt ist, der dem Zögling auch da nicht „zu nahe tritt", wo er ihn steigern oder bewahren möchte. (...) Und auch der Zögling will bei aller Hingabe an seinen Lehrer im Grunde doch sich, will selber sein und selber machen, schon das kleine Kind im Spiel,

2.2 Herman Nohl (1879–1960)

und so ist auch von seiner Seite in der Hingabe immer zugleich Selbstbewahrung und Widerstand, und das pädagogische Verhältnis strebt (...) von beiden Seiten dahin, sich überflüssig zu machen und zu lösen" (Nohl 1961, S. 136).

Dem anthropologisch bedingten Erfahrungsvorsprung des Erwachsenen steht zunächst die faktische Abhängigkeit des Kindes, z. B. die Pflege- und Versorgungsbedürftigkeit des Kleinkindes, gegenüber. Dieser Zustand soll aber aufgehoben und Selbstständigkeit und Mündigkeit erreicht werden. Nohl geht deshalb davon aus, dass das pädagogische Verhältnis von vorübergehender Natur ist. Die Bindung an den Erwachsenen muss so gestaltet werden, dass sie schrittweise gelöst und das Kind unabhängig wird und selbstständig sein eigenes Leben führen kann. Die Ablösung muss von Anfang an ins pädagogische Konzept eingebaut werden. Eine extrem starke Bindung des Kindes birgt die Gefahr der Überbehütung (Overprotection), die zu Ängstlichkeit und Unselbstständigkeit führt. Eine übermächtige Vater- oder Mutterfigur kann mangelnde Durchsetzungsfähigkeit und Suche nach starken Autoritäten im Erwachsenenalter fördern.

(6) Im pädagogischen Bezug orientiert sich der Erzieher sowohl an der Gegenwart des jungen Menschen wie auch an seiner probeweise vorweggenommenen Zukunft.

Nohl wendet sich gegen eine einseitige Ziel- und Zukunftsorientierung in der Erziehung, wie auch gegen ein einseitiges Verharren in der Gegenwart. In der Erziehung muss die Ist-Situation des Kindes berücksichtigt werden, seine Fähigkeit, gut oder schlecht zu lernen, seine gering oder schwach ausgeprägten künstlerischen Fähigkeiten, seine sozialen oder handwerklichen Neigungen. Der Erzieher muss aber mit dem Kind auch Zukunftsvisionen entwickeln, Vorstellungen eines erstrebenswerten und gelungenen Lebens. Das erfordert Einfühlungsvermögen, Beobachtungsgabe, Mitschwingungsfähigkeit und Vertrauen in die Entwicklungsfähigkeit des Kindes. Erziehung hat aber immer Versuchscharakter, Kind und Erwachsener können sich gemeinsam auf den Weg machen, die Zukunft bleibt stets offen und ist nicht planbar. Janusz Korczak sagt: Das Kind hat das Recht auf den heutigen Tag. Nohl würde antworten: Das Kind hat aber auch das Recht auf eine gute Zukunft, die nicht planbar, aber vorstellbar ist (vgl. dazu auch den Lesetext).

Lesetext

Relative Autonomie der Erziehung

„Diese Grundeinstellung der neuen Pädagogik ist entscheidend dadurch charakterisiert, dass sie ihren Augenpunkt unbedingt im Zögling hat, dass heißt, dass sie sich nicht als Vollzugsbeamten irgendwelcher objektiven Mächte dem Zögling gegenüber fühlt, des Staats, der Kirche, des Rechts, der Wirtschaft, auch nicht einer Partei oder Weltanschauung, und dass sie ihre Aufgabe nicht in dem Hinziehen des Zöglings zu solchen bestimmten vorgegebenen objektiven Zielen erblickt, sondern – und das nennen wir ihre Autonomie, die ihr einen von allen anderen Kultursystemen unabhängigen Maßstab gibt, mit dem sie ihnen allen auch kritisch gegenübertreten kann – dass sie ihr Ziel zunächst in dem Subjekt und seiner körperlich geistigen Entfaltung sieht, dieses Kind hier zu seinem Lebensziel komme, das ist ihre selbstständige Aufgabe, die ihr niemand abnehmen kann" (Nohl 1949, S. 152).

Der pädagogische Bezug

„Wie nun das Vertrauen des Patienten in seinen Arzt vor allem in dieser seiner Grundeinstellung begründet ist, die ihn in seinem Lebenswillen bejaht und die ihr eigentümliches Verhältnis zueinander bedingt, so ist solche pädagogische Grundeinstellung und das unbedingte Vertrauen des Zöglings dem Erzieher gegenüber, dass er von ihm in der Tiefe seiner Persönlichkeit absolut bejaht wird, die Voraussetzung des eigentümlichen Verhältnisses zwischen ihnen beiden. Und das ist nun die zweite Einsicht der gegenwärtigen Pädagogik – auch sie natürlich alt, weil sie ein ewiges Lebensverhältnis ausdrückt, aber doch jetzt erst ganz voll gehoben – dass das letzte Geheimnis der pädagogischen Arbeit der richtige pädagogische Bezug ist, dass heißt das eigene schöpferische Verhältnis, das Erzieher und Zögling verbindet. Ich kann dieses Verhältnis hier nicht im einzelnen analysieren – Liebe und Haltung auf der einen Seite, Vertrauen, Achtung und ein Gefühl eigener Bedürftigkeit, ein Anschlußwille auf der anderen –: sein Resultat ist die Bindung des Zöglings an den Erzieher. Dieser pädagogische Bezug und die in ihm gelegene Bindung müssen gewiß im einzelnen sehr verschieden sein, dem normalen Kinde gegenüber anders wie dem debilen oder dem psychopathischen, schließlich jedem Individuum gegenüber ganz individuell (. . .), aber in irgendeiner Form sind sie die Voraussetzung jeder fruchtbaren pädagogischen Arbeit" (Nohl 1949, S. 153).

2.2 Herman Nohl (1879–1960)

> **Die Qualität des pädagogischen Bezuges**
>
> „Das Verhältnis des Erziehers zum Kind ist immer doppelt bestimmt: von der Liebe zu ihm in seiner Wirklichkeit und von der Liebe zu seinem Ziel, dem Ideal des Kindes, beides aber nun nicht als Getrenntes, sondern als ein Einheitliches: aus diesem Kind zu machen, was aus ihm zu machen ist, das höhere Leben in ihm entfachen und zu zusammenhängender Leistung führen, nicht um der Leistung willen, sondern weil in ihr sich das Leben des Menschen vollendet (...) die pädagogische Liebe zum Kind ist die Liebe zu seinem Ideal. Es soll ihm nichts Fremdes eingebildet werden, sondern die Lebensform, zu der sie führen will, muss die Lösung seines Lebens sein. So fordert die pädagogische Liebe Einfühlung in das Kind und seine Anlagen, in die Möglichkeiten seiner Bildsamkeit, immer im Hinblick auf sein vollendetes Lebens" (Nohl 1961, S. 135).

Impulse für die heutige Erziehungspraxis

Fachvertreter, die stärker einem rationalistischen Wissenschaftsverständnis anhängen, bemängeln häufig, dass Nohls Sprachführung zu wenig präzise, sondern mehrdeutig ist, seine Theorie wenig rationale, eher idealistische, gefühlsbetonte Aussagen beinhalte. Nohl verwende Bilder und Metaphern; seine Beschreibung der Erziehungswirklichkeit, besonders seine Aussagen zum pädagogischen Verhältnis seien idealistisch überhöht; er gehe von einer Idealsituation eines Erziehers mit einem Kind aus (Hauslehrersituation). Erziehung in Gruppen, funktionale Einflüsse und gesellschaftliche Bedingungen fänden bei ihm wenig Beachtung.

Die Kritik seines Stils ist aus dem Blickwinkel des heutigen Sprachverständnisses sicher richtig. Nohls Verdienst ist jedoch auf die *Bedeutung der interpersonalen Beziehung in der Erziehung* hingewiesen zu haben, also die Bedeutung von Zuwendung, Zuneigung und Akzeptanz (vgl. dazu auch das Kapitel über Martin Buber). Nohl lenkte den Blick auf das Kind (Erziehung „um des Kindes willen"), auf die elementare Bedeutung der Bindung für die Entwicklung des Kindes. Die Forschungsergebnisse von René Spitz zum Hospitalismus belegen seine Aussagen. Kinder können ohne ausreichende Zuwendung, ohne verlässliche Beziehungen nicht menschlich aufwachsen und erleiden irreparable psychische Schäden. Nach Zeiten des Glaubens an die Machbarkeit in der Erziehung, nachdem lange die Wichtigkeit von Erziehungszielen und die Wirkungen systematischer Förderung betont wurden, steht heute wieder die Beziehung zwischen Kind und Erzieher, Lehrer und Schüler im Vordergrund, wird mehr Zeit für die Eltern-Kind-Beziehung gefordert.

Nohl betont die Bedeutung des Sich-Einlassens auf das Leben der Kinder, die Offenheit des Erziehungsprozesses und das gemeinsame Voneinander-Lernen. Hier treffen sich Nohls Vorstellungen mit denen von Janusz Korczak, der heute wiederentdeckt und dessen Schriften von Erzieherinnen und Erziehern begeistert aufgenommen werden. In einer Zeit, in der Kindesmisshandlung und sexueller Missbrauch an der Tagesordnung sind und die Nichtachtung des Kindes massiv demonstriert wird, die gentechnische Manipulation von Menschen rechtlich erlaubt werden soll, spüren die Menschen, dass Kinder Erwachsene brauchen, die Partei für sie ergreifen. Nohls Forderung, alles daraufhin zu prüfen, ob es dem Kind dient, kann dabei als Richtschnur dienen.

Übungsfragen

1. Aus welcher Denktradition heraus formuliert Herman Nohl seine pädagogischen Theorien? Welcher wissenschaftstheoretische Ansatz liegt seiner Forschung zugrunde?

2. Erläutern sie Nohls Aussage: Die Erziehungswirklichkeit ist der Wissenschaft von der Erziehung immer schon vorgegeben. Vergleichen Sie die Erziehungswirklichkeit einer Familie und eines Heimes.

3. Definieren Sie das „pädagogische Verhältnis" nach Herman Nohl. Nehmen Sie kritisch Stellung zum Begriff der „pädagogischen Liebe".

4. Nennen Sie die sechs Merkmale des pädagogischen Verhältnisses nach Nohl. Erläutern Sie ausführlich die Merkmale „Freiwilligkeit" und „Wechselwirkung".

5. Welche weiteren Bezeichnungen werden von anderen Autoren für die Erwachsenen-Kind-Beziehung verwendet?

6. Nohl und andere Vertreter der geisteswissenschaftlichen Pädagogik fordern, dass alles, was in der Erziehung getan wird, nur um des Kindes willen geschehen darf. Vergleichen Sie diese normative Forderung mit Aussagen bei Korczak, Fröbel oder Don Bosco.

7. Was versteht Nohl unter „pädagogischer Autonomie"? Zeigen Sie mögliche Fehlinterpretationen auf. Welchen Stellenwert räumt Nohl gesellschaftlichen Einflussfaktoren in der Erziehung ein?

8. Das Erzieher-Kind-Verhältnis unterliegt einem geschichtlichen Wandel. Vergleichen Sie die Situation der Familien Ende des 19. Jahrhunderts mit der Lebenssituation zu Beginn des 21. Jahrhunderts.

Literatur

Buber, M. (2005): Reden über Erziehung, 10. Aufl., Heidelberg

Dilthey, W. (1934): Gesammelte Schriften, Bd. 9 (Pädagogik), Leipzig/Berlin

Flitner, W. (1965): Allgemeine Pädagogik, 10. Aufl., Stuttgart

Geißler, G. (1979 u. 1999): Herman Nohl. In: Scheuerl, H.: Klassiker der Pädagogik, Bd. 2, München, 225–240

Hoch, Chr. (2005): Zur Bedeutung des „pädagogischen Bezuges" von Herman Nohl für die Identitätsfindung von Jugendlichen in der Postmoderne. Eine erziehungsphilosophische Reflexion, Würzburg

Klafki, W. u. a. (1984): Funkkolleg Erziehungswissenschaft I, Frankfurt/M.

ders. (1969): Funkkolleg Erziehungswissenschaft. Studienbegleitbriefe, Bd. 1, Weinheim

Kron, F.W. (1991 u. 1996): Theorie des erzieherischen Verhältnisses, Bad Heilbrunn

Langefeld, J. (1965): Einführung in die theoretische Pädagogik, 5. Aufl., Stuttgart

Netzer, H. (1987): Erziehungslehre, 11. Aufl., Bad Heilbrunn

Nohl, H. (1961): Die pädagogische Bewegung in Deutschland und ihre Theorie, 5. Aufl., Frankfurt/M.

ders. (1949): Pädagogik aus dreißig Jahren, Frankfurt/M.

Webliografie

de.wikipedia.org/wiki/Herman_Nohl

3 Persönlichkeit und Rechte des Kindes

Kindheit als eine eigenständige Lebensphase, verbunden mit weitgehender Freistellung von Erwerbsarbeit, systematischer Schulausbildung und Heranführung an das Berufsleben, mit einer eigenen Kinder- und Jugendkultur, mit Jugendhilfe- und Jugendschutzgesetzen, ist ein modernes Phänomen.

Ein Blick in die Geschichte zeigt, dass das Leben von Kindern alles andere als leicht und unbeschwert war: So stand im griechisch-römischen Kulturkreis der Antike dem Vater, als Herrscher der Familie (patria potestas) das Recht zu, ein Kind zu töten, wenn es behindert oder unerwünscht war. In Sparta gab es einen besonderen Felsen zum Töten „überflüssiger" Kinder; in Rom warf man unliebsame Kinder in die Kloake der Stadt.

Aus der Zeit des Mittelalters wissen wir, dass Kinder von Unfreien und Armen nur bis zu einem Alter von sieben bis acht Jahren in ihren Familien lebten und dann als Arbeitskräfte vermietet wurden. Der körperliche Zustand der Kinder war in dieser Zeit sehr schlecht, die Kindersterblichkeit sehr hoch. Säuglinge wurden so gewickelt, dass die Arme völlig eingebunden waren, damit die Mütter ihre Kinder hinter dem Ofen oder an der Decke aufgehängt zurücklassen konnten, um ihrer Arbeit nachzugehen. Die Kinder lagen oft lange in ihren Ausscheidungen; Erkrankungen und schlimme Hautekzeme waren die Folge.

Im Zeitalter der Renaissance und der Aufklärung „entdeckte" man die Lernfähigkeit des Menschen und begann, gezielte Bildung und Förderung der Kinder für möglich und sinnvoll zu halten. Ab dem 16. Jahrhundert wurde die Aufzucht von Kindern Gegenstand der wissenschaftlichen Forschung in Europa; erste Handbücher über Säuglingspflege und Kindererziehung erschienen. Erasmus von Rotterdam (1469–1536) betonte in seinen Schriften die Erziehbarkeit des Kindes und die Bedeutung frühkindlicher Erziehung. Im 17. Jahrhundert kämpfte John Locke (1632–1704) gegen das totale Einbinden von Kindern, das Prügeln und gegen die Anwesenheit von Kindern bei öffentlichen Hinrichtungen. Im 18. Jahrhundert wies Jean Jacques Rousseau (1712–1778) in seinem Erziehungsroman „Emile" auf die Bedeutung der Kindheit hin, und Johann Heinrich Pestalozzi (1746–1827) versuchte als Armenerzieher verwahrloste Kinder auszubilden und sozialpädagogisch zu begleiten.

Im 19. Jahrhundert, dem Zeitalter der Industrialisierung, mussten Kinder in Fabriken oder sogar unter Tage im Bergbau oftmals 14 bis 16 Stunden am Tage arbeiten, oder sie wurden als Knechte und Mägde, als Hütekinder, Pilzsammler oder Wäscher missbraucht. 1839 waren in England etwa 400.000 Menschen in Fabriken beschäftigt, davon die Hälfte unter 18 Jahren. Der Historiker Philipp Ariès beschreibt in seinem Buch „Die Geschichte der Kindheit" pessimistisch als eine Geschichte des „entrechteten" Kindes. Das 20. Jahrhundert hat – zumindest in den Industrieländern – Jugendschutzgesetze, den Rechtsanspruch auf einen Kindergartenplatz und die allgemeine Schulpflicht gebracht. Gleichwohl liegen die Zahlen von Kindesmisshandlungen, -missbrauch und Kindestötungen noch immer erschreckend hoch. Betrachtet man die Gefährdungen der Kinder in den geschichtlichen Epochen, so kommt den Männern und Frauen eine besondere Bedeutung zu, die sich öffentlich für die Rechte von Kindern eingesetzt, sich als „Anwälte der Kinder" verstanden haben. Die für dieses Kapitel ausgewählten Pädagogen stehen exemplarisch für Forderungen nach dem Grundrecht auf Bildung und Entfaltung von Kindern und für den Schutz ihrer Lebensrechte. Friedrich Fröbel (1782–1852), der „Vater des Kindergartens", setzte sich für die Elementarbildung von Kindern, für ihr Recht auf Kindsein, freies Spiel und ästhetische Erziehung sein. Janusz Korczak (1878–1942) forderte Grundrechte für Kinder, die im Prinzip Grundrechte für alle Menschen darstellen; er wurde gemeinsam mit den Kindern des von ihm geleiteten Heims im Konzentrationslager ermordet. Alexander S. Neill (1883–1973) begründete die weltbekannte Internatsschule Summerhill als Ort für ein repressionsfreies und freiheitliches Leben.

3.1 Friedrich Fröbel (1782–1852)
Die Elementarerziehung im Kindergarten

Biografie

Friedrich Fröbel ist einer der herausragenden Pädagogen des 19. Jahrhunderts. Er gilt als der „Vater" des Kindergartens und Vordenker der Kindergartenpädagogik, obwohl dies nur einen Teil seines Schaffens ausmacht. So leitete er auch 15 Jahre lang die Keilhauer Erziehungsanstalt. Fröbel beschäftigte sich erst in den letzten 16 Jahren seines Lebens mit der institutionellen Früherziehung. Sein Interesse galt zunächst der Schul- und Anstaltserziehung sowie der allgemeinen Bildungsarbeit. In seinem Werk „Die Menschenerziehung" entwarf er eine alle Lebensphasen umfassende Erziehungslehre.

Fröbel kann, wie alle Klassiker der Pädagogik, nur aus seiner Epoche heraus verstanden werden. Er lebte und wirkte in einer Zeit der Ablösung vom Absolutismus, der Auswirkungen der französischen Revolution und der Aufklärung. Musik, Literatur, Kunst und Philosophie erlebten einen enormen Aufschwung. Gleichzeitig führten die Industrialisierung und die mit ihr einhergehende Landflucht, Verelendung und Kinderarbeit, die beginnende politische Emanzipation des Bürgertums, aber auch restaurative Kräfte des Adels, der seinen Einfluss schwinden sah, zu enormen sozialen Spannungen.

Friedrich Wilhelm August Fröbel wurde am 21. April 1782 als sechstes und jüngstes Kind des Pfarrers Johann Jakob Fröbel und seiner Frau Jakobine Eleonore Friederike, geb. Hoffmann, in Oberweissbach/Thüringen geboren. Die Mutter starb, als er ein Jahr alt war. Zur Stiefmutter konnte er nur schwer eine Beziehung entwickeln, er fühlte sich abgelehnt und allein gelassen. Diese frühe Erfahrung trug dazu bei, dass er die Familie als wichtigstes Erziehungs- und Erfahrungsfeld schätzen lernte und dies in seinen Schriften immer wieder betonte. Die Liebe ist für ihn Seinsgrund der Familie, Liebe und Achtung der Eltern Grundlage aller Erziehung. Die Mutter, die ihm selbst so fehlte, ist für ihn die Seele der Familie, ihre natürlichen mütterlichen Kräfte ist der Ausgangspunkt aller Erziehung.

Fröbel, der sich abgelehnt und sich selbst überlassen fühlte, entwickelte ein inniges Verhältnis zur Natur. So konnte ihn die Betrachtung einer Blüte mit ihren regelmäßigen, fast geometrischen Formen in Verzückung versetzen (vgl. Kuntze 1952, S. 13). Neben dem frühen Verlust der Mutter und der Liebe zur Natur prägte die strenge Frömmigkeit seines Vaters den Jungen. Tägliche Morgen- und Abendandachten, der sonntägliche Gottesdienst, dem er allein in der Sakristei beiwohnen musste, vermittelten ihm ein christliches Selbstverständnis, das von Sünde und Strafe bestimmt war und ihn als Kind ängstigte (vgl. Heiland 1982, S. 10). Bei umfangreichen Umbauarbeiten im Pfarrhaus hatte Fröbel Gelegenheit, den Handwerkern zuzuschauen und bei der Arbeit behilflich zu sein. Diese Mithilfe war prägend, ebenso wie die praktische Arbeit im Garten. Diese Erfahrungen schlugen sich später in seiner Erziehungslehre nieder. Als Hauptquellen für eine gesunde körperliche und seelische Entwicklung nennt er dort die *Natur*, die *Arbeit* und die *Religion*.

Fröbel absolvierte eine Lehre als Forstgeometer, studierte Naturwissenschaften, Physik, Chemie, Mineralogie und alte Sprachen. Er arbeitete als Hauslehrer und gründete 1816 die „Allgemeine Deutsche Erziehungsanstalt" in Griesheim/Thüringen, die 1817 nach Keilhaus verlegt wurde. 1835 übernahm Fröbel die Leitung eines Waisenhauses in Burgdorf/Schweiz und eröffnete 1839 die „Bildungsanstalt für Kinderführer". Ab 1842 führte er regelmäßig Kindergärtnerinnenkurse durch. 1849 gründete er die „Anstalt für allseitige Lebenseinigung durch entwickelnderziehende Menschenbildung". Am 21. Juni 1852 starb Fröbel in Marienthal.

Zeittafel

1782	Am 21. April wird Friedrich Wilhelm August Fröbel als sechstes und jüngstes Kind des Pfarrers Johann Jakob Fröbel und seiner Frau Jacobine Eleonore Friederike, geb. Hoffmann, in Oberweissbach/Thüringen geboren. Die Mutter stirbt, als Friedrich Fröbel ein Jahr alt ist
1789–1796	Besuch der Elementarschule
1797–1799	Lehre als Forstgeometer in der Försterei bei Hirschberg/Saale
1799–1801	Studium der Naturwissenschaften in Jena
1804–1805	Privatsekretär auf Gut Groß-Miltzow bei Neubrandenburg
1805–1806	Lehrer an einer Pestalozzi-Musterschule in Frankfurt/M.; erster Besuch bei Pestalozzi in Iferten

1806–1810	Tätigkeiten als Hauslehrer und zweiter Aufenthalt bei Pestalozzi
1811–1813	Studium der alten Sprachen und Physik, Chemie und Mineralogie in Göttingen und Berlin
1814	Studien und Assistent am Mineralogischen Institut der Universität Berlin
1816	Gründung der „Allgemeinen Deutschen Erziehungsanstalt" in Griesheim/Thüringen. Er beginnt die Erziehungsarbeit zunächst mit den drei Söhnen seines verstorbenen Bruders
1817	Verlegung der Anstalt nach Keilhau; Erziehungsarbeit mit zehn Zöglingen, die Zahl steigt bis 1823 auf vierzig
1820–1833	Veröffentlichungen: „Die Menschenerziehung" (Hauptwerk); „Die Erziehenden Familien" (Wochenschrift)
1834	Lehrerfortbildungskurse
1835	Leitung des Waisenhauses mit Elementarschule in Burgdorf (Schweiz); Abwendung vom Schulbereich und Konzentration auf die Elementarerziehung
1837	Gründung der „Anstalt zur Pflege des Beschäftigungstriebes der Kindheit und Jugend"; Texthefte zu den „Vier Gaben" erscheinen
1839	Eröffnung der „Bildungsanstalt für Kinderführer" zusammen mit einer „Spiel- und Beschäftigungsanstalt"; Kindergärtnerinnenkurse in Blankenburg
1845–1849	Reisen zur Verbreitung der Kindergartenidee; es erscheinen die „Mutter- und Koselieder"; in vielen Städten entstehen Kindergärten
1849	Gründung der „Anstalt für allseitige Lebenseinigung durch entwickelnd-erziehende Menschenbildung" in Bad Liebenstein bei Meiningen
1851	Kindergartenverbot in Preußen; Befürchtungen des Staates bezüglich der Verbreitung liberaler und sozialistischer Ideen und Begünstigung des Atheismus
1852	Am 21. Juni stirbt Friedrich Fröbel in Marienthal

(Die Zeittafel ist orientiert an Heiland 1982, S. 134ff.)

3.1 Friedrich Fröbel (1782–1852)

Pädagogische Leitideen und Konzept

Fröbels Erziehungsphilosophie geht von einer religiös-mystischen Vorstellung aus, wie sie im Zeitalter der Romantik häufig anzutreffen war: Alles ist aus dem Göttlichen hervorgegangen und von ihm bedingt. Gott ist der Grund aller Dinge, alles in der Welt eine „Erscheinungsweise Gottes", in allem wirkt das „Göttliche Gesetz". Auch im Menschen und in seiner Lebensbestimmung und seinem Lebensvollzug ist die göttliche Ordnung erkennbar. *Mensch, Natur und Gott* stehen in einer harmonischen Verbindung, die er als „Lebenseinigung" bezeichnet. Die Schöpfung ist noch nicht abgeschlossen, sie vollzieht sich jeden Tag neu. Jeder Mensch verkörpert als Individuum in seiner Einzigartigkeit das göttliche Gesetz und ist zugleich Teil der sich noch vollziehenden Schöpfung.

Aufgabe der Erziehung ist die Durchdringung dieser Gesetze, der Mensch muss sich ihrer Gesetze bewusst werden, um zu *Selbstbestimmung* und *Freiheit* zu gelangen. Erziehung soll im Dienst der Schöpfung stehen und Entfaltungshilfen für das Kind bereitstellen.

Das Streben des Menschen geht, so Fröbel, in drei Richtungen:
(1) die Erforschung der Natur,
(2) das Hinabsteigen zu sich selbst,
(3) das Erheben zu Gott.

Die Entfaltung dieser drei Richtungen im Menschen hielt Fröbel für die wesentliche Aufgabe der Erziehung. Revolutionär war seine Sichtweise, dass dies schon im Kindergarten beginnen sollte. Für die Phase zwischen dem ersten und dem siebten Lebensjahr sah Fröbel im *Spiel die zentrale Möglichkeit der Bildung*. Bedeutsam ist seine Sicht, dass Kindheit nicht ein Zustand des Noch-nicht-erwachsen-Seins ist, den es rasch zu überwinden gilt, sondern eine eigenständige wertvolle Lebensphase. Die Kindheit gilt es durch Erziehung, Schutz und Förderung in Familie und Kindergarten zu begleiten. Vorrang hat für Fröbel dabei die Familie: „Nur in der Familie, nur unter der Bedingung des Erscheinens reinen Familienlebens erreichst Du, Mensch, Dein höchstes Ziel" (zit. nach Strnad 1933, S. 20).

Fröbels Erziehungslehre

Fröbel formulierte drei Entwicklungsgesetze, an denen sich die Erziehung orientieren sollte:

(1) Selbstentfaltung

Die Selbstentfaltung des Menschen ist nur durch Selbsttätigkeit erreichbar, durch eine aktive Auseinandersetzung mit der Umwelt.

„Die äußeren Einwirkungen verarbeitet das Kind durch *Wahrnehmen, Beobachten, Vergleichen, Erkennen, Denken, Fühlen und Wollen*. Das ursprüngliche Wesen des Kindes zeigt sich in seinem Bedürfnis, schöpferisch tätig zu sein. Dieses Tätigseinwollen ist für Fröbel die schöpferische Kraft, die dem Kind die Möglichkeit gibt, darzustellen, was es innerlich erlebt. Im spielerischen Umgang mit den Dingen, durch die einfachen Formen der Spielgaben und durch das Beschäftigungsmaterial können sich die Gestaltungskräfte entfalten. Weitere Gestaltungsmöglichkeiten sieht Fröbel im *Falten, Flechten, Schneiden, Reißen und Kleben, im Legen von Stäbchen und Ringen, im Bauen und Malen sowie in der Mosaikarbeit*" (Klein-Jäger 1978, S. 14).

(2) Entwicklung der eigenen Art

Fröbel sah das Kind als Person, als lebendiges einmaliges Wesen, das sich in einer zunehmenden Differenzierung des Verhältnisses zwischen Ich und Welt befindet und sich von der „Ahnung" zum „Erkennen" entwickelt.

(3) Innerste Wesensfreiheit

Freiheitsbegriff bedeutet für Fröbel nicht Zügellosigkeit oder Unbändigkeit, vielmehr soll das Kind sich freiwillig an feste Formen und Gesetze binden. Freie Erziehung bedeutet nicht, das Kind sich selbst zu überlassen – das hatte er als Kind selbst negativ erlebt –, sondern es unmerklich zu führen. Die Entfaltung des Gemütslebens war dabei für Fröbel von größter Wichtigkeit. Diese sollte vor allen Dingen durch Erzählen, Bildbetrachtung, Vorlesen, Singen, Lernen von Versen, Fingerspielen und Falt- und Flechtarbeiten geschehen (vgl. Klein-Jäger 1978).

Die Bedeutung des Spiels in der kindlichen Entwicklung

Als Fröbel vom Spiel als höchste Stufe der Kindheitsentwicklung sprach, war dies für die Eltern und Erzieher seiner Zeit keineswegs selbstverständlich; das Kind wurde eher als unfertiger Erwachsener gesehen. Nicht die Überwindung, sondern die Wahrung der Kindheit forderte Fröbel als Stufe der Selbstfindung. Das Spiel des Kindes (2–7 Jahre) war für ihn ein zentrales Tun, um die Welt in ihren Gesetzmäßigkeiten und Strukturen zu erfahren.

„Besonders im freitätig gewählten Spiel bzw. durch Spielfreiheit offenbart sich nach Fröbel die schöpferischkreative Potenz des Tätigkeits- und Bildungstriebes. Hierin zeigt sich seine besondere Bedeutung für den personalen Selbstaufbau des Kindes, d. h. die Kraft, die das Kind befähigt, Gefühle und Ideen, Vorstellungen und Begriffe auszudrücken, anschaulich und anfaßbar zu machen, oder anders gesagt Geistiges zu objektivieren, zu versinnlichen und zu materialisieren, um nur einige Richtungen von Gestaltung und Kreativität zu nennen. Dies geschieht nach Fröbel

z. B. durch verschiedene Materialien: Sand und Knete, Klötze, durch Bewegung und Sprache und in besonderer Weise durch die von Fröbel entwickelten systematisch aufbauenden Spielgaben" (Schmutzler 1991, S. 21).

Der Kindergarten und die Spielgaben

Fröbel konzentrierte sich ab 1835/36 auf die Erziehung des Kleinkindes sowie auf die Erneuerung der Familie. Die „bewusste Erziehung" vollzieht sich im Kindergarten, unterstützt durch geeignete Spielzeuge und spezifische Materialien. Der Kindergarten soll ein Gartenparadies sein, „das den Kindern zurückgegebene und gegebene Paradies", in Anlehnung an den biblischen Garten Eden.

Den Begriff „Kindergarten", mit dem sein Programm der frühkindlichen Erziehung fortan verbunden wurde, verwendete Fröbel erstmals 1840.

> „Er bezeichnet eine Stätte behutsamer Einwirkung auf das Kind, möglichst in der Familie und durch sie. In diesem Kindergarten ist Erziehung gebunden an Material (Gaben), deren Spielgesetzlichkeit im freien Spiel vom Kind erahnt und nachempfunden werden soll und das zugleich Naturgesetzlichkeit elementar vermitteln soll" (Heiland 1982, S. 95).

Die Spielmaterialien beziehungsweise Gaben (heute Fröbel-Material genannt) sind für den autodidaktischen Gebrauch angelegt, d. h. das Kind entwickelt, bildet und belehrt sich selbst. Die Gartenarbeit, der sinnvolle Umgang mit Pflanzen und Wachstum besitzen in Fröbels Konzept einen hohen Wert, ebenso das freie Bauen mit Bauklötzen. Im Spielen und Bauen artikuliert sich, so Fröbel, der Gestaltungstrieb des Kindes. Zu diesem Zweck entwickelte und produzierte er die sogenannten „Gaben": Ball, Kugel, Walze, Würfel, mehrfach geteilte Würfel, Legetäfelchen, Stäbchen, Papiere zum Falten, Flechten und Ausschneiden.

Von besonderer Bedeutung ist, dass Fröbel mit der Schaffung des Kindergartens gleichzeitig die Ausbildung der Kindergärtnerinnen betrieb. Die Kleinkindererziehung war seiner Auffassung nach Aufgabe für Frauen. 1849 gründete Fröbel in Bad Liebenstein seine „Anstalt für allzeitige Lebenseinigung durch entwickelnderziehende Menschenbildung", in der Kindergärtnerinnen ausgebildet wurden, die in den rasch entstehenden Kindergärten schnell eine Anstellung fanden.

Fröbels Spielgaben und Beschäftigungsmaterial können in vier Gruppen eingeteilt werden:

Erste Gruppe (Spielgaben)

Zur ersten Gruppe gehören die festen und gegliederten Körper der Ersten bis Sechsten Gabe, wobei die Fünfte und Sechste Gabe hier nicht berücksichtigt werden.

Spielgaben:
Erste Gabe:
Ball, 6 bunte Bälle } feste Körper
Zweite Gabe:
Kugel - Würfel - Walze

Dritte Gabe:
Würfel aus 8 Würfeln } gegliederte Körper
Vierte Gabe:
Würfel aus 8 Quadern
(Quader = Bausteine)

Zweite Gruppe (Spielgaben und Beschäftigungsmaterial)

Zur zweiten Gruppe gehören Flächen, Linien, Punkte, dargestellt in den Spielgaben und mit dem Beschäftigungsmaterial.

Spielgaben:

Flächen:
- Mosaik-Legetäfelchen

Linien:
- Stäbchen (in verschiedenen Größen)
- Ringe (ganze und halbe Ringe)

Punkte:
- Steinchen
- Erbsen
- Perlen

Beschäftigungsmaterial zum Darstellen von Punkten und Linien:

Punkte:
- Ausstecharbeiten
- Kärtchen zum Ausstricken
- Perlen zum Aufziehen

Bei den Ausstecharbeiten werden die Punkte sichtbar.
Beim Kärtchenausstricken werden Punkte durch Fäden zur Linie.
Beim Aufreihen von Perlen werden Punkte zur Linie.

Linien:
- Wollfäden
- Schnur
- Bast zum Kleben von Linien
- Zeichen und Malen

Dritte Gruppe (Beschäftigungsmaterial)

Zur dritten Gruppe gehört das teilweise vorgeformte Material. Hier wird, ausgehend von der Fläche, ein Körper aufgebaut.

Beschäftigungsmaterial zum Darstellen von Flächen:

Flächen:
- Falten
- Falten - Kleben
- Falten - Schneiden - Kleben
- Flechten

Vierte Gruppe (Beschäftigungsmaterial)

Zur vierten Gruppe gehört das formlose Material. Hier entfallen Maße und die dadurch gegebene Einengung.

Beschäftigungsmaterial:
- Kneten, Tonen
- Reißarbeiten
- Schneiden und Kleben
- Zeichnen und Malen
- Nadelarbeiten

Abb. 2: Einteilung der Spielgaben und des Beschäftigungsmaterials aus: Klein-Jäger, W.: Fröbelmaterial zur Förderung des entwicklungsgestörten und behinderten Kindes, Ravensburg, 1978, S. 18

3.1 Friedrich Fröbel (1782–1852)

Lesetext

Die Menschenerziehung

„In allem ruht, wirkt und herrscht ein ewiges Gesetz; es sprach und spricht sich im Äußern, in der Natur, wie im Innern, in dem Geiste, und in dem beides Einenden, in dem Leben immer gleich klar und gleich bestimmt (. . .) aus. Diesem allwaltenden Gesetze liegt notwendig eine allwirkende, sich selbst klare, lebendige, sich selbst wissende, darum ewig seiende Einheit zum Grunde. (. . .) Diese Einheit ist Gott (. . .) In allem ruht, wirkt, herrscht Göttliches, Gott (. . .) Alle Dinge sind nur dadurch, dass Göttliches in ihnen wirkt. Das in jedem Dinge wirkende Göttliche ist das Wesen jedes Dinges. Die Bestimmung und der Beruf aller Dinge ist: ihr Wesen, so ihr Göttliches und so das Göttliche an sich entwickelnd darzustellen, Gott am Äußerlichen und durch Vergängliches kund zu tun, zu offenbaren. Die besondere Bestimmung, der besondere Beruf des Menschen als vernehmend und vernünftig ist: sein Wesen, sein Göttliches, so Gott und seine Bestimmung, seinem Beruf selbst sich zum völligen Bewußtsein, zur lebendigen Erkenntnis, zur klaren Einsicht zu bringen und es mit Selbstbestimmung und Freiheit im eigenen Leben auszuüben, wirksam sein zu lassen, kund zu tun. Das Anregen, die Behandlung des Menschen als eines sich bewußt werdenden, denkenden, vernehmenden Wesens zur reinen unverletzten Darstellung des inneren Gesetzes, des Göttlichen mit Bewußtsein und Selbstbestimmung und die Vorführung von Weg und Mittel dazu ist Erziehung des Menschen" (Die Menschenerziehung [1826], zit. nach: Ausgewählte Schriften, Bd. 2, S. 7f.).

Begründung des Kindergartens

„Frauenleben und Kinderliebe, Kinderleben und Frauensinn, überhaupt Kindheitspflege und weibliches Gemüt trennt nur der Verstand. Sie sind ihrem Wesen nach eins (. . .) Wir laden daher hierdurch alle deutschen Frauen und Jungfrauen zur gemeinsamen Begründung und Ausführung einer allgemeinen Anstalt zur allseitigen Pflege des Kinderlebens bis zum schulfähigen Alter mit deutschem Gemüte ein; wir fordern (. . .) sie auf zur gemeinschaftlichen Begründung und Ausführung eines deutschen Kindergartens (. . .) Zur möglichst vollkommenen Erreichung des sich gesteckten Gesamterziehungszweckes würde (. . .) mit der Bildungsanstalt für Kinderpflegerinnen, ErzieherInnen zugleich eine Kinderpflege-, Pflege- und Beschäftigungsanstalt verbunden werden, an welche kleine Kinder jeden Alters bis zur Schulfähigkeit Anteil nehmen würden. In dieser Kinderpflegeanstalt, in diesem Kindergarten im engeren Sinne, würden die Bildlinge

> unter Anleitung erfahrener, in der Ausführung der Idee eingelebter Kinderführer, ihrem künftigen Beruf entgegen sich ausbilden. Dieser Kindergarten würde darum wie Übungsanstalt für die Bildlinge, so zugleich Musteranstalt für ähnliche, in gleichem Sinn auszuführende Anstalt sein" (Entwurf eines Plans zur Begründung und Ausführung eines Kindergartens [1840], zit. nach Heiland 1982, S. 105f.)
>
> „Eine Musteranstalt also für Kinderpflege, eine Übungsanstalt für Kinderführer und -führerinnen, eine Anstalt, welche angemessene Spiele und Spielweisen zu verallgemeinern sucht, eine Anstalt endlich, mit welcher alle in solchem Geist wirkenden Eltern, Mütter, Erziehende und ganz besonders sich bildende Kindergärten durch ein von ihr herauszugebendes Blatt in lebensvollen Zusammenhang stehen könnte, dies soll der deutsche Kindergarten sein" (Rechenschaftsbericht von 1843, in: Gesammelte Pädagogische Schriften, S. 470).

Impulse für die heutige Erziehungspraxis

Fröbels Erziehungsphilosophie hat im 19. Jahrhundert das pädagogische Denken wesentlich beeinflusst und auch die Elementarerziehung und den Kindergarten untrennbar mit seinem Namen verbunden. Andere Länder haben für diese Institution keine andere Bezeichnung entwickelt, in den USA spricht man nur vom „Kindergarden". Fröbel erkannte sehr früh, dass frühkindliche Interaktionsprozesse zwischen der primären Bezugsperson (bei Fröbel die Mutter) und dem Kind eine existenzielle Bedeutung für die gesamte Persönlichkeitsentwicklung des Menschen haben. Er ging von der Bildbarkeit des Menschen und von seiner Angewiesenheit auf Erziehung und Bildung aus, was heute ebenfalls unbestritten ist. Sein Verdienst liegt vor allem auch darin, die Bedeutung des Spiels für Kinder herausgestellt zu haben, was angesichts der heutigen Zweck- und Leistungsorientierung wieder eine aktuelle Bedeutung gewonnen hat.

Fröbel hat der sensomotorische Entwicklung eine hohe Bedeutung zugemessen und die Förderung der Selbsttätigkeit des Kindes betont. Beides wird heute vor allem in der Motopädagogik aufgegriffen und weiterentwickelt. Fröbels Forderung nach einem Freiraum Kindergarten hat, zumindest in Deutschland, eine Integration der Elementarerziehung in das Schulsystem verhindert, wie sie in den Diskussionen der 1960er-Jahre zur Vorschulerziehung gefordert wurde. Er hat für entwicklungsverzögerte Kinder eine „Vermittlungsschule" vorgeschlagen, was unseren heutigen Vorschulförderklassen entspricht.

Heiland macht in seinen Studien zur Wirkungsgeschichte Fröbels auf das

Problem der „Fröbelorthodoxie" aufmerksam. Der Fröbelsche Kindergarten des 19. Jahrhunderts, aber auch jener der 1920er-Jahre dieses Jahrhunderts sei durch „Erstarrung" und „Mechanisierung" der Spielpraxis gekennzeichnet gewesen (vgl. Heiland 1982, S. 1). Die Schüler Fröbels, Generationen von Kindergärtnerinnen, hätten die Anwendung der Fröbelgaben mechanisiert, sklavisch die Reihenfolge der Beschäftigung angewandt und sich so vom „Geist des Meisters" entfernt. Extreme Erfahrungen werden aus dem Alltag eines Kindergartens des „Berliner Frauen-Vereins zur Beförderung Fröbelscher Kindergärten" um 1860 geschildert:

> „Die Kinder wurden mit einem Gebet oder einem frommen Lied in den Tag geleitet. (. . .) Die Kinder wurden dann je nach der Stufe der Entwicklung in einzelnen ‚Klassen' eingeteilt und dort nach dem festliegenden Plan ‚unterrichtet'. Für die Allerkleinsten lagen dort die ‚Gaben' bereit, die dann auch genau in der Reihen- und Stufenfolge ‚unterrichtet' wurden. Man achtete streng darauf, dass die Kinder stufenweise fortschritten. Der folgende Stundenplan zeigt wohl deutlich an, dass ein Kindergarten dieser Art auf die Dauer im Mechanischen stecken bleiben muss. (. . .) Der Kindergarten war nun ganz und gar eine Übungsstätte der Frauen und Kinder für die Methode geworden" (Voß 1937, S. 70).

Ein Bericht aus dem Jahre 1926 schildert eine ähnlich strenge Kindegartenpraxis:

> „Als ich vor etwa zwanzig Jahren in einem Berliner Kindergarten, der zu einem der größten und fortschrittlichsten Kindergärtnerinnenseminare Deutschlands gehörte, als Seminaristin arbeitete, wurden jeden Tag zwei ‚Stunden' gegeben. Die Kinder waren ihrem Alter nach in drei Abteilungen eingeteilt. In den einzelnen Zimmern standen lange Bankreihen, ähnlich wie in der Schule, davor lange Tische, und vorne davor der Tisch für die Leiterin der Stunde. Die gestellte Aufgabe war häufig aus der Erlebnissphäre des Kindes genommen, es wurde z. B. nach dem Besuch eines Hühnerhofes am Tage zuvor ein Hühnerstall gebaut. Die Kinder marschierten hintereinander ins Zimmer und verteilten sich auf die Bänke. (Kleine Tische und Stühle gab es in diesem Kindergarten nicht!) Nach dem „Verschränken der Arme auf den Rücken" begann das Austeilen der Baukästen. Dann: Auspacken auf Kommando: Rechte Hand hoch! 1. Öffnet mit der rechten Hand den Deckel einen Finger breit! 2. usw. Dann Bauen auf Kommando:
> Nehmt mit der rechten Hand des ersten Baustein rechts vorn! Setzt ihn so vor euch hin, dass die eine Seite euch anschaut! usw. Die Kindergärtnerin baute während dieser Kommandos vorn an ihrem Tisch mit großen Steinen im Spiegelbild vor" (Schumacher 1927, S. 849).

Hier wird auf ein Problem verwiesen, welches häufig auftritt, wenn pädagogische Ideen dogmatisiert werden (vgl. auch das Kapitel über Maria Montessori).

Fröbels pädagogische Ideen sind als positive Impulse in der heutigen Erziehungspraxis zweifellos vorhanden. Seine Texte werden von jungen ErzieherInnen allerdings wenig gelesen, da sie nicht in der heutigen Sprache verfasst sind, dadurch fremd wirken und schwer zugänglich sind. Die Originaltexte sind häufig mit Bildern illustriert, die romantisch, verspielt und „unmodern" wirken. Junge Erzieherinnen lehnen auch die von Fröbel geprägte Bezeichnung Kindergärtnerin ab, weil damit die Vorstellung der „Spiel- und Basteltante" verbunden ist, was sich mit modernen Erziehungskonzepten wie dem Situationsansatz oder der Reggiopädagogik nicht verträgt.

Übungsfragen

1. Beschreiben Sie prägende Erfahrungen in der Kindheit Fröbels, die für seine Erziehungslehre bedeutsam waren.

2. Welches Menschenbild und Weltverständnis werden in Fröbels Theorie erkennbar?

3. Welchen Zusammenhang erkennen Sie zwischen Fröbels Verständnis der Einmaligkeit beziehungsweise Einzigartigkeit des Menschen und des Schöpfungsakts Gottes? Was bedeutet „Göttliches Gesetz"?

4. Nennen Sie die drei „Entwicklungsgesetze" und zeigen Sie die Wirkungszusammenhänge auf.

5. Welche Bedeutung hat die Kindheitsphase bei Fröbel und was bedeutet „höchste Stufe der Kindheitsentwicklung"?

6. Welches Spielverständnis hat Fröbel und was versteht er unter „Spielpflege"?

7. Was verbindet Fröbel mit dem Begriff „Kindergarten"? Welche religiösen Aspekte und welches Naturverständnis sind erkennbar?

8. Was versteht Fröbel unter „Elementarerziehung"? Vergleichen Sie seine Definition mit den heutigen Auffassungen von Elementarpädagogik.

9. Beschreiben Sie die wichtigsten Spielgaben Fröbels. Welche Prinzipien liegen den Materialien zugrunde?

10. Welche sogenannten „Fröbel-Materialien" werden heute noch im Kindergarten eingesetzt? In welchen neuen Materialien sind Fröbelprinzipien erkennbar?

Literatur

Fröbel, F. (1982): Ausgewählte Schriften, 5 Bde, hrsg. von E. Hoffmann, 4. Aufl., Stuttgart

ders. (1966): Sämtliche pädagogische Schriften, 3 Bde, hrsg. von W. Lange, 1862–1874, (Neudruck) Osnabrück

Heiland, H. (1982 u. 2005): Fröbel, Reinbek b. Hamburg (rororo-Monografie Nr. 303)

ders. (1982): Fröbel und die Nachwelt. Studien zur Wirkungsgeschichte Friedrich Fröbels, Bad Heilbrunn

Klein-Jäger, W. (1978): Fröbelmaterial zur Förderung des entwicklungsgestörten und des behinderten Kindes, Ravensburg

Kuntze, M.A. (1966): Friedrich Fröbel. Ein Lebensbild, 5. Aufl., Frankfurt/M.

ders. (1952): Friedrich Fröbel. Sein Weg und Werk, Heidelberg

Schmutzler, H.J. (1991): Fröbel und Montessori. Zwei geniale Erzieher. Was sie unterscheidet, was sie verbindet, Freiburg

Schumacher, H. (1927): Fröbel und Montessori. In: Die neue Erziehung, 9, 1927

Strnad, E. (1933): Friedrich Fröbel. Erneuerung des Lebens, Leipzig

Voß, J. (1937): Geschichte der Berliner Fröbelbewegung, Weimar (Diss. Berlin)

Medien

Der Kindergarten. Ein Plädoyer für Friedrich Fröbel, 1991, VHS-Kassette, 45 Min., Hessen 3, Sendung am 28.3.1992

Rückblende. Vor 150 Jahren: Allgemeiner Deutscher Kindergarten, 1990, VHS-Kassette, 15 Min., WDR oder West 3, Sendung am 20.6.1990

Webliografie

de.wikipedia.org/wiki/Friedrich_Fröbel

Berger, M. (o.J.): Friedrich Fröbel – Sein Lebensweg und sein Wirken, in: Textor, M. R.: Kindergartenpädagogik-Online Handbuch

www.froebelsociety.de

www.bildungsserver.de

3.2 Janusz Korczak (1878–1942) Grundrechte des Kindes

Biografie

Seit Janusz Korczak posthum 1972 den Friedenspreis des Deutschen Buchhandels erhielt, rückte er verstärkt in das öffentliche Interesse und in das Blickfeld der professionellen Pädagogen in Deutschland. Seine literarischen und pädagogischen Werke erfreuen sich zunehmender Beliebtheit, Korczak-Kongresse finden statt, Schulen und Kindergärten werden nach ihm benannt, die Sekundärliteratur wächst, Filme und Fernsehsendungen werden produziert und seit 1979 gibt es eine Internationale Korczak-Gesellschaft, die seine Werke verbreitet. Obwohl er kein Erziehungswissenschaftler war und kein geschlossenes pädagogisches System vorgelegt hat, werden seine pädagogischen Ideen und die darin enthaltene positive Einstellung zum Kind heute wieder besonders beachtet.

Wer ist dieser Arzt und Pädagoge, der Kinderbücher schrieb, mit Hörspielen und Theaterstücken bekannt wurde, Grundrechte für Kinder forderte und 1942 mit ca. 200 Kindern des von ihm geleiteten Waisenhauses im Vernichtungslager Treblinka ermordet wurde?

Janusz Korczak wurde als Henryk Goldszmit am 22. Juli 1878 als Sohn des jüdischen Rechtsanwalts Josef Goldszmit und seiner Ehefrau Cecylia, geb. Gebicka in Warschau geboren. Das Pseudonym „Janusz Korczak" benutzte er seit der Veröffentlichung seiner bekannten Romane, Mitarbeiter und Kinder nannten ihn den „Doktor".

Korczak wuchs in einer wohlhabenden jüdischen Familie auf, ohne materielle Sorgen, wohlbehütet und von der Lebensrealität der armen Bevölkerung Warschaus ferngehalten. Er erlebt seine Familie als kalt und streng, seine Umgebung als erlebnisarm und von fragwürdigen bürgerlichen Konventionen geprägt. Seine polnisch-jüdische Herkunft beschäftigte ihn früh:

„Ich war damals fünf Jahre alt, und das Problem war unglaublich schwer:

> was war zu tun, damit es die schmutzigen, verwahrlosten und hungrigen Kinder nicht mehr gab, mit denen ich auf dem Hof nicht spielen durfte; auf demselben Hinterhof, wo unter dem Kastanienbaum – in Watte gebettet – in einer metallenen Bonbondose mein erster geliebter, mir nahestehender Toter begraben lag, wenn es auch nur ein Kanarienvogel war. Sein Tod warf die geheimnisvolle Frage nach dem Bekenntnis auf. Ich wollte ein Kreuz auf dem Grab errichten. Das Dienstmädchen sagte, das ginge nicht, weil es nur ein Vogel sei, also etwas weit niedrigeres als ein Mensch. Sogar um ihn zu weinen sei Sünde. Soweit das Dienstmädchen. Und noch schlimmer war, dass der Sohn des Hausverwalters feststellte, der Kanarienvogel sei Jude gewesen. Ich auch. Ich bin auch Jude, und er Pole und Katholik. Er würde ins Paradies kommen, ich dagegen, wenn ich keine häßlichen Ausdrücke gebrauchen und ihm immer nur folgsam im Hause stiebitzten Zucker mitbringen würde, käme nach dem Tode zwar nicht gerade in die Hölle, aber irgendwohin, wo es ganz dunkel sei. Und ich hatte Angst in einem dunklen Zimmer. Tod – Jude – Hölle. Das schwarze jüdische Paradies. Es gab genügend Grund zum Grübeln" (Korczak 1970, S. 250).

Er schlich sich heimlich aus dem Haus, traf sich mit den Kindern, um mit ihnen auf den Hinterhöfen zu spielen. Er erfuhr, dass diese schmutzigen und hungrigen Kinder aus dem Warschauer Armenviertel ein anderes, hartes Leben führen mussten.

Die Schule erlebte er als Zwangsinstitution, die mit unerbittlicher Strenge Eigenständigkeit und Persönlichkeitsentfaltung der Kinder unterdrückte.

> „Unsere Schule ist eine Kaserne. Die Kinder machen wir mit Uhren in der Hand zu Mannequins, wir gleichen ihre Charaktere an, ordnen ihre Initiative aus. Wir haben die Kinder nummeriert, haben eine mit Tausenden von Gesetzen, Verordnungen und Anordnungen dem Gefängnis ähnliche Disziplin eingeführt. Wir führen mit ihnen kluge Reden, die zum sophistischen Verständnis beitragen. Die Kinder bekommen fast keine Luft in diesem brutalen, kalten, künstlichen Leben, das ohne jegliche Illusion und Poesie ist" (Korczak 1978, S. 51).

Der Vater litt unter wiederkehrenden Depressionen; Henryk erlebte mit neun Jahren den ersten Nervenzusammenbruch. Die Familie geriet in große wirtschaftliche Probleme, als Henryk achtzehn Jahre alt war, starb der Vater in einer psychiatrischen Klinik. Die Familie zog in eine kleine, ärmliche Wohnung. Henryk musste früh für sich und seine Familie Verantwortung übernehmen:

> „Ich bin nicht dazu da, geliebt und bewundert zu werden, sondern um selbst zu wirken und zu lieben. Meine Umgebung ist nicht verpflichtet

mir zu helfen, sondern ich habe die Pflicht, mich um die Welt, um die Menschen zu kümmern" (Korczak 1970, S. 304).

1898 begann er ein Studium der Medizin, das er durch Anstellungen als Hauslehrer und Veröffentlichung von Gedichten und Hörspielen finanzierte. 1904 wurde er promoviert. Nach Abschluss seines Studiums arbeitete er als gefragter Modearzt für begüterte Bürger und wurde zugleich ein populärer Schriftsteller. In seinem Roman „Kinder der Straße" (1901) klagte er die menschenunwürdigen Lebensverhältnisse der Kinder in den Elendsvierteln an. 1904 erschien sein Roman „Das Salonkind", in dem er die behütende und zugleich erlebnisarme Lebenspraxis des gutbürgerlichen Elternhauses anprangerte.

1906 wurde er Oberarzt eines Kinderkrankenhauses im Warschauer Armenviertel und begann in den sogenannten „Sommerkolonien" Kinder zu betreuen. 1910 übernahm er die Leitung eines Waisenhauses für jüdische Kinder („Dom Sierot" – Haus der Waisen). In diesem Haus versuchte er seine Ideen einer Kinderrepublik, mit einem eigenen Parlament, einem Kameradschaftsgericht und einer eigenen Zeitung zu realisieren. Später leitete er ein zweites Kinderheim „Nasz Dom" (Unser Haus). Mit Beginn der nationalsozialistischen Besetzung Polens und der Judenverfolgung musste das Waisenhaus Dom Sierot in das Warschauer Ghetto übersiedeln. 1937 erhielt er den Preis „Goldener Lorbeer der Polnischen Akademie für Literatur". Am 5. August 1942 begleitete er die etwa 200 Kinder seines Heims in das KZ Treblinka und wurde dort mit ihnen ermordet.

Zeittafel

1878	Am 22. Juli wurde Korczak als Henryk Goldszmit, Sohn des jüdischen Rechtsanwalts Josef Goldszmit und seiner Ehefrau Cecylia, geb. Gebicka in Warschau geboren
1899	Unter dem Pseudonym Janusz Korczak gewinnt er einen literarischen Wettbewerb; den Künstlernamen behält er Zeit seines Lebens bei
1901	Roman: „Kinder der Straße"
1898–1904	Medizinstudium in Warschau, Promotion, Arzt in einem Warschauer Kinderkrankenhaus
1904–1906	Militärarzt im Russisch-Japanischen Krieg; Roman: „Das Salonkind"
1906–1911	Tätigkeit in einem Kinderkrankenhaus im Warschauer Arbeiterviertel, gleichzeitig praktizierender Modearzt für wohlhabende Bürger; Erzieher in sogenannten „Sommerkolonien" für Kinder und Jugendliche
1911–1914	Leitung des jüdischen Waisenhauses „Dom Sierot" (Haus der Waisen)
1914–1918	Arzt in Feldlazaretten. Erstes pädagogisches Hauptwerk: „Wie man ein Kind lieben soll"
1919–1925	Wieder Leiter des „Dom Sierot", daneben Errichtung und Leitung eines Waisenhauses für polnische Kinder „Nasz Dom" (Unser Haus); Romane: „Wenn ich wieder klein bin", „Allein mit Gott", „Gebete eines Menschen, der nicht betet"
1928–1931	Zweites pädagogisches Hauptwerk: „Das Recht des Kindes auf Achtung"; Drama: „Senat der Verrückten"; Kinderbuch: „Der Bankrott des kleinen Jack"
1931–1939	Im polnischen Rundfunk „Radioplaudereien des Alten Doktors" – eine erzählende Pädagogik; Roman: „Kajtus der Zauberer"
1940	Zwangsverlegung des Dom Sierot in das Warschauer Ghetto
1942	Deportation des Dom Sierot. Korczak wird zusammen mit ca. 200 Kindern im Vernichtungslager Treblinka ermordet (vermutlicher Todestag 5. August 1942)

(Zeittafel ist orientiert an Pelzer, W. 1987)

Pädagogische Leitideen

Korczak steht mit seinen pädagogischen Leitideen in der Tradition der Aufklärung, welche die Würde des einzelnen Menschen hervorhebt. Würde, so Kant, ist ein Wert, für den es kein Äquivalent gibt, der also unendlich ist und weder käuflich zu erwerben noch durch irgendeine Anstrengung zu erhalten ist. Wenn Korczak das „Recht des Kindes auf Achtung" fordert und von der Würde des Kindes spricht, so meint er nicht nur das Kind, sondern jeden Menschen. Kinder sind allerdings weniger in der Lage, ihre Rechte auch einzufordern.

Korczak stellt die vermeintliche Ziel- und Verhaltenssicherheit der Erziehenden in Frage, wenn er schreibt: „Wir kennen das Kind nicht." Selbstverständlich ist ihm bewusst, dass es viele entwicklungspsychologische, medizinische, soziologische und andere wissenschaftliche Erkenntnisse über „das Kind" gibt, aber dennoch müssen wir jedes einzelne Kind erst „verstehen" lernen, das in ihm liegende Besondere, Einmalige, Unwiederholbare erkennen.

> „Nur unter diesen Bedingungen wird die Arbeit eines Erziehers weder monoton noch hoffnungslos werden. Jeder Tag wird ihm etwas Neues, Überraschendes, Ungewöhnliches bringen. Jeder Tag wird um einen neuen Beitrag reicher sein. (. . .) Das Außergewöhnliche oder Seltene einer Klage, einer Lüge, eines Streits, einer Bitte, eines Vorgehens, Symptome des Ungehorsams, Falschheit oder Heldentum werden für ihn so wertvoll werden, wie für den Sammler die Seltenheit einer Münze, einer Versteinerung, einer Pflanze oder der Stand der Gestirne" (Korczak 1967, S. 229).

Korczak fordert eine Pädagogik der Offenheit und Unabgeschlossenheit, eine erzählende Pädagogik, die hinschaut, auf sich wirken lässt, fragen, verstehen und akzeptieren will. Er misstraut den Machbarkeitsvorstellungen der Pädagogik seiner Zeit, die glaubt, man könne alle erzieherischen Ziele erreichen, wenn man nur konsequent sei. Korczak schließt das Scheitern bewusst in die Erziehung ein.

> „Bereits im Jahre 1919 stellte Korczak seine Charta der Menschenrechte für Kinder auf, noch bevor der Völkerbund in Genf 1924 in einer Erklärung der Kinderrechte' die Absicht dokumentierte, Kinder besonders schützen zu wollen. Erst im Jahre 1989 verabschiedeten die Vereinten Nationen aufgrund einer polnischen Initiative die Konvention über die Rechte des Kindes', die in 187 Ländern der Erde ratifiziert wurde und dadurch eine rechtliche Absicherung erfuhr" (Öhlschläger 1998, S. 42).

In seinem Buch „Wie man ein Kind lieben soll" formulierte er eine „Magna Charta Libertatis", ein Grundgesetz für Kinder, bestehend aus drei Grundrechten:

(1) Das Recht des Kindes auf den eigenen Tod

Diese Forderung ist schwer verständlich und gab immer wieder Anlass zu Missverständnissen. Wie kann ein Kind den eigenen Tod wollen? Die

3.2 Janusz Korczak (1878–1942)

Forderung ist zugespitzt und ein polemischer Einwand gegen fragwürdige Erziehungspraktiken (vgl. Korczaks Roman „Das Salonkind"). Die Forderung, das Kind habe das Recht auf den eigenen Tod, müsste eigentlich lauten: „Das Kind hat das Recht auf sein Leben", aber mit allen Risiken, die ein Leben ausmachen. Er richtet sich gegen eine Erziehungsatmosphäre, die nur schützen will und dadurch vom Leben abhält, bis das Kind sich nicht mehr traut, selbstständige Schritte zu tun. Korczak wehrt sich gegen „Überbehütung" (Overprotection), die dem Kind Kämpfe, Enttäuschungen und Fehler ersparen will. Wer aber nie Widersprüche erlebt hat, niemals einer Gefahr ausgesetzt war, nie etwas selbst bewältigen musste und immer „in Watte gepackt" wurde, wird lebensuntüchtig. Korczak wendet sich also gegen eine „Überpädagogisierung" des Alltags, in dem die Sorge um das Kind umschlägt in Dauerbehütung. Hintergrund einer solchen Haltung ist oft die Angst von Eltern oder Berufserziehern, mit dem möglichen Schmerz oder Verlust des Kindes nicht fertig werden zu können, oder ihre Bequemlichkeit.

> „Aus Furcht, der Tod könnte uns das Kind entreißen, entziehen wir es dem Leben; um seinen Tod zu verhindern, lassen wir es nicht richtig leben (. . .) Du wirst Dir die Hand brechen, man wird Dich überfahren, der Hund wird Dich beißen. Iß keine unreifen Pflaumen, trink kein kaltes Wasser, geh nicht barfuß, lauf nicht in der brennenden Sonne herum, knüpf den Mantel zu, bind den Schal um. Siehst Du, warum hast Du nicht gefolgt? Nun musst Du hinken, nun tun Dir die Augen weh. Um Gottes Willen, Du blutest ja! Wer hat Dir denn ein Messer gegeben? (Korczak 1967, S. 43f.).

Leben heißt, Fehler zu machen, Angst und Not zu erfahren. Narben am Knie sind Kennzeichen eines gelebten Lebens. Je mehr Zutrauen ein Kind erfährt, desto eigenverantwortlicher wird es handeln und sich vom Erwachsenen ablösen können.

(2) Das Recht des Kindes auf den heutigen Tag

Korczak plädiert für die Achtung der Kindheit als eine vollwertige Lebensphase des Menschen. Das Kind ist kein unfertiger Mensch, der möglichst schnell erwachsen werden muss. Erwachsene wollen das Kind oftmals zum handlungsfähigen Bürger machen, es soll zukünftig wichtige Aufgaben in der Gesellschaft übernehmen und „funktionieren". Das Kind wird auf morgen vertröstet, es muss lernen seine Interessen und Bedürfnisse aufzuschieben. Dabei besteht die Gefahr, dass die Kindheit übersprungen wird und das wertvolle Leben heute verloren geht. Die Forderung des Rechts auf den heutigen Tag ist ein Korrektiv zu einer ausschließlich zukunftsorientierten Erziehung.

> „Um der Zukunft willen wird gering geachtet, was es, das Kind, heute erfreut, traurig macht, in Erstaunen versetzt, ärgert und interessiert. Für dieses Morgen, das es weder versteht noch zu verstehen braucht, betrügt man es um viele Jahre" (Korczak 1967, S. 53).

Kinder, so betont Korczak, haben ein Recht auf ihre Kindheit. Wir tun ihnen Gewalt an, wenn wir sie „auf unsere Schiene setzen", auf denen sie in eine von uns bestimmte Zukunft rollen müssen, ob sie nun wollen oder nicht. Korczak war kein Antipädagoge, Erziehung bedeutete für ihn „Lebenspraxis", hieß gemeinsam mit Kindern zu lernen und behutsam, aber mutig mit ihnen die Fragen und Probleme des Alltags zu bewältigen.

> „Der Erzieher ist nicht verpflichtet, Verantwortung für die entfernte Zukunft auf sich zu nehmen, aber er ist verantwortlich für den heutigen Tag. (. . .) Es ist leichter, die Verantwortung hinauszuschieben, sie in ein nebelhaftes Morgen zu übertragen, als schon heute über jede Stunde Rechenschaft abzulegen" (Korczak 1978, S. 17).

(3) Das Recht des Kindes, so zu sein, wie es ist

Diese Forderung ist ein Korrektiv gegen die Selbstüberschätzung von Pädagogen, die glauben, ihr Tun habe den entscheidenden Einfluß auf die Entwicklung des Kindes. Ein Kind nach dem eigenen Willen formen zu wollen, hält Korczak für Gewalt:

> „Du kannst ein lebhaftes, aggressives Kind nicht dazu zwingen, gesetzt und leise zu sein; ein mißtrauisches und verschlossenes wird nicht offen und redselig werden, ein ehrgeiziges und widerspenstiges nicht sanft und nachgiebig" (Korczak 1967, S. 157).

Korczak wandte sich ebenso gegen eine Erziehung, die vor allem aus Verboten, Einschränkungen und Druck besteht:

> „Die Mutter sollte daran denken, dass alles durch Dressur, Druck und Gewalt erreichte vorübergehend, ungewiß und trügerisch ist. Und wenn das nachgiebige, gute Kind plötzlich schwierig und aufsässig wird, sollte man sich nicht darüber ärgern, dass das Kind so ist, wie es ist" (ebd., S. 56).

Vom Erzieher verlangt Korczak einen „langen Atem, ein geduldiges Beobachten des Wachsens und Reifens". Eine solche Auffassung war in der damaligen Zeit revolutionär, da noch die Vorstellung der „Brechung des Willens" und des „bedingungslosen Gehorsams" vorherrschte. Obwohl er sich in die Tradition der Aufklärung stellte, gelangte er zu anderen Aussagen als etwa Kant. „Der Mensch kann nur Mensch werden durch Erziehung. Er ist nichts, als was die Erziehung aus ihm macht", hieß es bei diesem. Korczak widersprach: „Das Kind wird nicht erst Mensch, es ist schon einer". Gegen eine Päda-

3.2 Janusz Korczak (1878–1942)

gogik des Verändernwollens, setzte er die Bejahung des So-Seins des Kindes. Dem Kind das Recht zu geben, „so zu sein, wie es ist", fordert vom Erzieher geduldige Hilfestellung, Achtung vor der Einmaligkeit des Kindes, selbstverständlich auch eines behinderten Kindes. Heute würde Korczak sagen: „Es ist normal, verschieden zu sein."

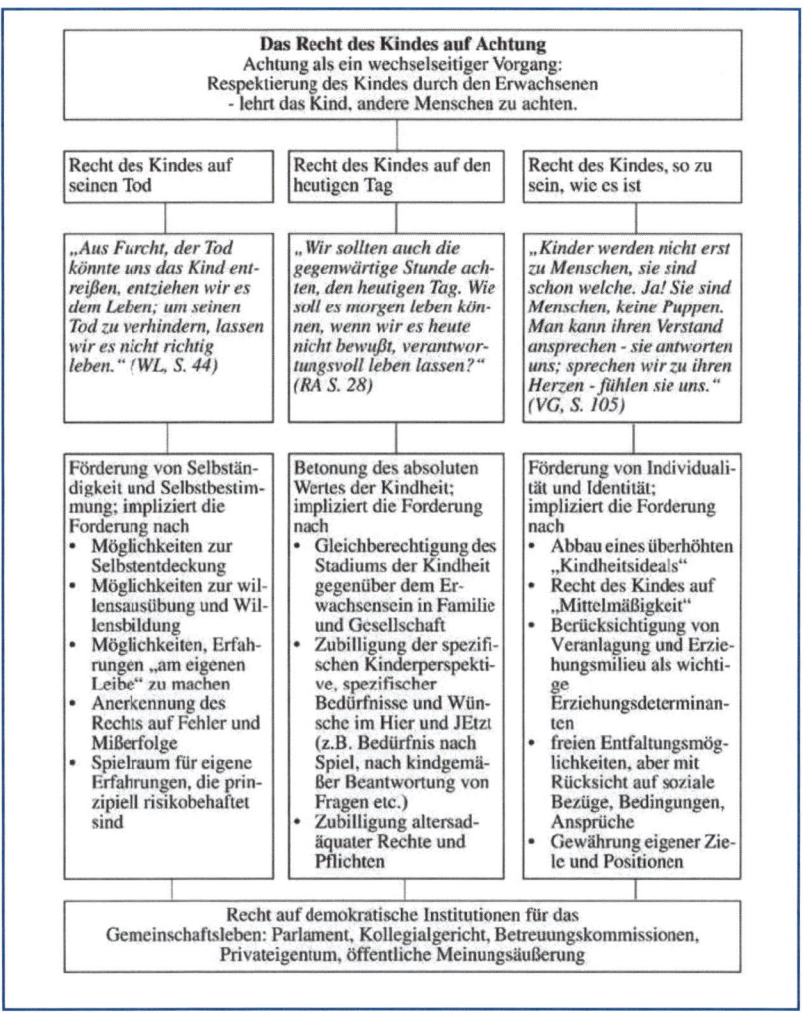

	**Das Recht des Kindes auf Achtung** Achtung als ein wechselseitiger Vorgang: Respektierung des Kindes durch den Erwachsenen - lehrt das Kind, andere Menschen zu achten.		
Recht des Kindes auf seinen Tod	Recht des Kindes auf den heutigen Tag	Recht des Kindes, so zu sein, wie es ist
„Aus Furcht, der Tod könnte uns das Kind entreißen, entziehen wir es dem Leben; um seinen Tod zu verhindern, lassen wir es nicht richtig leben." (WL, S. 44)	„Wir sollten auch die gegenwärtige Stunde achten, den heutigen Tag. Wie soll es morgen leben können, wenn wir es heute nicht bewußt, verantwortungsvoll leben lassen?" (RA S. 28)	„Kinder werden nicht erst zu Menschen, sie sind schon welche. Ja! Sie sind Menschen, keine Puppen. Man kann ihren Verstand ansprechen - sie antworten uns; sprechen wir zu ihrem Herzen - fühlen sie uns." (VG, S. 105)
Förderung von Selbständigkeit und Selbstbestimmung; impliziert die Forderung nach • Möglichkeiten zur Selbstentdeckung • Möglichkeiten zur willensausübung und Willensbildung • Möglichkeiten, Erfahrungen „am eigenen Leibe" zu machen • Anerkennung des Rechts auf Fehler und Mißerfolge • Spielraum für eigene Erfahrungen, die prinzipiell risikobehaftet sind	Betonung des absoluten Wertes der Kindheit; impliziert die Forderung nach • Gleichberechtigung des Stadiums der Kindheit gegenüber dem Erwachsensein in Familie und Gesellschaft • Zubilligung der spezifischen Kinderperspektive, spezifischer Bedürfnisse und Wünsche im Hier und JEtzt (z.B. Bedürfnis nach Spiel, nach kindgemäßer Beantwortung von Fragen etc.) • Zubilligung altersadäquater Rechte und Pflichten	Förderung von Individualität und Identität; impliziert die Forderung nach • Abbau eines überhöhten „Kindheitsideals" • Recht des Kindes auf „Mittelmäßigkeit" • Berücksichtigung von Veranlagung und Erziehungsmilieu als wichtige Erziehungsdeterminanten • freien Entfaltungsmöglichkeiten, aber mit Rücksicht auf soziale Bezüge, Bedingungen, Ansprüche • Gewährung eigener Ziele und Positionen
	Recht auf demokratische Institutionen für das Gemeinschaftsleben: Parlament, Kollegialgericht, Betreuungskommissionen, Privateigentum, öffentliche Meinungsäußerung		

Abb. 3: Konstitutionelle Grundlagen der Pädagogik der Achtung nach Korczak. *Nach: Beiner, F., Lyx-Höfer, E.: Wie man ein Kind lieben soll oder Das Recht auf Achtung nach Korczak, Agentur Dieck, Heinsberg 1991*

Die Arbeit im Waisenhaus

Korczak leitete das Waisenhaus Dom Sierot 30 Jahre, dazu kam zeitweise die Leitung des Nasz Dom. In diesen Häusern versuchte er seine Ideen einer Kinderrepublik mit einem eigenen Kinderparlament und einem Kameradschaftsgericht zu verwirklichen. Hier engagierte er sich rund um die Uhr, ein 16-Stunden-Tag war die Regel. Die Kinder kamen aus schwierigen sozialen Verhältnissen und blieben bis zum 14. Lebensjahr, um dann für neue Kinder Platz zu machen. „Ins Waisenhaus kamen Kinder aus dem Dschungel des Lebens, aus den Armenvierteln, der Prostitution, der Erniedrigung und Härte. Diese Kinder brachten Ängste und Furcht mit sich, Gewohnheiten des Selbstschutzes vor Erwachsenen, Mißtrauen gegenüber der Welt, Argwohn und eine Wertskala, die auf Gerissenheit und Betrug basierte" (vgl. Arnon 1978, S. 19). Korczak beschreibt in seinen Werken die Arbeit eines Erziehers nicht als Umsetzung hochfliegender theoretischer Konzepte, sondern als gemeinsamen Alltag mit den Kindern:

> „Ein Kind, das immerfort etwas zu fragen hat, das sich oft beklagt und sein Verlangen unter Tränen hervorbringt, das die Gesellschaft der anderen Kinder nicht liebt, das sich dir aufdrängt, andauernd etwas nicht weiß, um etwas bittet, was es gerade braucht, und immer etwas Wichtiges vorzubringen hat. Ein Kind, dass ungehörig antwortet, das Personal beleidigt, sich zankt und herumgeschlagen hat, das mit Steinen geworfen, das mutwillig etwas zerbrochen oder zerrissen hat, das einen wissen läßt, dass es nicht will. Ein empfindsames und launisches Kind, dem eine kleine Rüge, ein unfreundlicher Blick schmerzlich sind und das kühle Gleichgültigkeit als Strafe empfindet. Ein liebenswerter Lausbub, der dir den Ausguß mit Steinchen verstopft, an der Türklinke schaukelt, den Wasserhahn abdreht, den Ofenschieber schließt, die Wand mit Buntstiften vollkritzelt, mit einem Nagel die Fensterscheibe zerkratzt und Buchstaben in die Tischplatte schneidet. Unglaublich erfinderisch, aber unberechenbar" (Korczak 1967, S. 165).

Die Wertschätzung der Kinder und die Bedeutung des Alltags zeigt auch die Schilderung der Situation eines Frühdienstes:

> „Um sechs Uhr stehen die Kinder auf. Du hast ihnen nur zu sagen: „Steht auf, Kinder!" – nicht mehr. Wenn du nun Hundert Kindern sagst, sie sollen aufstehen, dann erheben sich achtzig, die keinerlei Schwierigkeiten machen; sie kleiden sich an, waschen sich und warten auf den Ruf zum Frühstück. Aber acht Kindern musst du es zweimal sagen, fünfen dreimal, dass sie aufstehen sollen. Drei musst du anschreien, zwei aus dem Schlaf wecken, eines hat Kopfschmerzen: es ist krank, aber vielleicht täuscht es das nur vor. Neunzig Kinder ziehen sich an, aber zweien musst

du helfen, denn sie kommen nicht allein zurecht. Einem ist das Strumpfband abhanden gekommen, eines hat Frostbeulen an den Fingern und kann sich nicht ankleiden. Ein anderes hat seine Schnürsenkel verknotet. Eines stört den anderen beim Bettenmachen. Da will jemand die Seife nicht hergeben; ein anderer drängt sich vor und spritzt beim Waschen. Jemand hat ein Handtuch vertauscht oder gießt Wasser auf den Fußboden. Ein rechter Schuh sitzt am linken Fuß, das Handtuch läßt sich nicht aufhängen, weil der Anhänger abgerissen ist; jemand hat die Bluse fortgenommen – eben war sie noch da. Einer heult: das ist seine Schüssel, in der er sich immer wäscht; aber der andere ist heute früher da gewesen. Für achtzig Kinder hast du fünf Minuten deiner Zeit gebraucht, zehn haben je eine Minute für sich in Anspruch genommen, und mit zweien warst du fast eine halbe Stunde beschäftigt. Morgen wird es wieder so sein; nur wird ein anderes Kind etwas verlieren, nicht zurechtkommen, sein Bett unordentlich zurücklassen. Das gleiche Lied einen Monat, ein Jahr, fünf Jahre lang" (ebd.).

Korczak war vor allem ein Praktiker, der seine Theorie als begleitende Reflexion entwickelte, eine „erzählende Pädagogik", dem es um das konkrete Kind ging. Zu diesem Selbstverständnis gehört, dass er Erziehung als Einheit, als Lebenszusammenhang sah. Von sich selbst und von seinen Mitarbeitern verlangte er in diesem Sinne totalen Einsatz. Fachliche Qualifikation war für ihn sekundär, ausschlaggebend die Beziehungsfähigkeit und die Einsatzbereitschaft des Mitarbeiters.

„Statt pädagogischer Fachausbildung schätzte Korczak als Qualifikation eine umfassende Bildung, handwerkliches Können und musisches Talent. Selbst konnte er mit den Kindern musizieren, führte mit ihnen Theaterstücke auf, schrieb für sie, bastelte mit ihnen, erfand Spiele, leitete sie im Haushalt an, ging mit ihnen wandern, und sogar die Krankenpflege vertraute er den älteren Kindern an, nachdem er sie gründlich unterrichtet hatte" (Pelzer 1987, S. 74).

Lesetext

Das Kameradschaftsgericht

„Wenn ich dem Gerichtswesen unverhältnismäßig viel Platz einräume, dann in der Überzeugung, dass es zum Ausgangspunkt für die Gleichberechtigung des Kindes werden kann, zu einer verfassungsmäßigen Regelung führt und zur Verkündung einer Deklaration der Rechte des Kindes zwingt. Das Kind hat ein Recht darauf, dass seine Angelegenheit ernsthaft behandelt und gebührend bedacht wird. Bis jetzt hing alles vom guten Willen und von der guten oder schlechten Laune des Erziehers ab. Das Kind war nicht berechtigt, Einspruch zu erheben. Dieser Despotismus muss ein Ende haben.

Das Gesetzbuch

Wenn jemand etwas Böses getan hat, so ist es am besten, ihm zu verzeihen. Wenn er es getan hat, weil er es nicht besser wußte, so weiß er es jetzt. Wenn er unabsichtlich etwas Böses getan hat, so wird er in Zukunft vorsichtiger sein. Wenn einer etwas Böses getan hat, weil es ihm schwerfällt, sich anzupassen, wird er sich nun damit Mühe geben. Wenn es geschehen ist, weil jemand ihn dazu überredet hat, so wird er dem in Zukunft nicht mehr folgen. Wenn einer etwas Böses getan hat, so ist es am besten, ihm zu verzeihen und zu warten, bis er sich bessert. Aber das Gericht muss die Stillen beschützen, damit die Starken ihnen nicht das Leben schwer machen; das Gericht muss die Gewissenhaften und Arbeitsamen gegen die Nachlässigen und Faulen in Schutz nehmen, das Gericht muss um Ordnung besorgt sein, denn Schlamperei beeinträchtigt vor allem die guten, stillen und gewissenschaften Menschen. Das Gericht ist nicht die Gerechtigkeit selbst, aber es sollte nach Gerechtigkeit streben, das Gericht ist nicht die Wahrheit, aber es ist um Wahrheit bemüht. Richter können sich irren. Richter können Taten bestrafen, die sie selbst begehen, und sagen, das, was sie selbst tun, sei schlecht. Aber es ist eine Schmach, wenn ein Richter bewußt ein unehrliches Urteil fällt.

Wie macht man eine Anzeige bei Gericht?

An einer sichtbaren Stelle hängt eine Tafel. Jeder hat das Recht, auf dieser Tafel seine Sache einzutragen: den eigenen Namen und den Namen dessen, den er dem Gericht anzeigt. Man kann bei Gericht die eigene Person, jedes Kind und jeden Erzieher, jeden Erwachsenen anzeigen. Jeden Abend trägt der Sekretär die Anzeigen in ein Buch ein, und am Tage darauf sammelt er die Aussagen ein. Aussagen können mündlich oder schriftlich gemacht werden.

Die Richter

Das Gericht tritt einmal wöchentlich zusammen. Die Richter werden durch das Los aus dem Kreise derer bestimmt, gegen die im Laufe einer Woche keine Strafsache anhängig war. Zur Verhandlung von je fünfzig Rechtssachen werden fünf Richter ausgelost. Es kann vorkommen, dass einhundertzwanzig Klagesachen zur Verhandlung anstehen. Fünfzehn Richter werden gebraucht. Aber es gibt nicht so viele, die im Verlaufe einer Woche keine einzige Rechtssache hatten. Liegen die Dinge so, dann erfolgt die Auslosung aus der ganzen Gemeinschaft; aber die Kollegien werden so zusammengestellt, dass keiner in eigener Sache zu Gericht zu sitzen hat. Urteile werden in Übereinstimmung mit dem Gesetzbuch gefällt, wobei der Sekretär das Recht hat, im Einverständnis mit den Richtern manche Rechtsfälle zur Überprüfung an den Gerichtsrat oder zur öffentlichen Verhandlung zu überweisen, damit alle zuhören und jede Einzelheit erfahren können. Der Sekretär des Gerichts ist ein Erzieher. Die Urteilssprüche werden in ein Buch eingetragen und vor allen Kindern verlesen. Wer mit einem Urteil unzufrieden ist, kann seinen Rechtsfall zur erneuten Verhandlung stellen lassen, jedoch nicht vor Ablauf eines Monats.

Rat des Gerichts

Der Rat des Gerichts setzt sich aus einem Erzieher und zwei Richtern zusammen, die in geheimer Abstimmung für drei Monate gewählt werden. Der Gerichtsrat arbeitet außer den Urteilen Gesetze aus, die für alle verbindlich sind. Da die Richter des Rates auch Streitsachen haben können, werden fünf Richter in den Gerichtsrat gewählt, von denen nur drei zu Gericht sitzen.

Der Sekretär

Der Sekretär ist nicht als Richter tätig, er sammelt nur die Aussagen und verliest sie während der Sitzungen. Der Sekretär ist für die Gerichtstafel verantwortlich, er führt das Buch mit den Aussagen und Urteilssprüchen, die Tafel, auf der die Schadensfälle verzeichnet werden, er verwaltet den Verlustfonds, legt die Urteilskurve an und redigiert die Zeitung.

Das Gericht als Ordnungshüter

Wenn jemand zu spät kommt, Krach macht, stört, seine Sachen nicht auf ihren Platz legt, die Reihenfolge nicht einhält, alles verdreckt und das Haus verunreinigt, dort hingeht, wohin der Eintritt verboten ist, anderen zusetzt, sich zankt und herumprügelt, der untergräbt die Ordnung. Man muss bedenken, was man dagegen tun kann. Das Gericht kann ihm verzeihen und erklären, er habe schlecht gehandelt, oder den Rat bitten, ihm doch zu gestatten, einige Male im Monat von der Hausordnung abzuweichen. Der Rat kann ihm Zeit geben, über alles nachzudenken. Er kann dem einen erlauben, was sonst keiner darf, soll er ruhig eine Ausnahme bilden.

Sorge um den Menschen

Unterschiedliche Menschen leben hier zusammen. Dieser ist klein, jener groß; der eine ist kräftig, der andere schwächlich; dieser ist klug, jener weniger gescheit; der eine ist fröhlich, der andere traurig; einer ist gesund, dem anderen tut etwas weh. Das Gericht wacht darüber, dass der Große dem Kleinen nichts antut und der Kleine den Älteren nicht stört.

Dass der Gescheite den Dümmeren nicht ausnutzt und sich nicht über ihn lustig macht. Dass der Zänkische die anderen nicht quält, aber dass auch er nicht schikaniert wird. Dass der Fröhliche keinen dummen Witz über den Traurigen macht. Das Gericht muss bedacht sein, dass jeder hat, was er braucht, dass es keine Unglücklichen und Verärgerten gibt. Das Gericht kann verzeihen, aber es kann auch erklären, dass einer ungerecht gehandelt hat, schlecht, sogar sehr schlecht.

Schutz des Eigentums

Garten, Hof, Haus, Wände, Türen, Fenster, Treppen, Öfen, Fensterscheiben, Tische, Bänke, Schränke, Stühle, Betten – wenn man sie nicht sorglich behandelt, verkommen sie, werden sie ruiniert, schmutzig und unansehnlich. Ebenso Mäntel, Anzüge, Mützen, Taschentücher, Teller, Becher, Löffel, Messer – wenn man sie verliert, verschleißt, zerbricht, zerschlägt, dann ist es doch schade darum. Auch auf Bücher, Hefte, Federn, Spielzeug muss man achten und sie nicht verderben. Manchmal ist der Verlust gering, manchmal größer, einmal ist der Kummer klein, dann wieder groß. Wer einen Schaden angerichtet hat, meldet sich beim Gericht, das abwägt, ob er den Verlust selbst zu tragen hat oder ob der Schaden aus dem Gerichtsfonds gedeckt werden soll. Das betrifft auch das private Eigentum der Kinder.

Schutz der Gesundheit

Krankheit, Gebrechen und Tod – das sind schlimme Schicksalsschläge. Eine neue Fensterscheibe kann man einsetzen, einen verlorenen Ball wiederkaufen; aber was soll man tun, wenn einem ein Auge ausgeschlagen wird? Selbst wenn sich kein Unglück ereignet hat, ist es erforderlich, dass alle daran denken, wie notwendig es ist, vorsichtig zu sein. Der Gerichtsrat beschließt, wie lange eine Bekanntmachung über einen Unglücksfall oder eine Krankheit, die durch Unvorsichtigkeit verursacht worden ist, an der Gerichtstafel aushängen soll.

3.2 Janusz Korczak (1878–1942)

> **Gerichtsurteile und Vergebung**
>
> Es gibt 99 freisprechende Paragraphen oder solche, die besagen: das Gericht hat den Fall nicht behandelt. Danach ist alles so, als hätte es diesen Rechtsfall nie gegeben, oder aber der Schatten einer Schuld verpflichtet den Angeklagten, sich Mühe zu geben, damit dies nicht wieder vorkommt" (Korczak 1967, S. 304ff.).

Pädagogische Impulse für die heutige Erziehungspraxis

Janusz Korczak erhielt 1972 posthum den Friedenspreis des Deutschen Buchhandels. War er bis dahin in Deutschland nur wenigen Literaturinteressierten bekannt, so stieg ab diesem Zeitpunkt das Interesse an seinen Schriften sprunghaft an. Deutsche, österreichische, schweizerische und internationale Korczak-Gesellschaften entstanden, Seminare und Tagungen über sein pädagogisches Werk haben Hochkonjunktur. Die Sekundärliteratur wächst; eine auf 16 Bände angelegte Ausgabe sämtlicher Werke wird vorbereitet, die seine Bücher und Zeitschriftenartikel, Theaterstücke sowie den schriftliche Nachlass dem deutschsprachigen Publikum zugänglich machen soll.

Was ist der Grund für diese Begeisterung und Verehrung? Korczak setzte sich leidenschaftlich für die Rechte der Kinder ein und publizierte seine Aussagen in einer verständlichen Sprache. In einer Zeit, in der Kinder misshandelt und missbraucht werden – die Presse bringt täglich neue Beispiele –, gewinnt Korczaks Verständnis des Erwachsenen als Anwalt der Kinder neue Bedeutung. Er formuliert keine hohen Ideale, die kaum jemand in der Praxis erreichen kann, sondern plädiert für ein gemeinsames Zusammenleben von Kindern und Erwachsenen in gegenseitiger Achtung. Nicht eine Erziehung zu hehren Zielen fordert er, sondern eine fröhliche, humorvolle Pädagogik, die das Leben heute bejaht. Er plädiert für ein Hinschauen und Beobachten, um Kinder zu verstehen und sich von ihrer faszinierenden Welt selbst faszinieren zu lassen. Für ein Kind zählen nicht Titel, Herkunft und gutbezahlter Job, sondern der kleine Stein am Weg, der tote Käfer oder ein Vogel am Himmel. Korczak akzeptierte die Mittelmäßigkeit und das Anderssein jedes Menschen. Die Behindertenhilfe, die heute mit dem Grundsatz „Es ist normal, anders zu sein" gegen die Ausgrenzung behinderter Menschen kämpft, zielt in die gleiche Richtung und kann eine Menge von Korczak lernen. Seine Leistung besteht darin, als Schriftsteller und Pädagoge solche Forderungen in einer Zeit des Kollektivismus, der Normierung und des Terrors gegen alle Abweichenden aufgestellt zu haben. Seine Bemühungen um das Kind sind immer schon Bemühungen um den Menschen; sie zielen über das im engen Sinne Pädagogische hinaus auf Völkerverständigung und Achtung vor dem

Fremden. Solche Friedenspädagogik muss im kleinen Bereich geübt werden, soll sie zwischen den Staaten gelingen. Junge ErzieherInnen fühlen sich heute von Korczaks Pädagogik angezogen, da er nicht spezialisierte Therapeuten oder Erziehungstechnokraten forderte, sondern Menschen, die sich auf das gemeinsame Leben mit Kindern einlassen. Korczak lebte eine „leichte Pädagogik", geprägt durch Humor, aber auch durch die Freiheit, Fehler machen und aus Fehlern lernen zu dürfen. Das macht in dem schwierigen Erziehungsgeschäft Mut.

Übungsfragen

1. In welcher gesellschaftlichen Situation wuchs Janusz Korczak auf und welche Erlebnisse seiner Kindheit prägten seine pädagogischen Leitideen?

2. Skizzieren Sie Korczaks Entwicklung vom Arzt zum Pädagogen. Welche Erlebnisse und Erfahrungen begünstigten diese Entwicklung?

3. Welche Vorwürfe erhebt Korczak gegen die traditionelle Pädagogik seiner Zeit, welches Bild vom Kind entwirft er als Korrektiv?

4. In welcher philosophischen Denktradition formuliert Korczak seine Forderungen nach Grundrechten für das Kind? Zeigen Sie den Zusammenhang von Menschenrechten und Wertschätzung des Kindes auf.

5. Welche Grundrechte fordert Korczak in seiner „Magna Carta Libertatis"? Erläutern Sie diese Grundrechte und zeigen Sie ihre Bedeutung für die heutige Erziehungspraxis auf.

6. Welchen Zusammenhang stellt Korczak zwischen der Haltung der Überbehütung durch den Erzieher und dessen eigenen Bedürfnissen und Ängsten her?

7. Kant sagt: „Der Mensch kann nur Mensch werden durch Erziehung. Er ist nichts, als was die Erziehung aus ihm macht". Korczak widerspricht: „Das Kind wird nicht erst Mensch, es ist schon einer". Diskutieren Sie diese beiden anthropologischen Ansätze.

8. Was bedeutet bei Korczak „Pädagogik des Alltags", und welche Rolle definiert er für den Erzieher?

9. Korczak versuchte in seinem Waisenhaus die Idee einer Kinderrepublik zu verwirklichen. Beschreiben Sie die Aufgaben des Kinderparlaments und des Kameradschaftsgerichts.

> **10.** Welchen Stellenwert hat bei Korczak die Lebenspraxis und die pädagogische Theoriebildung? Verorten Sie seine Pädagogik im Spannungsfeld von wissenschaftlicher Theorie und Alltagspraxis.

Literatur

1. Werke von Janusz Korczak (Auswahl)

Pädagogische Werke:

Korczak, J. (1967 u. 2012): Wie man ein Kind lieben soll, Göttingen

ders. (1970 u. 2007): Das Recht des Kindes auf Achtung, Göttingen

ders. (1978 u. 2001): Verteidigt die Kinder, Gütersloh

Literarische Werke:

ders. (1973): Wenn ich wieder klein bin, Göttingen

ders. (1979): Von Kindern und anderen Vorbildern, Gütersloh

ders. (1978): König Macius der Erste, Leipzig/Weimar

ders. (1985): Der Senat der Verrückten, Frankfurt/M.

ders. (1970): König Hänschen I., Göttingen

2. Sekundärliteratur (Auswahl)

Arnon, J. (1978): Korczak suchen und finden. In: Dauzenroth, E.: Janusz Korczak, der Pestalozzi aus Warschau, Zürich

Beiner, F./Lax-Höfer, E. (1991): Wie man ein Kind lieben soll oder Das Recht auf Achtung nach Korczak, Heinsberg (Alleinvertrieb: Buchhandlung Elke Diek, Heinsberg)

Beiner, F. u. a. (2007): Das Recht des Kindes auf Achtung. Fröhliche Pädagogik, Gütersloh

Beiner, F.; Koestler, N. (2002): Wie liebt man ein Kind? Das Kind in der Familie, Gütersloh

Dauzenroth, E. (2002): Ein Leben für Kinder. Janusz Korczak, Leben und Werk, 5. Aufl., Gütersloh

Langhanky, M. (1993): Die Pädagogik von Janusz Korczak, Neuwied

Lifton, B.J. (1990): Der König der Kinder. Das Leben von Janusz Korczak, Stuttgart

Öhlschläger, A. (Hg.) (1998): Janusz Korczak. Kinder achten und lieben, Freiburg

Beiner, F. (2006): Mit Janusz Korczak die Kinderwelt verstehen, Freiburg

Pelzer, W. (1987): Janusz Korczak, Reinbek b. Hamburg (rororo-Monographie, Nr. 1090)

Spielfime/Videos

Korczak, 1990, Polen, Holland u. Agnieszka, 113 Min., VHS-Kassette, Landesmedienstellen, oder: ZDF Mainz, Sendung am 1.4.1994

Janusz Korczak. Pädagoge, Schriftsteller, Arzt, Dokumentation, 1987, 15 Min., VHS-Kassette, Hessischer Rundfunk

Sie sind frei, Dr. Korczak, 1974, 110 Min., Landesbildstellen

Korczak. Porträt eines großen Humanisten des letzten Jahrhunderts, Absolut Medien Berlin

Die Steine weinten – Über Leben und Tod des Janusz Korczak, Bayerischer Rundfunk 22.7.2008

Korczak. Biografie. Drama, P/D/GB, ZDF

Webliografie

www.janusz-korczak.de

de.wikipedia.org/wiki/Janusz_Korczak

3.3 Alexander S. Neill (1883–1973)
Antiautoritäre Erziehung in Summerhill

Biografie

Alexander Sutherland Neill wurde am 17. Oktober 1883 als vierter Sohn des Lehrers George Neill und seiner Ehefrau Mary, geb. Sinclair, im schottischen Fosfar geboren. 1921 gründete er die Internatsschule Summerhill, die zum Sinnbild für freiheitliche und antiautoritäre Erziehung wurde. Als Neill 1960 sein Buch „Summerhill: A Radical Approach to Child Rearing" ankündigte, war er außerhalb Großbritanniens noch relativ unbekannt; kaum ein Buchhändler orderte eine Vorbestellung. Auch die deutsche Ausgabe aus dem Jahre 1965, „Erziehung in Summerhill. Das revolutionäre Beispiel einer freien Schule" fand nur beschränktes Interesse. Erst als 1969 der Rowohlt-Verlag ein Taschenbuch mit dem Titel: „Theorie und Praxis der antiautoritären Erziehung. Das Beispiel Summerhill" herausbrachte und im Zuge der Studentenbewegung von 1968 die Diskussion über freiheitliche Formen der Kindererziehung auf dem Höhepunkt war, wurde Neill in den deutschsprachigen Ländern berühmt. Über 600.000 Exemplare des Buchs wurden allein im Erscheinungsjahr verkauft. Inzwischen gibt es Übersetzungen in französischer, italienischer, spanischer, portugiesischer, japanischer, hebräischer, finnischer, norwegischer und dänischer Sprache (vgl. pro und kontra Summerhill 1971, S. 11).

Neill wuchs in bescheidenen Verhältnissen auf. Sein Vater war Dorfschullehrer, ein Beruf der damals in Schottland relativ schlecht bezahlt wurde und einen geringen sozialen Status hatte. Die Mutter, ebenfalls Lehrerin, musste nach der Heirat den Beruf aufgeben, da eine verheiratete Lehrerin keine Anstellung bekam. Das Erziehungsklima schottischer Dorfschulen war geprägt von Zwang und Disziplin. Alexander litt unter der strengen Behandlung durch den Vater sowohl in dessen Schule wie auch in der eigenen Familie. In seiner Autobiografie schildert er sein Verhältnis zum Vater als sehr problematisch: „Er war oft grausam zu mir, und ich entwickelte eine ausgesprochene Angst vor ihm, die ich auch als Mann nicht ganz überwand." Über die Mutter schrieb er: „Sie war ein Snob, und sie machte Snobs aus uns." Die Großmutter Sinclar, die ebenfalls in der Familie lebte, sorgte für eine streng religiös-calvinistische Erziehung. Diese enge und strenge Erziehung in früher Kindheit und Jugend waren sehr prägend. Neill versuchte später diese Erfahrungen abzuschütteln und Kindern das Gegenteil zu vermitteln: eine freiheitliche, nichtautoritäre und angstfreie Internatsschule (Neill 1973).

Mit 14 Jahren verließ er die Regelschule. Er durfte keine weiterführende Schule besuchen, sondern musste eine Stelle als Büroschreiber antreten. Später begann er eine Lehre bei einem Tuchhändler, musste diese Ausbildung aber aus gesundheitlichen Gründen aufgeben. Im Alter von 16 Jahren begann er an der Schule des Vaters in Kingsmuir eine schulpraktische Ausbildung als „pupil teacher", die er nach vier Jahren mit einer Prüfung abschloss. Pupil teacher arbeiten in einem Tutorensystem, in dem ältere Schüler jüngere unterrichten. Im Alter von 23 Jahren wurde Neill Lehrer an der Newport Public School; legte die Aufnahmeprüfung für die Universität ab und begann 1908 ein Studium in Edinburgh, welches er 1912 mit dem Examen als Master of Arts und Master of Education abschloß. Neill verfolgte zunächst keine Schulkarriere, sondern arbeitete als Mitautor an einer Enzyklopädie und wurde Mitarbeiter am Piccadilly Magazine. 1914 übernahm Neill die Leitung der Gretna Public School und begann erste Experimente mit offenem Stundenplan, Freiwilligkeit der Teilnahme am Unterricht, häufigen Naturerkundungen und Reduzierung des Religionsunterrichts, was zur Verunsicherung von Schülern, Eltern und Problemen mit der Schulaufsichtsbehörde führte. Nach einer Tätigkeit an der von John Russel geleiteten King Alfred School und Hospitationen bei einigen Reformschulen auf dem Festland, gründete Neill 1921 die Internatsschule Summerhill in Leiston in der Grafschaft Suffolk, etwa 150 km östlich von London.

In dieser Privatschule sollten Jungen und Mädchen nach völlig anderen Grundsätzen erzogen werden. Die Kinder sollten in ihrer Entwicklung möglichst viel Freiheit erfahren, die Autorität der Erwachsenen minimiert werden und Vertrauen Grundlage des Zusammenlebens sein. Die Teilnahme am Unterricht war freiwillig, Prüfungen und Noten wurden abgeschafft und in demokratischen Schulversammlungen die Normen für das Schulleben beschlossen. In den Folgejahren kam es zu zahlreichen Veröffentlichungen über Kindererziehung und das Experiment Summerhill: „The Problem Child" (1926); „The Problem Parents" (1932); „Is Scotland Educated?" (1936); „That Dreadful Teacher" (1939); „Heart, not Heads in the School" (1945); „The Problem Family" (1948); „The Free Child" (1953); „Summerhill: A Radical Approach to Child Rearing" (1960); „Freedom – Not License" (1966).

Die internationale Anerkennung blieb A.S. Neill zunächst versagt, worüber er sich noch 1960 beklagte. Die deutschsprachige Veröffentlichung „Theorie und Praxis der antiautoritären Erziehung. Das Beispiel Summerhill" machte ihn dann schlagartig berühmt, auch das Interesse in den USA nahm stark zu. Summerhill-Seminare wurden bald zu Pflichtveranstaltungen im Pädagogikstudium. 1966 erhielt Neill die Ehrendoktorwürde der Universität Newcastle, 1968 die der Universität Exeter, und 1971 bekam er den dritten Ehrendoktorhut durch die Hochschule Essex. Im gleichen Jahr erlitt er einen Schlaganfall; Klinikaufenthalte folgten. Am 23. September 1973 starb Neill. Seine Frau Ena übernahm zunächst die Schulleitung und übergab diese 1985 an die Tochter Zoe (zur Biografie vgl. Zellinger 1996; Kühn 1995).

Zeittafel

1883	Am 17. Oktober wird Alexander Sutherland Neill als vierter Sohn des Lehrers George Neill und dessen Ehefrau Mary, geb. Sinclair in Fosfar, einem kleinen schottischen Ort nördlich von Dundee geboren
1888	Besuch der Dorfschule des Vaters
1897	Ende der Schulzeit; Arbeit als Büroschreiber in einer Gaszählerfabrik in Leith bei Edinburgh; Lehre bei einem Tuchhändler, Abbruch der Ausbildung aus gesundheitlichen Gründen
1899	Tätigkeit als Pupil Teacher an der Schule des Vaters in Kingsmuir, nach vier Jahren Examen
1906	Konrektor an der Newport Publik School in Fife, Tätigkeit als Privatlehrer, Examen für die Lehrerausbildung
1908–1912	Studium in Edinburgh; Examen als M.A. (Master of Arts) und M.Ed. (Master of Education); Tätigkeit als Lektor und Autor bei verschiedenen Verlagen
1914	Leiter der Gretna Public School, einer Dorfschule für 150 Kinder; erste Versuche mit freiwilligem Unterricht und offenem Stundenplan
1917	Errichtung einer Abendschule „Evening Classes"; Einberufung zum Militär; Entlassung wegen Krankheit
1918	Lehrer an der King Alfred School in London, eine koedukative Reformschule unter Leitung von John Russel; Kontakte zu Homer Lane, dem Leiter einer Umerziehungsanstalt für jugendliche Rechtsbrecher
1920	Mitherausgeber der Zeitschrift „Education for the New Era"; Vortragsreisen in England und Schottland; Kontakte zu den Psychoanalytikern und Kindertherapeuten Wilhelm Reich, Siegfried Bernfeld und August Aichhorn.

1921	Gründung der Internatsschule Summerhill in Leiston.
1940	Beschlagnahmung des Schulgebäudes für Militärzwecke, Verlegung der Schule nach Wales
1944	Am 30. April stirbt Neills erste Frau Cilian
1945	Heirat mit der 27 Jahre jüngeren Ena Wood; Rückkehr der Schule nach Leiston
1946	Geburt der Tochter Zoe
1949	Staatliche Schulinspektion mit positivem Ergebnis
1966	Ehrendoktor der Universität Newcastle
1968	Ehrendoktor der Universität Exeter
1971	Ehrendoktor der Universität Essex
1973	Am 23. September stirbt Alexander S. Neill; er wird in Leiston beigesetzt

(Zeittafel ist orientiert an Zellinger 1996; Kühn 1995)

Pädagogische Leitideen und Konzept

Die Internatsschule Summerhill wurde 1921 von Alexander S. Neill und seiner ersten Ehefrau Cilian gegründet. Das Konzept muss aus der Situation des ersten Viertels dieses Jahrhunderts verstanden werden: Im Zuge der tiefgreifenden sozialen Erschütterungen durch den Ersten Weltkrieg gerieten die traditionellen autoritären Strukturen in Familie, Schule, Arbeitsleben und Politik in die Kritik. Unterordnung am Arbeitsplatz, bedingungsloser Gehorsam beim Militär und in der Familie galten nicht länger unhinterfragt als gesellschaftliche Tugenden. Autoritäre staatliche Strukturen wie die entsprechenden Machtverhältnisse in den Familien waren, so die Überzeugung vieler Menschen, für die Katastrophe des Weltkriegs und die soziale Not mitverantwortlich. Schon die Aufklärer des 18. Jahrhunderts hatten zwar Freiheit, Demokratie und Selbstbestimmung des Menschen eingefordert, ihre Ideen hatten jedoch bis dahin nur wenig Einfluss auf die politische und erzieherische Praxis gewinnen können.

Personenkreis

Neill beschreibt nach 40 Jahren Tätigkeit in Summerhill die Lebenssituation seiner Kinder und Jugendlichen:

> „Einige Kinder kommen schon im Alter von fünf Jahren nach Summerhill, andere erst, wenn sie bereits fünfzehn sind. Im Allgemeinen bleiben die Schüler bis zu ihrem sechzehnten Lebensjahr hier. Wir haben durchschnittlich etwa fünfundzwanzig Jungen und zwanzig Mädchen in der Schule. Die Kinder werden in drei Altersgruppen unterteilt: fünf- bis

siebenjährige, acht- bis zehnjährige und elf- bis fünfzehnjährige. (...) Die Schüler sind nach Altersgruppen untergebracht, und jede Gruppe hat eine Hausmutter. Die Kinder der mittleren Gruppe wohnen in Steinhäusern, die älteren in Baracken. Einzelzimmer gibt es nur für ein paar der älteren Schüler. Die Jungen schlafen jeweils zu dritt oder viert in einem Raum, die Mädchen ebenfalls" (Neill 1969, S. 21).

Die Kinder kamen aus aller Welt, 1967 waren etwa 60 Prozent der Schüler Amerikaner. Da die Schule sich selbst finanzieren musste (und muss), zahlten die Eltern rund 15.000 DM pro Jahr Schulgeld. Das führte zu einer Konzentration von Kindern aus begüterten Mittel- und Oberschichtfamilien, während Kinder aus „einfachen Verhältnissen" deutlich unterrepräsentiert waren. Zum Schulgeld kamen noch die Kosten für die Reisen in das Heimatland in Europa, Japan oder USA; einige Kinder flogen mehrmals im Jahr nach Hause.

Konzept

Mit der Gründung der Schule wollte Neill ein völlig anderes Schul- und Erziehungskonzept verwirklichen, als es bis dahin an den allgemeinbildenden Schulen Englands, Schottlands und wahrscheinlich der meisten Schulen in Europa vorherrschte. *Die Schule sollte kindergeeignet gemacht werden und nicht die Kinder schulgeeignet.* Sie sollten in völliger Freiheit und ohne disziplinarischen Zwang aufwachsen, nur sie selbst sein dürfen, ohne Lenkung durch Erwachsene, ohne Beeinflussung durch ethische und religiöse Unterweisung. Neill ging davon aus, dass Kinder eine natürliche Lernbereitschaft besitzen, die sie am besten ohne Lenkung durch Erwachsene entwickeln. So können sie lernen, was sie wollen und was sie für richtig und wertvoll halten.

Das unfreie und das freie Kind

Neill diagnostizierte die Kinder seiner Zeit als unfrei, als geformte, abgerichtete, disziplinierte und gehemmte Kinder. Sie mussten in einer ungemütlichen Bank einer Schule wesentliche Zeit ihres Lebens verbringen, später saßen sie an einem ebenso ungemütlichen Schreibtisch eines Büros oder montierten an einer Werkbank einer Fabrik Dinge, zu denen sie keinen Bezug hatten. Ein solches Kind war fügsam, gehorchte der Autorität aufs Wort, fürchtete sich vor Kritik, wünschte sich normal, konventionell und korrekt zu sein und war *unglücklich* (vgl. Neill 1969, S. 105). Die Anpassung beginnt schon gleich nach der Geburt. Das Kind wird nach einem Stundenplan gefüttert, beim Stillen diszipliniert und möglichst bald entwöhnt und muss schon in dieser Phase auf Lustgefühle und Genuss verzichten:

„Die Erziehung des kleinen Kindes ähnelt sehr der Dressur eines Hundes. Das geschlagene Kind wird wie das verprügelte Hündchen zu einem

> folgsamen, duckmäuserischen Wesen. Und wie wir einen Hund zu unseren eigenen Zwecken abrichten, so erziehen wir auch unsere Kinder. Im Kinderzimmer wie im Zwinger: die menschlichen Hunde müssen reinlich sein, sie dürfen nicht zuviel bellen, sie müssen der Pfeife gehorchen, sie müssen essen, wann es uns passt" (ebd., S. 110).

Neill forderte dagegen, das Kind solle zu essen bekommen, wenn es hungrig ist, es könne und solle selbst entscheiden, wann es sauber werden will, es dürfe weder angebrüllt noch geschlagen werden, sondern habe ein Anrecht auf Zuwendung und Schutz. Das Kind dürfe sich schmutzig machen und seinen Körper erforschen, wenn es Interesse daran hat. Neill unterschied zwischen Freiheit und Zügellosigkeit. So lehnte er es ab, dass ein Fünfjähriger mit einem Hammer das Klavier eines Nachbarn bearbeiten wollte, nur weil es ihm Spaß machte, denn das Klavier gehörte dem Nachbarn. Ebenso hielt er es für eine missverstandene Vorstellung von Freiheit, als ein Elternpaar ihr achtzehn Monate altes Baby nicht mehr schlafen legen wollte, nur weil es scheinbar nicht müde war oder sich weigerte einzuschlafen. Neills Veröffentlichungen hatten zu vielen Experimenten von Lesern geführt, die durch falsch interpretierte Freiheit nun nicht mehr mit ihren Kindern zurecht kamen. Auf Anraten seines Verlegers schrieb er deshalb 1966 ein Buch mit dem Titel: „Freiheit, nicht Zügellosigkeit".

Koedukation und Sexualität

In den Internatsschulen Europas wurde zu Beginn des Jahrhunderts streng darauf geachtet, dass die Schlafräume von Jungen und Mädchen getrennt waren, in der Regel wurden sie räumlich getrennt erzogen. In Summerhill dagegen wuchsen Jungen und Mädchen gemeinsam auf.

> „In Summerhill werden Jungen und Mädchen sich selbst überlassen (. . .) (sie) wachsen ohne irgendwelche falsche Vorstellungen über das andere Geschlecht auf. (. . .) In einer wirklichen Gemeinschaftserziehung (. . .) wird die unwürdige sexuelle Neugier fast völlig beseitigt. Schlüssellochgucker gibt es in Summerhill nicht. Sexuelle Probleme gibt es bei uns sehr viel seltener als in anderen Schulen" (ebd., S. 71).

Neill berichtete, dass alle Kinder, die er aufgenommen habe, ein gestörtes Verhältnis zu ihrem Körper und zur Sexualität gehabt hätten. Er kritisierte die Moralvorstellungen seiner Zeit, durch die den Kindern früh eingeimpft wurde, Sexualität als schmutzig und sündhaft zu erleben. So wurden sexuelle Spiele durch Eltern und Erzieher besonders streng bestraft. Die Konsequenz waren Schuldgefühle, Unfähigkeit zur Partnerschaft sowie sexuelle Fehlentwicklungen. Die Jugendlichen in Summerhill sollten nach Neills Auffassung sexuelle Beziehungen als normal erleben und dabei durch die Erwachsenen unterstützt werden.

> „Ich kenne keine stichhaltigen Argumente gegen das Liebesleben Jugendlicher. Fast jedem Einwand liegt ein verdrängtes Bedürfnis oder Haß gegen das Leben zugrunde – dem religiösen Einwand, dem moralischen, dem der Nächstenliebe, dem der Autorität und dem der Pornographie. Keiner der Einwände bearbeitet die Frage: Warum hat die Natur dem Menschen einen starken Sexualtrieb gegeben, wenn der Jugendliche sich seiner nicht bedienen darf. (. . .) Ich weiß, dass die sexuelle Betätigung der Jugendlichen heute praktisch unmöglich ist. Dabei ist sie nach meiner Ansicht der richtige Weg in ein gesundes Morgen" (ebd., S. 200).

Religion

Religiöse Erziehung lehnte Neill ab:

> „So wie ich Religion in Erinnerung habe – praktiziert von düster gekleideten Männern und Frauen, die traurige Hymnen mit einer zehntklassigen Melodie singen und um die Vergebung ihrer Sünden bitten –, möchte ich nicht damit identifiziert werden" (ebd., S. 226).

Religion bedeutete für ihn Furcht und Flucht vor dem Leben, sie fördert unrealistisches Denken und richtet viele Menschen zugrunde (vgl. ebd., S. 228). Sie droht mit dem Höllenfeuer, neurotisiert die Menschen. Religion war für Neill gleichbedeutend mit Realitätsflucht und Unterdrückung vor allem der Sexualität, die er für die zentrale Triebfeder des Menschen hielt.

Die Schule

> „Nun, die Teilnahme am Unterricht ist freiwillig. Die Kinder können zum Unterricht gehen, sie dürfen aber auch wegbleiben – sogar jahrelang, wenn sie wollen. (. . .) Wir haben keine neuartigen Lehrmethoden; wir sind der Ansicht, dass der Unterricht an sich keine große Rolle spielt. (. . .) Ein Kind, das lernen will, lernt jedenfalls – gleichgültig, nach welcher Methode gelehrt wird. Schüler, die im Kindergartenalter nach Summerhill kommen, nehmen von Anfang an am Unterricht teil. Kinder, die von einer anderen Schule zu uns kommen, schwören sich jedoch oft, nie wieder in ein Klassenzimmer zu gehen. Sie spielen, fahren mit dem Fahrrad, stören andere bei der Arbeit, aber hüten sich vor dem Schulbesuch" (ebd., S. 23).

Die selbstgewählte Schulabstinenz dauerte in der Regel drei bis vier Monate, manche Kinder gingen mehrere Jahre nicht zur Schule. Neill berichtet von einem Jungen, der 13 Jahre in Summerhill lebte, ohne je ein Klassenzimmer von innen gesehen zu haben. Die Summerhill-Schule kennt keine Klausuren und keine Hausaufgaben. Neill beurteilte die Normalschule als einen Ort der Unterdrückung, in dem Persönlichkeiten verbogen werden. Zensuren und Preise verhindern seiner Auffassung nach eine gesunde

Persönlichkeitsentwicklung. Sein Kultur- und Bildungspessimismus zeigte sich besonders in seiner Einstellung zu Büchern:

> „Nur Pedanten behaupten, Bücherwissen sei Bildung. Bücher sind das unwichtigste Lehrmittel. Das Kind muss natürlich lesen, schreiben und rechnen können, aber darüber hinaus sind Werkzeuge, Sport, Theater, Ton, Farbe und Freiheit wichtiger" (ebd., S. 42).

Wenn ein Jugendlicher zur Universität wollte, bereitete er sich auf die Reifeprüfung vor, dafür benötigte er in der Regel drei bis vier Jahre. Viele bestanden nicht schon beim ersten Anlauf, wichtiger aber war, dass sie es dann noch einmal versuchten. Die Zahl der Kinder mit einem Studienwunsch war allerdings nicht sehr hoch (vgl. ebd., S. 35).

Selbstregulierung und Schulversammlung

In den wöchentlichen Schulversammlungen am Samstag wurden Konflikte zwischen den verschiedenen Altersgruppen besprochen und Lösungen gesucht. Jeder Erwachsene und ein Kind hatte eine Stimme. Die Stimme des Leiters hatte das gleiche Gewicht wie die eines siebenjährigen Jungen. Um welche Themen ging es?

> „Die Erwachsenen beschweren sich, wenn eine Bande älterer Schüler zu nachtschlafener Zeit laut redet und lacht und sie damit aufweckt. Harry beschwert sich, wenn er eine ganze Stunde verbracht hat, ein Stück Holz für die Haustür zu hobeln, und einer der Jungen dann, während er beim Mittagessen war, aus dem Brett ein Bücherregal gemacht hat. Ich beklage mich, weil ein paar Jungen meine Lötlampe ausleihen und sie einfach nicht zurückbringen. Meine Frau erboste sich darüber, dass ein paar von den Kleineren nach dem Abendessen zu ihr kamen, weil sie noch Hunger hätten, sich von ihr Marmeladebrote geben ließen und am folgenden Morgen die Brotstücke auf dem Flur gefunden wurden. Peter berichtete traurig, wie ein paar Schüler sich in der Töpferei mit seinem kostbaren Ton bewarfen" (ebd., S. 36).

Den Vorsitz auf der Schulversammlung führte jede Woche ein anderer Schüler. Die Schulversammlung beschloss auch Regeln, die dem Schutz der Kinder und Jugendlichen dienten: So durfte keine Kind ohne Anwesenheit eines Rettungsschwimmers (in der Regel ein Erwachsener) im Meer schwimmen gehen. Es war verboten, auf Dächer zu klettern, nicht dagegen auf Bäume. Wer die Schlafenszeiten nicht einhielt und die anderen störte, bekam eine Geldstrafe. Unzufriedenheit mit dem Essen, Diebstahl oder die Beschädigung eines Fahrrads durch ein Kind waren weitere Themen. Die Schulversammlung bat niemals einen Erwachsenen um Rat, sondern regelte die Angelegenheit selbstständig. Geldstrafen waren die am häufigsten beschlossene Sanktionsform.

3.3 Alexander S. Neill (1883–1973)

Lesetext

> **Der Alltag in Summerhill**
>
> „Lassen Sie mich einen typischen Tag in Summerhill schildern. Das Frühstück findet zwischen 8.15 Uhr und 9 Uhr statt. Lehrer und Schüler holen sich ihr Frühstück aus der Küche und bringen es in den Speisesaal. Die Betten sollen vor dem Unterricht gemacht sein, das heißt also vor 9.30 Uhr.
>
> Zu Beginn jedes Tertials wird ein Stundenplan aufgestellt. Der Chemielehrer Derek unterrichtet also etwa am Montag Klasse I, am Dienstag Klasse II usw. Ich unterrichte nach einem ähnlichen Plan Englisch und Mathematik, Maurice Erdkunde und Geschichte. Die jüngeren Schüler (von sieben bis neun) werden in der Regel den größten Teil des Vormittags von einem einzigen Lehrer unterrichtet, sie gehen aber auch in den Raum für Naturwissenschaften oder für Kunst.
>
> Die Schüler brauchen nicht zum Unterricht zu erscheinen. Wenn Jimmy aber montags in die Englischstunde kommt und sich dann erst wieder am Freitag der folgenden Woche dort sehen läßt, halten ihm die anderen Schüler mit Recht entgegen, dass er die Arbeit aufhält, und setzen ihn unter Umständen vor die Tür.
>
> Der Unterricht dauert bis ein Uhr. Die Kleineren essen aber schon um 12.30 Uhr zu Mittag, während die Lehrer und die älteren Schüler erst um 13.30 Uhr zu Tisch gehen. Das Mittagessen muss aus Raumgründen in zwei Abteilungen stattfinden.
>
> Der Nachmittag ist für alle frei. Was die Kinder am Nachmittag alle tun, weiß ich auch nicht. Ich arbeite meistens im Garten, und dabei sehe ich kaum einen Schüler. Die Kleineren spielen Räuber und Gendarmen. Einige von den Größeren basteln an Motoren und Radios, andere zeichnen oder malen. Bei gutem Wetter treiben die Größeren Sport. Manche basteln in der Werkstatt herum, reparieren ihre Fahrräder, bauen Boote oder setzen Revolver zusammen.
>
> Um 16 Uhr gibt es Tee. Ab 17 Uhr beginnen dann alle möglichen Freizeitbeschäftigungen. Die Kleineren lassen sich gerne vorlesen. Die Schüler der mittleren Gruppe arbeiten im Kunstraum; sie malen, machen Linolschnitte und versuchen sich im Korbflechten oder an Lederarbeiten. Auch in der Töpferei ist gewöhnlich eine Gruppe von Schülern eifrig am Werk. Die Töpferei scheint überhaupt morgens und abends zu den beliebtesten Aufenthaltsorten zu gehören. Die älteren Schüler arbeiten dort ab 17 Uhr. In der Holz- und Metallwerkstatt sind jeden Abend alle Arbeitsplätze besetzt.

Am Montagabend gehen die Schüler ins Kino; das Geld dafür bekommen sie von ihren Eltern. Donnerstags, wenn das Kinoprogramm wechselt, sehen sich die Schüler, die sich zwei Kinobesuche in der Woche leisten können, einen weiteren Film an.

Am Dienstagabend steht für meine Mitarbeiter und die älteren Schüler mein Psychologievortrag auf dem Programm. Die Jüngeren kommen zur gleichen Zeit in verschiedenen Lesegruppen zusammen. Mittwochabend wird getanzt. Für Musik ist gesorgt; denn wir haben einen großen Vorrat an Schallplatten. Die Kinder tanzen alle gut. (. . .) Am Donnerstag ist nichts besonderes los. Die Größeren gehen dann nach Leiston oder Aldeburgh ins Kino. Der Freitagabend ist besonderen Ereignissen wie Theaterproben vorbehalten. Samstagabend ist der wichtigste Abend in der Woche, denn dann findet die Schulversammlung statt. Im Anschluß daran wird meistens getanzt. In den Wintermonaten werden am Sonntagabend Theaterstücke aufgeführt.

Für die handwerklichen Arbeiten gibt es keinen Stundenplan. Wer gerne mit Holz arbeitet, kann anfertigen, was er will; regelrechte Unterrichtsstunden werden in diesem Fach nicht abgehalten. Fast immer wollen die Kinder am liebsten Spielzeugrevolver oder -gewehre, einen Drachen oder ein Boot bauen. Sie sind nicht sehr an komplizierten Tischlerarbeiten interessiert, und auch die älteren Jungen machen sich kaum an schwierigere Sachen heran. (. . .) An einem schönen Tag sind die Räuberjungen von Summerhill oft völlig außer Sichtweite. Sie sind irgendwo weit weg von den Schulgebäuden und schmieden Pläne für ihre tollkühnen Taten. Die Mädchen dagegen sind leicht zu finden. Sie halten sich immer im Haus oder in seiner Nähe auf und entfernen sich nicht sehr weit von den Erwachsenen. Der Kunstraum ist oft voller Mädchen, die entweder malen oder bunte Stoffe verarbeiten. Im großen und ganzen, glaube ich, sind die kleinen Jungen aber schöpferischer. Zumindest höre ich nie einen Jungen sagen, er langweile sich oder wisse nicht, was er tun solle, während das bei den Mädchen manchmal vorkommt.

Möglicherweise erscheinen mir die Jungen nur schöpferischer, weil die Schule für Jungen besser ausgerüstet ist als für Mädchen. Mädchen von zehn Jahren und darüber können mit Holz und Eisen in einer Werkstatt nicht viel anfangen. Sie haben kein Verlangen danach, an Maschinen, Radioapparaten und elektrischen Geräten herumzubasteln. Sie können Töpferarbeiten und Linolschnitte machen, sie können malen und nähen, aber für manche ist das keine genügende Auswahl. Jungen sind genauso scharf aufs Kochen wie Mädchen. Die Theaterstücke, die in Summerhill aufgeführt werden, werden von den Jungen und Mädchen selbst geschrieben.

3.3 Alexander S. Neill (1883–1973)

> Die Schüler machen auch selbst die Kostüme und stellen die Kulissen her. Die Inszenierung der Stücke besorgen sie ebenfalls selbst. Die Kinder sind im allgemeinen recht gute Schauspieler, weil sie ganz natürlich spielen und es ihnen nicht darum geht, sich wichtig zu tun.
>
> Das chemische Labor ist bei den Mädchen wohl genauso beliebt wie bei den Jungen. Die Werkstatt ist so ungefähr der einzige Ort, der für die Mädchen über neun keine Anziehungskraft hat" (Neill 1969, S. 30ff.).

Impulse für die heutige Erziehungspraxis

Wie kaum ein anderer Pädagoge des 20. Jahrhunderts hat Alexander S. Neill eine kontroverse Diskussion über die Frage der Freiheit in der Erziehung ausgelöst. Die Einschätzung namhafter Fachleute reicht von „genialer Erzieher, dessen Buch eine heilige Schrift voller Weisheit und Liebe ist" (John M. Culcin SJ, in: Summerhill 1971, S. 27f.) bis zu „Summerhill ist ein wonnevolles und tabufreies Stück Heidentum mit Phalluskult. (...) Ich könnte eines meiner Kinder ebenso gut in einem Bordell anmelden" (Max Rafferty, ebd., S. 13f.).

Neill hat besonders die Erziehungsdiskussion der 1960er-Jahre in Deutschland stark beeinflusst. In der Studentenrevolte mit ihrer Ablehnung der bürgerlichen Gesellschaft und ihrer Normen, wies er mit der antiautoritären Erziehung einen Weg, der den revolutionären Wandel der Gesellschaft beschleunigen sollte. Neill wurde hier aber missverstanden. Ihm ging es keineswegs um die Abschaffung gesellschaftlicher Autoritäten, sein Konzept beinhaltete keine Vorbereitung eines Umsturzes politischer Macht, sondern die Schaffung einer pädagogischen Insel für Kinder, auf der diese glücklich sein konnten. Der Verlag hatte aber den Titel „Theorie und Praxis der antiautoritären Erziehung" gewählt und somit ein Handbuch für ein neues politisches Handeln signalisiert.

Ein Vorwurf gegen Summerhill ist, dass hier eine Idylle einer pädagogischen Provinz für zahlungsfähige Mittel- und Oberschichtkinder geschaffen wurde, die aber keine gesellschaftliche Integration fördert und den Kindern wenig konkrete Vorbereitung auf die Welt bietet. Neill lehnte eine normative Erziehung zu politischer Verantwortung und Solidarität ab; Kinder sind für ihn aus entwicklungspsychologischer Sicht Egoisten, reine Triebwesen. Altruisten werden sie erst im Erwachsenenalter.

Pädagogisch bedenklich sind auch die Geldstrafen, die häufigste Sanktionsform in Summerhill. Welche Bedeutung können aber Geldstrafen für Kinder haben, die mehrfach im Jahr in ihre Heimat fliegen können und ausreichend mit Taschengeld ausgestattet sind? Kaufen sie ihre Freiräume? Muss sich nur der einen Norm anpassen, der kein Geld hat? Neill war ein Anwalt des

Kindes, der sich kompromisslos auf die Seite der Kinder schlug und diese Arbeit über 50 Jahre durchhielt und nicht aufgab. Bruno Bettelheim, der selbst schwer neurotische Kinder in der Orthogenic School therapeutisch begleitete, bescheinigte Neill eine untadelige Persönlichkeit und eine tiefe Humanität für das Kind. Allerdings hielt er ihn für einen schlechten Theoretiker, der sich um Belege für seine Thesen wenig kümmere.

Neill bewegte sich auf der Ebene eines naiven Rousseauismus: „Das Kind ist von Natur aus gut." Ließe die autoritäre Gesellschaft, ließen insbesondere die Eltern nur das Kind ohne Angst und Zwang heranwachsen – es würde sich frei entfalten und ein höchst vortrefflicher Mensch werden. Der Lehre der Psychoanalyse hat Neill lediglich entnommen, dass Repression schlecht sei und dass Neurosen die Folge sexueller Verdrängung seien. Er berücksichtigt nicht, dass Triebaufschub nicht nur Neurosen auslöst, sondern auch den kulturellen Fortschritt der Gesellschaft in Gang hält (Bettelheim, ebd., S. 88).

Natürlich ist es sinnvoll, „Kinder dort abzuholen, wo sie gerade sind", aber sie müssen auch auf einem Weg begleitet werden, der sie weiterführt. Das Leben auf einer pädagogischen Insel ist weltfremd angesichts internationaler wirtschaftlicher Verflechtungen und der Notwendigkeit weltumfassender Verantwortung.

Ein weiterer Kritikpunkt ist Neills Ablehnung des Intellektuellen und die Priorität des Gefühls. Der Lehrstoff ist in Summerhill unwichtig. Was gelernt wird, hat weniger Beachtung als, wie es gelernt wird. Zusammensein (togetherness), Gruppenbewusstsein (ingroupness) sind die Hauptziele des Unterrichts. Warum wird dann überhaupt unterrichtet? Um formal den gesellschaftlichen Erwartungen an eine Schule zu entsprechen? Ist es kein sinnvolles Erziehungsziel, dass ein Kind geordnet und diszipliniert denken lernt? Kann die Aneignung kulturellen Wissens keine Freude machen?

Bruno Bettelheim bescheinigt Neill, dass er die Bedeutung der Sexualität für den Menschen zu hoch einschätzt und hier unreflektiert an den frühen Theorien der Psychoanalyse Wilhelm Reichs festhält. Dass eine freie Sexualität schon die Entwicklung einer glücklichen Persönlichkeit garantiere, sei eine naive Vorstellung:

> „Kein Zweifel kann darüber bestehen, dass wir gegenüber der Sexualität des Kindes eine tolerantere Haltung einnehmen sollten. Ich teile aber nicht Neills Überzeugung, dass schon dann, wenn wir jegliche Verdrängung der Sexualität vermeiden könnten und Kinder zu freier sexueller Betätigung, besonders zur Masturbation, Mut machten, allen Übeln der Welt abgeholfen wäre und dass es dann keinen Haß und keine Kriege mehr gäbe. Wie Neills Menschenbild, so leitet sich auch seine Auffassung von Sexualität unmittelbar her aus den Anschauungen Reichs aus der

3.3 Alexander S. Neill (1883–1973)

Anfangszeit der Psychoanalyse" (Bettelheim, in: Summerhill 1971, S. 97). Im Alltag ließ sich Neill jedoch auch von pragmatischen Überlegungen leiten, die seinen Vorstellungen einer repressionsfreien Sexualität nicht unbedingt entsprachen:

„Vor einigen Jahren hatten wir einen siebzehnjährigen Schüler, der vorher auf einer privaten Jungenschule gewesen war, und ein sechzehnjähriges Mädchen, das von einer privaten Mädchenschule nach Summerhill kam. Die beiden wurden zu gleicher Zeit bei uns aufgenommen. Sie verliebten sich ineinander und waren unzertrennlich. Eines Abends sah ich sie noch spät zusammen und sagte:‚Ich weiß nicht, was ihr beiden treibt, und moralisch läßt mich das auch kalt, denn es geht überhaupt nicht um Moral. Aber wirtschaftlich mach ich mir Gedanken, denn wenn du ein Kind kriegst, Kate, ist die Schule ruiniert'" (Neill 1969, S. 72).

Die Bedeutung des Experiments Summerhill wird auch heute noch kontrovers beurteilt. Ein Grund liegt darin, dass Neills Freiheitserziehung in jedem pädagogisch Interessierten eigene konflikthafte Erziehungserfahrungen anspricht und ein radikales Gegenmodell entwirft. Das erweckt Ängste, aber auch befreiende Zustimmung.

Neill lehnt alle Religionen ab, da nach seiner Meinung Religionsgemeinschaften den Menschen nur einengen, Schuldgefühle vermitteln und sexualfeindlich sind. Religion fördert aus seiner Sicht die Realitätsflucht, kaum eines seiner Kinder und Jugendlichen zeige ein religiöses Bedürfnis. Diese Haltung musste natürlich den Widerstand kirchlicher Organisationen und religiös geprägter Erzieher provozieren.

Die antiautoritäre Bewegung in Deutschland hat ihre Hoffnungen, durch eine andere Erziehung die politischen Verhältnisse radikal verändern zu können, bald aufgeben müssen; die Experimente der Anfangszeit sind pragmatischeren Konzepten gewichen. Zugleich aber ist vieles von dem, was Ende der 1960er-Jahre viele Erzieher und Eltern noch schockierte, inzwischen selbstverständlicher Bestandteil der Erziehungspraxis.

Übungsfragen

1. In welcher gesellschaftlichen und historischen Situation entwickelte Neill seine pädagogischen Ideen?
2. Welches Menschenbild und welche theoretischen Grundannahmen liegen seinem Erziehungskonzept zugrunde?
3. Welche Erziehungserfahrungen beeinflussten und prägten seine Einstellung und Haltungen?
4. Beschreiben Sie den Erziehungsalltag in Summerhill. Welche Rolle spielt das Prinzip „Freiwilligkeit"?
5. Diskutieren Sie das Prinzip „Selbstregulierung". Von welcher Grundannahme geht Neill aus?
6. Nehmen Sie Stellung zum Prinzip der Koedukation und den gelebten Formen der Sexualität Jugendlicher in Summerhill. Welche rechtlichen Grenzen sehen Sie für die Praxis in deutschen Jugendhilfeeinrichtungen?
7. Welche Normen gelten in der Summerhill-Schule? Welche pädagogischen und therapeutischen Ziele liegen dem Konzept zugrunde?
8. Ein Vorwurf gegen das Konzept Summerhill ist, dass diese Internatsschule eine pädagogische Insel abseits der Gesellschaft ist und nicht auf eine gesellschaftliche Integration hinwirke. Nennen Sie Gründe, die für oder gegen eine solche pädagogische Provinz sprechen.
9. Summerhill hat den Anspruch repressionsfrei zu sein, die häufigste Sanktionsform ist aber die Geldstrafe. Nehmen Sie aus erzieherischer Sicht Stellung zu Sinn und Unsinn der Geldstrafe. Halten Sie es für sinnvoll, dass Kinder für Kinder Strafen festlegen?
10. Welche Impulse für die heutige Erziehungspraxis gehen von Summerhill aus? Ist die Idee Summerhill überholt? Wo sehen Sie Gefahren?

Literatur

Aplleton, M. (2003): Summerhill – Kindern ihre Freizeit zurückgeben. Demokratie und Selbstregulierung in der Erziehung, Baltmannsweiler

Koch, F. (2000): Der Aufbruch der Pädagogik. Welten im Kopf. Bettelheim, Freinet, Korczak, Montessori, Neill, Hamburg

Kühn, A.D. (1995): A. S. Neill. Bildmonografie, Reinbek b. Hamburg

ders. (2002): A.S. Neill und Summerhill. Eine Rezeptions- und Wirkungsanalyse, Diss.

Neill, A.S. (1969): Theorie und Praxis der antiautoritären Erziehung. Das Beispiel Summerhill, Reinbek b. Hamburg

ders. (1971): Das Prinzip Summerhill. Fragen und Antworten, Reinbek b. Hamburg

ders. (1973): Neill, Neill, Birnenstiel, Reinbek b. Hamburg (Autobiografie)

o.A (1971): Summerhill. Pro und Contra. Antiautoritäre Schule in der Diskussion, Reinbek b. Hamburg

Popenoe, J. (1971): Schüler in Summerhill, Reinbek b. Hamburg

Spielfime/Videos

Summerhill. Ein Interview mit Zoe Redhead, 39 Min., Fernuniversität Hagen, ZFE Video-Versand

Summerhill, 1978, 28 Min., VHS-Kassette, Landesmedienstelle

Der Neill von Summerhill, 1983, VHS-Kassette, 14 Min., WDR, Sendung am 22.10.1983

Aspekte-Raritäten. Informationen und Meinungen aus dem Kulturleben (Summerhill-Schulen), 20 Min., ZDF und 3 Sat, Sendung am 25.8.1991

Neill, Neill, Birnenstil. Ein Film über die Freie Schule Summerhill in England, 1993, Bezug: Ralf Münz Neumünster

Webliografie

de.wikipedia.org/wiki/Alexander_Sutherland_Neill

www.summerhillschool.com.uk/

Zellinger, M. (1996): Summerhill heute, Diplomarbeit. Online verfügbar unter: Summerhill.paed.com/summ/diplom

4 Das entwicklungsfördernde Milieu

Nicht nur die intensive verlässliche Beziehung zwischen Erwachsenen und Kind hat für die Entwicklung des jungen Menschen Bedeutung, sondern auch das Milieu. So sprechen wir von einem schädlichen Milieueinfluss, der Verwahrlosungstendenzen begünstigt oder von einem entwicklungsfördernden oder gar therapeutischen Milieu. Was ist ein „therapeutisches Milieu"? Der Begriff therapeutisches Milieu (Therapeutic Community) wurde in den frühen 1950er-Jahren von Maxwell Jones (Social Psychiatry, London 1952) und Thomas F. Main (The Hospital as a Therapeutic Institution, Bull. Menninger Cin. 10, 1946) geprägt und kennzeichnet Versuche, psychiatrische Anstalten von ihrem Verwahrcharakter zu einem Therapiefeld für psychisch kranke Menschen zu entwickeln. In der Therapeutic Community sollen alle am Hilfeprozess Beteiligten, also Ärzte, Schwestern, Pfleger, Sozialarbeiter und andere Fachleute, aber auch Verwandte als gleichwertige Mitglieder ein therapeutisches Team bilden. Dieses Konzept wurde durch Bruno Bettelheim (1903–1990) für die Heimerziehung weiterentwickelt, der dabei an ältere Ansätze des Psychoanalytikers und Kindertherapeuten August Aichhorn (1878–1949) anknüpfte. Bettelheim versuchte die „anderen 23 Stunden" des Tages neben der einen Stunde Therapie für die Entwicklungsförderung zu nutzen. Er betrachtete den Alltag als vollgültiges therapeutisches Instrument. Die alltäglichen Verrichtungen und Stationen im Tagesablauf, die Routinearbeiten, vorhersehbare Reaktionen der Betreuer, das Zu-Bett-Gehen, das Essen usw. sollen so gestaltet werden, dass die Ich-Funktionen des Kindes gestärkt werden. Die institutionellen Strukturen, die räumliche Ausstattung sowie die personale Dimension (Einstellungen, Haltungen der Mitarbeiter, Kommunikationsformen zwischen Kindern und Erziehern) werden ständig reflektiert und entsprechend gestaltet und verändert.

Maria Montessori (1870–1952) entwickelte didaktische Materialien, mit denen Kinder in einer speziell „vorbereiteten Umgebung" selbstständig lernen und ihre Persönlichkeit selbst weiterentwickeln können. Im freien Umgang mit didaktischem Material sollen die geistigen Kräfte des Kindes entfaltet und gebündelt werden. Diese „Polarisation der Aufmerksamkeit" ist nach Montessori nur in einer geordneten Umgebung möglich, die keine überflüssigen Dinge enthält. In einem solchen entwicklungsfördernden Milieu kontrolliert das Kind seine Entwicklung selbst und ohne den direkten Zugriff des Erwachsenen: „Hilf mir es selbst zu tun".

Loris Malaguzzi (1920–1994) der Begründer der Reggio-Pädagogik in Reggio Emilia Italien konzentrierte sich auf die Förderung der Wahrnehmungs- und Ausdrucksformen des Kindes durch speziell gestaltete Erlebnis- und Erfahrungsräume. Der Kindergarten wird in Reggio zu einem speziell für Kinder konzipierten Ort der Wahrnehmung, Erfahrung und Kommunikation, gestützt durch architektonische Gegebenheiten: So dient eine Piazza als zentraler Kommunikationsplatz, große bodentiefe Fenster und offene Lichtbereiche sollen die Erfahrungen der Weite und Überschaubarkeit ermöglichen. Viele Spiegel an Decken, Türen und Wänden helfen dem Kind, sich selbst wahrzunehmen, zu beobachten und zu akzeptieren. Die speziellen räumlichen Bedingungen bezeichnet Malaguzzi in ihrer Bedeutsamkeit als „dritten Erzieher". Bettelheim, Montessori und Malaguzzi wurden für dieses Kapitel ausgewählt, da sie ganz unterschiedliche Elemente des Milieus in den Vordergrund stellen und ihre jeweilige Bedeutung für Kinder besonders herausgearbeitet haben. Auswirkungen des Wohnens auf den Menschen, soziale Einflüsse der Wohnkultur, kommunikative oder kommunikationshinderliche Wirkungen des Milieus werden erst seit den letzten zwei Jahrzehnten in der Sozialpädagogik reflektiert und in der Ausbildung sozialer Fachkräfte noch wenig unterrichtet.

4.1 Bruno Bettelheim (1903–1990)
Das therapeutische Milieu
Die Orthogenic School Chicago

Biografie

Bruno Bettelheim gilt als einer der großen Pioniere der Psychoanalytischen Pädagogik. Als Leiter der legendären Sonia Shankman Orthogenic School, einer psychotherapeutischen Modelleinrichtung für emotional schwerst gestörte Kinder, wurde er durch zahlreiche Publikationen zu psychoanalytischen, pädagogischen, sozialpsychologischen und kulturkritischen Themen berühmt. Er gilt als ein wichtiger Begründer und Entwickler der Milieutherapie.

Bettelheim wurde am 28. August 1903 als Sohn jüdischer Eltern in Wien geboren. Seine Vorfahren waren aus Osteuropa nach Österreich eingewandert und gehörten als Fabrikanten zur oberen Mittelschicht. Er studierte zunächst Germanistik, dann Philosophie, Psychologie und Geschichte und promovierte 1937 über das Thema „Das Problem des Naturschönen und die moderne Ästhetik" (vgl. Kaufhold 1994, S. 27). Schon seit frühen Jugendjahren beschäftigte sich Bettelheim mit den Werken Sigmund Freuds und begann 1928 eine dreijährige Analyse bei dem Psychoanalytiker Richard Sterba. Anlass war ein Gefühl der inneren Unzufriedenheit, depressive Gefühle und Eheschwierigkeiten (vgl. Kaufhold 1994, S. 27f.). 1932 nahmen er und seine erste Frau ein autistisches Kind in die Familie auf, später noch ein zweites, um es therapeutisch und erzieherisch zu betreuen. 1938 marschierten die Nationalsozialisten in Österreich ein, Bettelheim wurde verhaftet und nach Dachau und Buchenwald deportiert. Nach einem Jahr Haft wurde er unter der Auflage entlassen, innerhalb einer Woche das Land zu verlassen. Bettelheim emigrierte mittellos in die USA; bereits 1940 konnte er als wissenschaftlicher Mitarbeiter an der Abteilung für Pädagogik an der Universität Chicago tätig werden. Von 1942 bis 1944 arbeitete er als assoziierter

Professor für Psychologie am Rockford College, Illinois, um danach wieder an der Chicagoer Universität zunächst als stellvertretender Leiter, später als Direktor der Sonia Shankman Orthogenic School tätig zu werden. Die 1913 gegründete Orthogenic School ist organisatorisch eine Einrichtung der Universität. 1944 bis 1952 arbeitete er als wissenschaftlicher Mitarbeiter für Entwicklungspsychologie und ab 1952 als Professor für Pädagogik an der Universität Chicago. Bis zu seiner Pensionierung 1973 im Alter von 70 Jahren leitete er die Orthogenic School, die er von einer traditionellen Klinik in eine milieutherapeutische Modelleinrichtung umwandelte. Er erlangte internationale Anerkennung als Psychotherapeut, obwohl er als „Nicht-Mediziner" Psychotherapie betrieb, einige Fachkollegen versuchten ihn als „Laienanalytiker" abzuqualifizieren (vgl. Kaufhold 1994, S. 33f). Bruno Bettelheim ist in Deutschland vor allem durch seine Bücher „Liebe allein genügt nicht. Die Erziehung emotional gestörter Kinder" (1970), „So können sie nicht leben. Die Rehabilitierung emotional gestörter Kinder" (1973), „Kinder der Zukunft" (1973), „Kinder brauchen Märchen" (1975), „Wege aus dem Labyrinth" (1974) bekannt geworden. Von seinen 16 Büchern wurden 15 ins Deutsche übersetzt. In seinen Werken stellt er die theoretischen Grundlagen und Prinzipien seiner Milieutherapie dar und belegt seine Aussagen durch viele ausführliche Fallbeispiele, die für die Ausbildung und Praxis der Sozial- und Heilpädagogik von großer Bedeutung sind.

1985 starb seine zweite Frau; dies löste bei ihm Gefühle der Verlassenheit und Einsamkeit aus. Zugleich verschlechterte sich sein Gesundheitszustand nach zwei Schlaganfällen, er konnte nur noch unter großen Schwierigkeiten schreiben. Durch den körperlichen Zerfall zog er sich immer mehr von seiner Umwelt zurück. Am 13. März 1990, dem 52. Jahrestag des Einmarsches der deutschen Nationalsozialisten in Österreich, nahm er sich das Leben. Sein Tod löste bei seine Anhängern große Trauer, aber auch heftige Reaktionen und Angriffe in der Presse auf sein Lebenswerk aus (vgl. ebd. 1994, S. 45 f.).

Zeittafel

1903	Am 28. August 1903 wird Bruno Bettelheim als Sohn jüdischer Fabrikbesitzer geboren
1913	Besuch des Wiener Reform-Realgymnasiums
1916	Beginn der Beschäftigung mit den Schriften Sigmund Freuds
1922	Zunächst Studium der Germanistik; danach Wechsel zur Philosophie, Psychologie und Geschichte
1928–1931	Analyse bei Richard Sterba
1932	Aufnahme von zwei autistischen Kindern in die eigene Familie
1937	Promotion bei Karl Bühler über „Das Problem des Naturschönen und die moderne Ästhetik"
1938	Verhaftung und Deportation nach Dachau und Buchenwald
1939	Emigration in die USA
1940	Wissenschaftlicher Mitarbeiter an der Universität Chicago
1942–1944	Assoziierter Professor für Psychologie am Rockford College in Illinois
1944–1973	Direktor der Sonia Shankman Orthogenic School in Chicago
1944–1952	Wissenschaftlicher Mitarbeiter für Entwicklungspsychologie an der Universität Chicago
1952–1973	Professor für Pädagogik an der Universität Chicago.
1956–1962	Konzentration auf die Untersuchung und Behandlung von autistischen Kindern.
1973	Abschied von der Orthogenic School; Verarbeitung seiner Lebenserfahrungen in dem Buch „Der Weg aus dem Labyrinth"
1985	Tod der zweiten Ehefrau; in den Folgejahren zwei Schlaganfälle
1989	Ehrenmitglied der „Los Angeles Psychoanalytic Society and Institute"
1990	Am 13. März nimmt sich Bruno Bettelheim das Leben

(Zeittafel ist orientiert an Kaufhold. R., 1994 u. Krumenacker, F.J., 1998)

Pädagogische Leitideen und Konzept

Mit Bruno Bettelheim ist der Begriff des „therapeutischen Milieus" verbunden. Er steht in der Lehr- und Praxistradition von August Aichhorn (1951), Fritz Redl (1971), die als die Pioniere einer psychoanalytisch orientierten Arbeit mit extrem schwierigen Kindern und Jugendlichen gelten.

4.1 Bruno Bettelheim (1903–1990)

In der Orthogenic School versuchte Bettelheim ein therapeutisches, beziehungsweise heilendes Milieu zu verwirklichen. Diese Institution bietet Platz für 34 Kinder, die dort psychotherapeutisch betreut werden. Die Mitarbeiter sind Therapeuten, aber auch sehr viele Studenten und Fachkräfte, die dort eine psychotherapeutische Ausbildung absolvieren. Relativ wenige Bezugspersonen (eine pro Gruppe) sind für die Kinder zuständig, sie sind vom Konzept her nur für wenige Jahre, dafür aber mit zeitlich hohem Einsatz tätig.

> „Die Schule ist ein Internat für Kinder mit normaler oder überdurchschnittlicher Intelligenz. Alle Kinder, die in der Schule untergebracht sind, sind frei von körperlichen Krankheiten, leiden aber an schweren psychischen Störungen, die erwiesenermaßen durch gewöhnliche therapeutische Methoden nicht zu beeinflussen waren (oder bei denen sich dies vorhersehen läßt). Viele dieser Kinder sind, bevor sie zu uns gebracht wurden, auf verschiedene Weise behandelt worden, sie waren z. B. in einer Kinderanalyse, in psychotherapeutischer Behandlung an einer Child Guidance Clinic oder bei einem frei praktizierenden Arzt, haben aber auf die Behandlung nur wenig oder überhaupt nicht reagiert. Die meisten Kinder bleiben durchschnittlich zwei Jahre oder länger auf der Schule. Wir können vierunddreißig Kinder von sechs bis vierzehn Jahren aufnehmen; die Störungen umfassen den ganzen Symptomkreis von Verwahrlosung oder funktioneller Leseunfähigkeit (Legasthenie) bis zur Schizophrenie der Kindheit (Hebephrenie) – wenn wir diesen Ausdruck gebrauchen dürfen" (Bettelheim 1970, S. 25).

Das therapeutische Milieu in der Orthogenic School

Die Aufgabe der Erziehung und Therapie in einer therapeutischen Einrichtung oder Klinik für emotional gestörte Kinder und Jugendliche besteht nach Bettelheim darin, die kindlichen Grundbedürfnisse zu befriedigen, intensive therapeutische Beziehungen zu ermöglichen und ein heilendes Milieu anzubieten, das eine positive Persönlichkeitsentwicklung fördert. F. J. Krumenacker, der ein bedeutsames Werk über die Theorie und Praxis Bettelheims veröffentlicht hat, unterscheidet vier Dimensionen des Milieus:
- die Umgebung,
- die institutionelle Dimension (organisatorische Struktur der Einrichtung),
- die physikalische Dimension (Gebäude, Räume, Ausstattungen),
- die menschliche Dimension (Haltung der Mitarbeiter, pädagogische Beziehungsgestaltung).

Die Umgebung: Bettelheim lenkt den Blick vom Binnenraum einer Einrichtung auf die Bedeutung der unmittelbaren Umgebung für das Kind. So kann für ein Stadtkind die Unterbringung in einer ländlichen Umgebung das Gefühl ausgegrenzt oder abgeschoben worden zu sein unterstützen, d. h.

die durch die Krankheit hervorgerufene Desorientierung noch verstärken. Ebenso kann eine gepflegte, gehobene Wohngegend das Selbstwertgefühl des jungen Menschen verstärken und Sicherheit bilden (vgl. Krumenacker 1998, S. 132–134).

Die institutionelle Dimension: Bettelheim geht von der These aus, dass Organisationsstrukturen stumme Botschaften aussenden. Während seiner Internierung in Buchenwald und Dachau erlebte er die institutionalisierte Gewalt, Menschenverachtung und Vernichtung der nationalsozialistischen Konzentrationslager. Sein Heim sollte das Gegenteil bewirken, die Kinder sollten Achtung, Respekt vor dem Menschen, Wohlwollen und Lebensbejahung empfinden können. Da emotional gestörte Kinder innerlich zerrissen sind, musste das Heim überschaubar, klar strukturiert sein, soziale Solidarität mit jedem Bewohner signalisieren und durfte keine hierarchischen Strukturen haben. An die Stelle der für ein therapeutisches Milieu untauglichen Prinzipien „Hierarchie" und „Arbeitsteilung", setzte Bettelheim die Organisationsprinzipien(werte) „Einheitlichkeit" „Autonomie", „Soziale Solidarität" und „Gemeinschaft" (vgl. ders. 1998, S. 148ff.).

Die physikalische Dimension: Gebäude, Räume und Einrichtungen beeinflussen maßgeblich das Milieu. Gefängnisse haben Gitter, viele psychiatrische Anstalten ebenfalls. Sie vermitteln die „stumme Botschaft", die „Gesunden" sollen vor den „Kranken" geschützt werden, da diese als gefährlich gelten. Die Orthogenic School dagegen sollte ein Ort der Ruhe, Entspannung und Selbstfindung sein. Die Kombination von alten Möbeln, Antiquitäten und modernen Möbeln sollte den psychischen Prozess der Kinder, die Integration des Alten in das Neue, symbolisieren. Das Haus war von außen ohne Erlaubnis nicht zu betreten, die Kinder konnten das Haus aber jeder Zeit verlassen. Die Türen, die nur nach innen hin Klinken hatten, waren Symbole des Schutzes, aber auch der persönlichen Freiheit und Autonomie. Gegessen wurde nur von gutem Porzellan, um den Kindern Wertschätzung zu signalisieren. Zerbrochene Möbel, Gegenstände oder Fensterscheiben wurden sofort ersetzt, um kein Klima der Verwahrlosung oder des Chaos aufkommen zu lassen (vgl. ders. 1998, S. 134–143).

Die personale Dimension: Die Persönlichkeit des Betreuers ist die zentrale Größe des Milieus. Der Therapeut trägt in der Regel die alleinige Verantwortung für eine Gruppe und für ein Kind. Er hat die Beziehungsarbeit empathisch und professionell reflektierend zu gestalten, obwohl eine nichtdyadische Beziehungsgestaltung angestrebt wird, vielfältige soziale Kontakte und Beziehungen sind gewünscht (vgl. ders. 1998, S. 161ff.). Dieser Prozess wird begleitet durch regelmäßige Supervision.

Das therapeutische Milieu in der heutigen Heimerziehung

In der heutigen Diskussion über Heimerziehung in Deutschland spielt das Milieukonzept eine wesentliche Rolle und steht für den Wandel von der Fürsorge, Verwahrung und Versorgung hin zu einer therapeutischen oder heilpädagogischen Förderung junger Menschen. Die Heimerziehung ist seit vielen Jahren verstärkt konfrontiert mit Kinder und Jugendlichen, die mit derart großen Defiziten in ihrer Persönlichkeitsentwicklung und Sozialisation ins Heim kommen, dass die bloße Herausnahme aus einem pathogenen Milieu und die anschließende Behütung und liebevolle Pflege in einem Heim oder Kinderdorf nicht mehr ausreichen sind (vgl. Flosdorf 1988, S. 102).

Bettelheim griff Anfang der 1960er-Jahre das Thema in seinem progammatischen Buchtitel „Liebe allein genügt nicht" auf und verwies auf die Notwendigkeit einer therapeutischen Qualifizierung von Mitarbeitern und der Schaffung eines therapeutischen Milieus. Der Titel sollte deutlich machen, „dass eine zusammenhängende therapeutische Philosophie, Überlegungen, Planung und entsprechendes Handeln jene liebevolle Pflege untermauern müssen, die notwendig sind, um einen psychotischen Menschen zu neuer seelischgeistiger Gesundheit und Neustrukturierung seiner Persönlichkeit zu verhelfen" (Bettelheim 1975, S. 11). Bettelheim übertrug das Grundmuster der therapeutischen Beziehung innerhalb der Psychoanalyse auf die Lebenswirklichkeit eines Kindes im Heim. Die neurotischen oder psychotischen Verhaltens- und Reaktionsweisen der jugendlichen Patienten interpretierte er als erlernte und verfestigte Muster. Sie dienen den Patienten als Schutz, die keinen anderen Weg oder Ausweg kennen. Bettelheim beschrieb, dass solche Kinder zunächst gar nicht in der Lage sind, das Lebens- und Beziehungsangebot des Heims zu akzeptieren. Sie versuchen ihre alten liebgewonnenen Verhaltensmuster auch dort weiterzuleben.

> „Der psychisch kranke Patient lebt wie in einem tiefen, dunklen Loch ohne Ausgang, gefangen durch seine Ängste und die Gefühllosigkeit der anderen, die er als feindselige Absichten empfindet. Wir müssen für ihn einen Weg hinausbauen – sagen wir eine Leiter. Wir müssen bei diesem Weg von unserer eigenen Vergangenheit, unserem Wissen, unserer Persönlichkeit und unserem Verständnis für den Patienten ausgehen, aber vor allem mit unserer Einfühlung arbeiten, die uns sagt, welche spezifische und einzigartige menschliche Leiter für diesen Patienten geeignet ist. Der Patient muss – gegen seine Überzeugung, es gäbe keinen Ausweg – zuerst zu dem Glauben gebracht werden, dass dies wirklich ein Weg ist, der ihn aus seinem Gefängnis führt, und er muss schließlich auch versuchen, ihn zu benutzen. Er muss uns lange beobachten können bei der harten Arbeit, ihm die Leiter zu bauen, die sich von allen früheren eindeutig unterscheiden muss. Er wird versuchen, die Leiter zu

> zerstören, da er seit langem sicher ist, wir bauen sie nicht, damit er in die Freiheit gelangt, sondern nur, damit er in ein noch schlimmeres Gefängnis kommt (das uns aus unerfindlichen Gründen mehr Vorteile bringt als ihm und ihn nur noch größeren Gefahren aussetzt). Sein altes Gefängnis kennt der Patient schließlich, so schrecklich es ist, und er hat irgendwie gelernt, sich durch seine Symptome gegen das Schlimmste zu schützen. Diese Symptome – seine Schutzmaßnahmen – soll er aufgeben, das weiß er. Wie kann er uns trauen, wenn wir böse Absichten haben? Er wird auch versuchen, die Leiter zu zerstören, in ähnlicher Weise wie ein Kind das Spielzeug kaputt macht, dessen Mechanismus es verstehen will" (Bettelheim 1975, S. 13).

Das bedeutet, dass im Gegensatz zur isolierten Therapiestunde in einem therapeutischen Milieu die Erzieher Widerstände, Angst, Mißtrauen und Aggression im Alltag des Heims aushalten müssen. Bettelheim belegt überzeugend, weshalb und in welchem Ausmaß die Alltagsszenen wie Aufstehen, Anziehen, Essen, zur Schule gehen, Schlafengehen und laufende Kontakte negativ aufgeladen und chaotisch verwirrt sind und gerade deshalb die Gestaltung dieser Szenen des unmittelbaren Miteinanders in der Bewältigung des Alltags eine therapeutische Dimension bekommen (vgl. Flosdorf 1988, S. 104).

Trieschman, Whittaker und Brendtro (1977), Schüler Bettelheims, zeigen in ihrem Werk „The Other 23 Hours" (deutsche Fassung: „Erziehung im therapeutischen Milieu"), dass der „Löwenanteil" in der Therapie im Erziehungsalltag liegt und von den Erziehern geleistet werden muss und nicht vom Therapeuten in einer Stunde Einzeltherapie. Im therapeutischen Milieu soll die Spaltung zwischen Therapie und Pädagogik aufgehoben sein. Flosdorf, der das Konzept des therapeutischen Milieus in seiner heilpädagogischen Einrichtung in Bayern übernommen hat, schreibt dazu:

> „In diesem Sinn ist es unser Bemühen, das heilpädagogische Anliegen zu einem Gesamtprinzip unseres Heimes zu machen, d. h. jeder Therapeut und jeder Erzieher bemüht sich immer wieder aufs neue um die möglichst tiefe und umfassende Erfassung der kindlichen Schwierigkeit. Dabei wird von vornherein anerkannt, dass der Prozess der Bindung und Übertragung nicht einfach vom sogenannten Therapeuten gepachtet werden kann, sondern dass dieser Übertragungsprozess sich dort eben am ehesten aktualisiert, wo er durch die interindividuellen Persönlichkeitsgegebenheiten begünstigt wird. Immer wieder können wir es beobachten, dass es eben typisch ist, zu wem das Kind seine ersten Beziehungen entwickelt und wem es am längsten aus dem Weg geht. Dies sind Prozesse, die zunächst einmal gesehen und erkannt werden, die wir dann aber versuchen einzuordnen und einzubauen in einen

gesamterzieherischen Plan" (Flosdorf 1988, S. 105).

ErzieherInnen sind, so die Annahme, bessere und wirksamere Therapeuten als die psychotherapeutischen Experten, die nur räumlich und zeitlich begrenzt mit dem Kind arbeiten. Sie müssen aber speziell ausgebildet und kontinuierlich beraten und begleitet werden. Diese Kompetenz erwerben sich Heilpädagogen im Rahmen einer Aufbauausbildung nach ihrer sozialpädagogischen Ausbildung und in der Regel mehrjähriger Bewährung in der Praxis. Der Alltag des Zusammenlebens muss analysiert, verstanden und für die Erziehung und Therapie des Kindes nutzbar gemacht werden. Damit ist aber auf keinen Fall eine Therapeutisierung des Alltag gemeint.

„Im alltäglichen Zusammenleben ereignet sich Lernen am Modell, nicht in der Umwandlung von Gesprächen in Kommunikationstrainings, gemeinsam musizieren in Musiktherapie, gemeinsame Arbeit in Arbeits- und Beschäftigungstherapie. Die Chance zur Entwicklung und Entfaltung liegt im Aufspüren und Nutzbarmachen der anregenden, fördernden und heilenden Momente, die in jeder Tätigkeit, so alltäglich sie auch sein mag, liegen können, wenn sie bedürfnisadäquat strukturiert und auf die jeweils nächste Zone der Entwicklung bezogen wird. Nicht gemeint ist mit diesem Konzept die therapeutische Überformung des Alltags und die Vielzahl aus dem Alltag ausgelagerter, therapeutischer Angebote als Ersatz für reales Leben" (Mahlke/Schwarte 1985, S. 20).

Für die Struktur eines therapeutischen Heimes sind besondere Organisationsabläufe und Instrumente erforderlich:

„Dabei dienen *Gesamtkonferenzen* der Kontrolle und Fortschreibung der Gesamtkonzeption und der Bearbeitung besonderer aktueller Probleme. Die Praxiskonferenz der Gruppenerzieher mit einem eigenen Praxisanleiter dient der Erarbeitung und Fortschreibung von Erziehungs- und Therapieplänen für die Kinder der jeweiligen Gruppe. (. . .) Und schließlich muss der einzelne Mitarbeiter Raum und Zeit haben, um im Sinne einer Supervision seine eigenen Probleme beruflichen Handelns reflektieren und verarbeiten zu können" (Flosdorf 1988, Bd. 2, S. 108).

Das entwicklungsfördernde Milieu

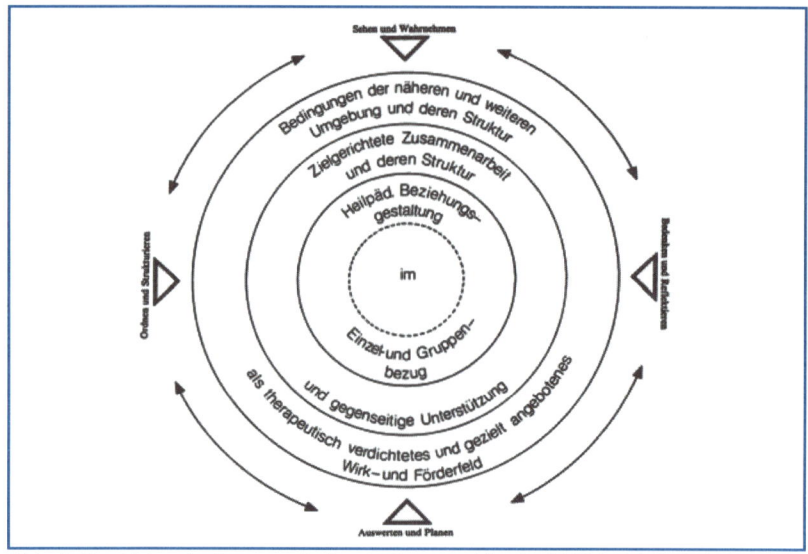

Abb. 4: Das Heim als therapeutisches Milieu aus: Flosdorf 1988, Bd. 2, S. 109

Lesetext

Fallbeispiel: Lucille

„Lucille war noch nicht sechs Jahre alt, als sie an unsere Schule kam. Zu ihrer Lebensgeschichte gehörte die Unterbringung in zwei Kinderheimen – von denen eine eine Behandlungsinstitution war – und in drei Pflegefamilien; niemand hatte hier wie dort mit ihr und ihren Problemen fertig werden können. Zwischendurch hatte es immer wieder Zeiten gegeben, in denen sie bei ihrer Mutter lebte, die sehr wenig im Gleichgewicht war. Alle Behandlungsbemühungen an zwei psychiatrischen Kliniken konnten auch keine Besserung ihres Leidens herbeiführen. Die psychiatrische Untersuchung ergab unter anderem schizophrene Tendenzen, extreme Hyperaktivität und Denkstörungen. Die Symptome, die sich bei ihren verschiedenen Anstaltsaufenthalten als besonders lästig erwiesen hatten, waren ihre Wutanfälle und ihre sexuelle Verwahrlosung. Noch bevor sie fünf Jahr alt war, näherte sie sich auf der Straße fremden Männern, machte sie auf sich aufmerksam, verhielt sich ihnen gegenüber sexuell provokant und versuchte sie zu liebkosen. Als ich sie zum erstenmal sah, kam sie auf allen vieren auf mich zu und bellte wie ein junger Hund. Dann sprang sie mich an und versuchte zuerst, mich im Genitalbereich zu beißen, dann zu berühren.

4.1 Bruno Bettelheim (1903–1990)

Jede Unterhaltung mit ihr war damals unmöglich, weil sie sofort in wahnhaftes Geschwätz verfiel. Später, als wir begannen, ihre Lebenserfahrungen und ihre Reaktionen darauf zu verstehen, wurde uns klar, dass sie nicht irgendein Phantasiespiel spielte, als sie sich wie ein provokantes Hündchen aufführte, sondern eine Szene wiederholte, die sie vorher viele Male in der Realität gespielt hatte, oft mit lustbringenden Folgen für sich selbst. In Wirklichkeit hatte sie realistisch versucht, mir zu gefallen und mich zu amüsieren, wie sie früher eine Reihe von „Vätern" amüsiert hatte, die sie durch ihre neuartigen Kapriolen ihrer Mutter „zugeführt" hatte. Diese „Väter" hatten gewöhnlich damit begonnen, sie mit Süssigkeiten zu füttern und sie zu berühren, während sie bei ihrer Mutter auf dem Schoß saß, und hatten sie dann weggestoßen, wenn sie soweit waren, das Spiel unter Erwachsenen fortzusetzen. Das eindrucksvollste Erlebnis ihres Lebens war die häufige Beobachtung des Geschlechtsakts. Viel später, als wir sie genügend hatten beruhigen können, um mit ihr zu spielen, wurde z. B. deutlich, dass „Vater, Mutter und Kind" zu spielen (nach ihrer Ansicht) folgenden Ablauf von Ereignissen zum Inhalt hatte: Die Mutter füttert das Baby, das dann in eine Ecke geworfen wird, während die männliche und die weibliche Puppe einander heftig bespringen. Bei einem an einer Angstneurose leidenden Kind wäre ein solches Spiel vielleicht eine sadistische Deutung des Sexualakts gewesen, die Wiederholung einer Urszene, die es als äußerst beunruhigend empfunden hatte, weil sie die Eltern in einer Beziehung zueinander zeigte, die sich so sehr von der üblichen unterschied. Für Lucille jedoch stellte das Spiel nicht den ungewöhnlichen Teil ihres Wissens über das Zusammenleben von Eltern dar, sondern alles in der Welt, was sie von Beziehungen zwischen Eltern wußte. Was sie darstellte, war ihr wahres und nicht ein verzerrtes Bild des Verhaltens ihrer Eltern oder der Menschen, die in ihrem Leben den Platz der Eltern eingenommen hatten. Die sofortige „Durcharbeitung" dieser traumatischen Erlebnisse hätte zu nichts geführt, weil unter ihnen nichts begraben war. Für Lucille war ein langer Prozess des Kennenlernens normaler menschlicher Beziehungen notwendig, bevor man sich bemühen konnte, ihr zu helfen, ihre Erlebnisse in einem normalen Zusammenhang zu sehen. Sie musste zu allererst lernen, wie normale Beziehungen Erwachsener untereinander (und zu einem Kind) beschaffen sind, bevor sie bereit war, ihre Kindheitserinnerungen durchzuarbeiten, die sie weder verdrängt noch als ungewöhnlich empfunden hatte" (Bettelheim 1970, S. 34f.).

Impulse für die heutige Erziehungspraxis

Das Konzept des therapeutischen Milieus hat der Entwicklung der Heimerziehung in Deutschland wichtige Impulse gegeben. Es hat den Wandel von der Anstaltsfürsorge hin zu einer heilpädagogisch orientierten Heimerziehung wesentlich beeinflusst. Die Erziehung nicht mehr einseitig vom pädagogischen Verhältnis her zu definieren oder isoliert aus dem Blickwinkel der Sozialisation, sondern die institutionellen, räumlichen und personellen Dimensionen zu integrieren, ist ein Verdienst Bruno Bettelheims. Seine Werke sind voll von Fallbeispielen und daher für die Ausbildung sozialpädagogischer Fachkräfte besonders wertvoll. Es ist heute gängige Praxis, das therapeutische beziehungsweise heilpädagogische Milieu professionell zu planen. Folgende Fragen können einen solchen Orientierungsprozess leiten:

Aus welchem Lebensumfeld kommen die Kinder und Jugendlichen, für die sich das Heim zuständig fühlt (Indikation)?

Welche Bedürfnisse haben die Kinder und Jugendlichen?

Was braucht ein Kind generell, damit es sich entwickeln kann? Welche Spiel-, Lern- und Ausbildungsbedürfnisse haben die Kinder und Jugendlichen?

Was benötigt ein emotional gestörtes Kind speziell, damit es mit sich und seiner Umwelt umgehen kann?

Welche räumlichen Mittel sind notwendig? Wie muss die Architektur des Heimes (orientiert an den Bedürfnissen der jugendlichen Klienten) beschaffen sein?

Welche sachlichen Mittel sind notwendig (Mittel für Spiele, Sport, Werken, Theater)?

Welche personellen Mittel, welche Personalstruktur, welche den Bedürfnissen der Kinder angepassten Dienstpläne sind bereitzustellen? Welche Hilfen benötigen die Mitarbeiter, um ihre Arbeit professionell tun zu können (Supervision, Fallbesprechungen, Fortbildung)?

Welche Beziehungsstrukturen zwischen den Kindern/Jugendlichen und zwischen den jugendlichen Heimbewohnern und Mitarbeitern sind zu fördern?

Welche Kontakte zur Nachbarschaft, zur sozialen Umgebung, zu Eltern und Verwandten sind zu fördern?

Wie muss ein Tagesablauf gestaltet werden, damit er entwicklungsfördernd ist?

Übungsfragen

1. In welcher historischen und gesellschaftlichen Situation wuchs Bruno Bettelheim auf und welche biografischen Erfahrungen prägten seine Vorstellung vom therapeutischen Milieu? Auf welche theoretischen Annahmen fußt seine Theorie?

2. Zeichnen Sie den wissenschaftlichen Werdegang Bettelheims nach. Welche Kritik und welche Erfolge begleiteten sein Schaffen?

3. Wie definiert Bettelheim das therapeutische Milieu und welche drei Dimensionen des Milieus benennt er? Geben Sie für jede Dimension ein Beispiel.

4. Begründen Sie Bettelheims These: „Liebe allein genügt nicht."

5. Welche Einflüsse haben die Arbeiten von Bettelheim in Deutschland auf die pädagogische Diskussion und speziell auf die heilpädagogisch orientierte Heimerziehung gehabt?

6. Nennen Sie zehn Kriterien, die ein therapeutisches Milieu im Heim kennzeichnen?

7. Welche Anforderungen an die Persönlichkeit und Fachlichkeit der Mitarbeiter werden in der Orthogenic School und in der heilpädagogischen Heimerziehung in Deutschland gestellt? Zeigen Sie Gemeinsamkeiten und Unterschiede auf.

8. Beschäftigen Sie sich mit dem Fallbeispiel Lucille. Welche Erlebnisse im Leben des Kindes führten zu dem chaotischen Verhalten? Welche Diagnose und Therapievorschläge macht Bettelheim? Welche Hilfen würden Sie vorschlagen?

Literatur

Bettelheim, B. (1970 u. 2007): Liebe allein genügt nicht. Die Erziehung emotional gestörter Kinder, 12. Aufl., Stuttgart

ders. (1973 u. 2003): So können sie nicht leben. Die Rehabilitierung emotional gestörter Kinder, 3. Aufl., Bonn

ders. (2000): Die Kinder der Zukunft. Gemeinschaftserziehung als Weg einer neuen Pädagogik, 9. Aufl., Magdeburg

ders. (1975 u. 1995): Wege aus dem Labyrinth. Leben lernen als Therapie, Stuttgart

ders. (2012): Kinder brauchen Märchen, 22. Aufl., Stuttgart

ders. (1989): Die Geburt des Selbst. Erfolgreiche Therapie autistischer Kinder, München

ders. (1996): Erziehung zum Überleben. Zur Psychologie der Extremsituationen, Stuttgart

Büttner, Chr. u. a. (Hg.) (1993): Jahrbuch der Kindheit, Bd.10, Weinheim

Flosdorf, P. (1988): Das Heim als therapeutisches Milieu. In: ders.: Theorie und Praxisstationärer Erziehungshilfe, Bd.2, Freiburg, 102–110

Frischenschlager, U./Mayr, W. (1982): Bettelheims Orthogenic School. In: dies.: Erzieherpersönlichkeit und Handlungskompetenz im Alltag sozialpädagogischer Arbeitsfelder, Diss. Universität Tübingen, 227–248

Internationale Gesellschaft für Heimerziehung (Hg.) (1974): Heimerziehung und Heimplanung, Frankfurt, 106–109

Jurgensen, G. (1974): Die Schule der Ungeliebten. Als Kindertherapeutin bei Bruno Bettelheim, München

Kaufhold, R. (1988): Bruno Bettelheim. Heilende Umwelt aufbauen. In: Päd. extra und demokratische Erziehung, 30–32

ders. (Hg.) (1994): Annäherungen an Bruno Bettelheim, Mainz (mit einer ausführlichen Bibliographie der Werke Bruno Bettelheims und der Sekundärliteratur)

Kraak, B. (1964): Neues Wort für eine alte Sache? Zum Begriff Milieutherapie. In: Sozialpädagogik, 5, 1964, 174–177

Krumenacker, F.J. (1998): Bruno Bettelheim, München/Basel

Mahlke,W./Schwarte, N. (1985): Wohnen im therapeutischen Milieu. In: Wohnen als Lebenshilfe. Ein Arbeitsbuch zur Wohnfeldgestaltung in der Behindertenarbeit, Weinheim/Basel

Mahlke, W. (1988): Therapeutisches Milieu.Räumliche Bedingungen und deren Gestaltung. In: Flosdorf, P.: Theorie und Praxis stationärer Erziehungshilfe, Bd. 2, Freiburg, 22–45

Otto, B. (1986): Bruno Bettelheims Milieutherapie, Weinheim

ders. (1987): Bruno Bettelheims milieutherapeutischer Ansatz. Die Orthogenic School der Universität Chicago als Modell der Kinderpsychiatrie und Heimerziehung. In: Praxis der Kinderpsychologie und Kinderpsychiatrie, 36, 1987, 144–149

Seevak Sanders, J. (1988): A Greenhouse for the Mind, Chicago/London (Bericht der Nachfolgerin Bettelheims über ihre Arbeit nach dem Ausscheiden Bettelheims aus der Orthogenic School)

Trieschman, A.E./Whittaker, J.K./Brentro, L.K.(1977): Erziehung im therapeutischen Milieu, 2. Aufl., Freiburg

Medien

Bruno Bettelheim. Zeugen des Jahrhunderts, 1984, 75 Min., ZDF, Sendung am 18.11.84/30.6.85

Webliografie

de.fr.wikipedia.org/wiki/Bruno_Bettelheim

www.orthogenicschool.uchicago.edu

4.2 Maria Montessori (1870–1952)
„Hilf mir, es selbst zu tun"

Biografie

Maria Montessori wurde am 31. August 1870 in Chiaravalle, einem kleinen Ort bei Ancona in Italien, geboren. Die italienische Ärztin und Pädagogin rief eine internationale Bewegung ins Leben, die heute noch eine große Bedeutung hat. Die Montessori-Pädagogik ist weltweit bekannt. In vielen Ländern der Erde arbeiten ErzieherInnen, Heilpädagogen und LehrerInnen mit einem sogenannten „Montessori-Diplom" in Kindergärten, in der Förderung von Menschen mit Behinderungen und in allgemeinbildenden Schulen.

Montessoris Leitideen der „selbsttätigen Entwicklung der Persönlichkeit des Kindes" und das Prinzip der „Selbsterziehung" sind international anerkannt. Ihr didaktisches Material, mit dem Kinder in einer „vorbereiteten Umgebung" selbsttätig lernen können, fasziniert noch immer in einer Welt, die kindliche Aktivitäten immer stärker einschränkt und normiert. Maria Montessori war in ihrer Zeit in mehrfacher Hinsicht herausragend. Sie besuchte als einziges Mädchen ein naturwissenschaftliches Gymnasium für Jungen, weil sie Ingenieurin werden wollte. Sie war auch die erste Frau, die in Italien ein akademisches Studium mit einer Promotion in Medizin abschloss. Sie gründete in einem der ärmsten Viertel in Rom 1907 die erste Casa dei bambini (Kinderhaus), in dem Kinder im Vorschulalter nach ihren Ideen erzogen wurden. Aus den dort gewonnenen Erfahrungen entwickelt sie ihr pädagogisches Konzept zunächst für behinderte und sozialbenachteiligte Kinder, das sie aber bald auch auf Kinder in Regeleinrichtungen anwandte. Ihre Vorstellung war, dass Kinder selbst genügend Kraft und Interesse besitzen, sich mit ihrer Welt konstruktiv auseinanderzusetzen und selbstständig und selbsttätig zu lernen, ohne die leitende und eingreifende Hand des Erwachsenen zu benötigen. Dazu muss allerdings eine geordnete, d. h. entsprechend vorbereitete Umgebung zur Verfügung stehen. In dieser speziellen Umgebung kommt dem Montessori-Material eine besondere Bedeutung zu. Dabei handelt es sich um ein systematisch aufgebautes Arbeits- und Trainingsmaterial, mit dem das Kind eigenständig Sinnes-, Geschicklichkeits-, Beobachtungs- und Ordnungsübungen durchführen kann (vgl. Heiland 2010).

Die Montessori-Pädagogik hat natürlich Kritik erfahren. Besonders für den Bereich der Kindergartenerziehung wurde ihr vorgehalten, das streng geordnete Material lasse zu wenig Platz für spontanes kindliches Spiel. Wichtig erscheint, die Montessori-Pädagogik nicht auf den Einsatz dieses Materials zu verengen:

> „Nach Maria Montessori zu arbeiten bedeutet (. . .) weit mehr, als nur Montessori-Material einzusetzen. Es kommt darauf an, ihre Sichtweise vom Kind zu akzeptieren und anzunehmen, sich in der Rolle der von ihr beschriebenen ‚neuen Lehrerin' zurechtzufinden. So wird ein Montessori-Kindergarten geprägt von einem anderen Geist, einer anderen Atmosphäre. Im Zentrum des pädagogischen Alltags stehen die Begriffe *Freiheit, Ordnung, Stille, Konzentration, schöpferisches Lernen, Selbstentfaltung, Selbstständigkeit, die neue Lehrerin, die sensiblen Perioden, das Kind als Baumeister des Menschen* und nicht zuletzt die von ihr formulierte Forderung des Kindes an den Erwachsenen: ‚*Hilf mir, es selbst zu tun!*'" (Becker-Textor o.J., S. 16f.).

Zeittafel

1870	Am 31. August wird Maria Montessori als einziges Kind des Finanzbeamten Alessandro Montessori und seiner Frau Renilde, geb. Stoppani in Chiaravalle bei Ancona/Italien geboren
1876–1890	Besuch der Grundschule und eines naturwissenschaftlichen Gymnasiums für Jungen
1890–1892	Studium der Naturwissenschaften mit dem Studienziel Ingenieur
1892–1896	Studium der Medizin an der Universität Rom, Promotion, danach Assistenzärztin in der Chirurgie und an der Psychiatrischen Klinik der Universität Rom
1899	Dozentin am Ausbildungsinstitut für Lehrerinnen; Lehrfach: Hygiene und Anthropologie
1898–1900	Direktorin der Scuola Ortofrenica, einem Heilpädagogischen Institut
1902	Studium der Pädagogik, Experimentalpsychologie und Anthropologie
1907	Eröffnung der ersten Casa dei bambini (Kinderhaus) im römischen Stadtteil San Lorenzo, einem Elendsviertel

Das entwicklungsfördernde Milieu

1909	Erstes Buch: „Die Entdeckung des Kindes"
1911	Die Montessori-Methode wird in italienischen und schweizer Volksschulen eingeführt; Modellschulen in Paris, New York und Boston entstehen; Maria Montessori unternimmt Vortragsreisen in alle Welt
1922	Erste Vorträge in Deutschland
1929	Gründung nationaler und internationaler Montessori-Gesellschaften und Durchführung internationaler Kongresse
1936	Unter dem faschistischen System in Italien werden ihre Schulen geschlossen; im nationalsozialistischen Deutschland werden ihre Bücher verbrannt
1939–1946	Maria Montessori lebt mit ihrem Sohn und dessen Familie in Indien; die Montessori-Methode wird Unterrichtsprinzip an indischen Schulen
1952	Am 6. Mai stirbt Maria Montessori im niederländischen Nordwijk aan Zee. Ihr Sohn führt ihr Werk weiter und wird Leiter der Internationalen Montessori-Gesellschaft; die Deutsche Montessori-Gesellschaft wird gegründet

(Zeittafel ist orientiert an Heiland, H., 2010)

Pädagogische Leitideen und Konzept

Maria Montessori, zunächst als Ärztin tätig, wandte sich durch ihre Erfahrungen in der Erziehung und Förderung behinderter Kinder stärker der Pädagogik zu. Während ihrer Studien der Pädagogik und Psychologie beschäftigte sie sich vor allem mit den Forschungsergebnissen des französischen Arztes Jean-Marc Gaspard Itard, der den sprachlosen zwölfjährigen Victor unterrichtete, dabei zu erstaunlichen Ergebnissen kam und heute als einer der Begründer der Heilpädagogik gilt (vgl. Kap. 1, S. 45–57).

Polarisation der Aufmerksamkeit

Maria Montessori schildert in ihren Schriften ein Grunderlebnis, das ihre heilpädagogische Sichtweise entscheidend geprägt hat und als sogenanntes „Montessori-Phänomen" bekannt wurde. Montessori bezeichnete es als „Polarisation der Aufmerksamkeit":

> „Als ich meine ersten Versuche unter Anwendung der Prinzipien und eines Teils des Materials, die mir vor vielen Jahren bei der Erziehung schwachsinniger Kinder geholfen hatte, mit kleinen normalen Kindern von San Lorenzo durchführte, beobachtete ich ein etwa dreijähriges Mädchen, das tiefversunken war in der Beschäftigung mit einem Einsatz-Zylinderblock, aus dem es die kleinen Holzzylinder herauszog und

4.2 Maria Montessori (1870–1952)

wieder an ihre Stelle steckte. Der Ausdruck des Mädchens zeugte von so intensiver Aufmerksamkeit, dass er für mich eine außerordentliche Offenbarung war. Die Kinder hatten bisher noch nicht eine solche, auf einen Gegenstand fixierte Aufmerksamkeit gezeigt, und da ich von der charakteristischen Unstetigkeit der Aufmerksamkeit des kleinen Kindes überzeugt war, die rastlos von einem Ding zum anderen wandert, wurde ich noch empfindlicher für dieses Phänomen. Zu Anfang beobachtete ich die Kleine, ohne sie zu stören und begann zu zählen, wie oft sie die Übung wiederholte, aber dann – als ich sah, dass sie sehr lange damit fortfuhr – nahm ich das Stühlchen, auf dem sie saß, und stellte Stühlchen und das Mädchen auf den Tisch; die Kleine sammelte schnell ihr Steckspiel auf, stellte den Holzblock auf die Armlehne des kleinen Sessels, legte sich die Zylinder in den Schoß und fuhr mit ihrer Arbeit fort. Da forderte ich alle Kinder auf, zu singen; sie sangen, aber das Mädchen fuhr unbeirrt fort, seine Übungen zu wiederholen, auch nachdem das kurze Lied beendet war. Ich hatte 44 Übungen gezählt; und als es endlich aufhörte, tat es dies unabhängig von den Anreizen der Umgebung, die es hätten stören können; und das Mädchen schaute zufrieden um sich, als erwache es aus einem erholsamen Schlaf. Mein unvergeßlicher Eindruck glich, glaube ich, dem, den man bei einer Entdeckung verspürt" (Montessori, zit. nach Heiland 1991, S. 44).

Wie ein roter Faden zieht sich diese Geschichte durch die Literatur der Pädagogin. Das Kind ist zur Faszination fähig. Wenn es sich für einen Gegenstand, eine Sache interessiert, so kann es durch seine Konzentration zu enormen Lernergebnissen kommen, und zwar ohne die Hilfe Erwachsener. Die Polarisation der Aufmerksamkeit ist für sie ein wesentliches Phänomen; das Kind ist fasziniert von einer Aufgabe, handelt, vergißt die Welt um sich herum und arbeitet allein und ruhig. Das Unorganisierte und Unbeständige im Bewußtsein des Kindes organisiert sich im Kind zu einer „inneren Schöpfung".

Die neue Erzieherrolle

Montessori forderte einen neuen Lehrer beziehungsweise Erzieher, ein völliges Umdenken der traditionellen Pädagogenrolle. Der Erzieher soll nicht Führer, sondern Assistent, Beobachter und Helfer des Kindes sein. Er tritt zurück und gibt ihm Raum für selbstständige Entscheidungen. Der Erzieher muss verstehen, dass die Umgebung nicht ihm gehört, sondern ausschließlich dem Kind und seiner Entwicklung. Der erste Schritt zu dieser neuen Haltung ist Selbstvorbereitung und die Selbstreflexion. Eine weitere Aufgabe des Erziehers ist es, für eine förderliche „materielle Ordnung" zu sorgen; die Umgebung des Kindes muss strukturiert, geordnet und gepflegt sein. Die Grundhaltung des Erziehers ist: „Hilf mir, es selbst zu tun".

Als Beispiel sollen die Regeln für das Kinderhaus dienen:

Gebote für den Erzieher des jungen Kindes im Kinderhaus

Was sollen die Lehrer beziehungsweise Erzieher „aktiv" tun, wenn für die Kinder eine ihnen angemessene Umgebung geschaffen worden ist?

(1) Zunächst haben sie die Aufgabe, die materielle Ordnung sorgfältig zu pflegen, so dass sie sich sauber, glänzend, geordnet darstellt; sie sollen die Folgen der Abnutzung durch den Gebrauch beheben, ausflicken, neu bemalen oder auch für anziehenden Schmuck sorgen – „Wie es ein treuer Diener tut, der das Haus in Erwartung seines Herrn bereitet".

(2) Der Lehrer muss den Gebrauch der Dinge lehren, ausführend zeigen, wie sich die Übungen des praktischen Lebens vollziehen, und dies mit Anmut und Genauigkeit, damit alles in der Umgebung Befindliche von dem benutzt werden kann, der es auswählt.

(3) Der Lehrer ist „aktiv", wenn er das Kind mit der Umgebung in Beziehung bringt. Er ist „passiv", wenn diese Beziehung erfolgt ist.

(4) Er muss die Kinder beobachten, damit ihre Kraft sich nicht verflüchtigt, wenn es verborgene Gegenstände sucht oder der Hilfe bedarf.

(5) Er muss herbeieilen, wenn er gerufen wird.

(6) Er muss zuhören und antworten, wenn er dazu eingeladen wird.

(7) Er muss das Kind, das arbeitet, respektieren, ohne es zu unterbrechen.

(8) Er muss das Kind, das Fehler macht, respektieren, ohne es zu korrigieren.

(nach einem Kursus-Vortrag Montessoris in Barcelona 1933)

Die vorbereitete Umgebung

Die zentrale Einsicht Montessoris ist, dass die geistigen Kräfte des Kindes durch sinnvoll strukturierte Angebote einer vorbereiteten Umgebung (didaktisches Material) aktiviert werden können. Diese Entwicklungskraft ist dann eruptiv, explosionsartig. Sie wird aber nicht durch den direkten Zugriff des Erziehers aktiviert, sondern im freien Umgang des Kindes mit Materialien, die seine Sinne, seine Motorik und eben auch seine ganze geistige Kraft auf den Gegenstand konzentrieren. Das „Sinnesmaterial" bündelt die geistigen Kräfte und nimmt die Aufmerksamkeit des Kindes völlig in Anspruch. Der Umgebungsbegriff bei Montessori umfasst drei Gesichtspunkte:

> „Erstens muss ein ausreichender Bewegungsspielraum vorhanden sein. Zweitens müssen die Gegenstände in dieser Umgebung mit den Maßen und körperlichen Kräfte in Einklang stehen. Das Kind soll alle Gegenstände gebrauchen und alle Arbeiten des praktischen Lebens ausführen können. Drittens muss die Umgebung des Kindes geordnet sein. Alle

Gegenstände müssen einen bestimmten Platz haben, den das Kind bemerkt und sich merkt. Nur so kann es sich zurechtfinden, nur so kann ordnender Einfluß auf das Kind ausgeübt werden. Zur Ordnung der Umgebung gehört es, dass sie keine überflüssigen Dinge enthält, die die Orientierung des Kindes verhindern, seine Aufmerksamkeit verwirren und es zu nutzlosen und ziellosen Tätigkeiten verführen würden" (von Oy 1978, S. 15).

Die Sinnesmaterialien sind so konstruiert, dass sie eine Überprüfung der Leistungen durch das Kind ermöglichen und die Erfolgskontrolle durch den Erzieher überflüssig machen. Das Kind kontrolliert seine Arbeit selbst; Montessori nennt das „Selbstkraft des Kindes".

Sensible Perioden

Nach der Auffassung Maria Montessoris vollzieht sich die Reifung des Menschen nach bestimmten Reifegesetzen. Das Kind entwickelt sich nach sogenannten „sensiblen Perioden", in denen es bestimmten Verhaltensweisen und Fähigkeiten besonders gut lernt:

Von der Geburt bis zu drei Jahren: gesteigerte Aufnahmebereitschaft und Aufnahmefähigkeit für alle Umwelteinflüsse, Sinneserfahrungen. Eineinhalb bis drei Jahre: sprachliche Entwicklung.

Eineinhalb bis vier Jahre: Entwicklung und Koordination der Muskulatur, Interesse an Gegenständen.

Zwei bis vier Jahre: Verfeinerung der Bewegungen, Beschäftigung mit Wahrheit und Wirklichkeit, Entwicklung einer Vorstellung von Raum und Zeit.

Zweieinhalb bis sechs Jahre: Verfeinerung der Wahrnehmungen mit Hilfe der Sinneserfahrungen.

Drei bis sechs Jahre: Empfänglichkeit für Einflüsse seitens der Erwachsenen. Dreieinhalb bis viereinhalb Jahre: Schreiben, Zeichnen. Vier bis viereinhalb Jahre: Entwicklung des Tastsinns, taktile Wahrnehmung.

Viereinhalb bis fünfeinhalb Jahre: Lesen. Für jede dieser Stufen benötigt das Kind eine spezifisch vorbereitete Umgebung, nur so kann es seine Fähigkeiten entwickeln.

Lesetext

Grundlagen meiner Pädagogik

„In allen Ländern wird daran gearbeitet, die Erziehung zu verbessern. Eine Reihe psychologischer Wissenschaften mit den verschiedensten Namen ist entstanden mit dem Zweck, das Kind zu studieren. Die meisten dieser Studien gehen von einer normal erkannten, bestimmten Wesensart des Kindes aus, und alle Voraussetzungen und alle Folgerungen bleiben Theorie. Wo die Erkenntnis zu einem Resultat führte, da fehlte der Weg, diese Erkenntnis dem kindlichen Leben nutzbar zu machen. Doch in den meisten Fällen glaubt man auch heute noch trotz aller Forschung, dass der Erwachsene den Charakter eines Kindes formen kann, und dass es nicht nur die Aufgabe, sondern die Pflicht des Erziehers ist, diese Formung vorzunehmen. Dem Kind und seiner schöpferischen Kraft überläßt man den kleinsten Teil an dieser Bildungsarbeit. Von vielen Pädagogen und den meisten Eltern wird die Kindheit als ein Durchgangsstadium zum Erwachsensein betrachtet, und in diesem Sinne werden alle Bedürfnisse des kindlichen Lebens vom Erwachsenen bestimmt. Der Charakter muss gefestigt werden, bestimmte moralische Eigenschaften müssen anerzogen, andere unmoralische müssen unterdrückt werden. Der Geist muss gebildet werden, und ein bestimmtes Kulturgut muss beigebracht werden. Man verlangt vom Kind in der gleichen Weise zu arbeiten, wie der Erwachsene arbeitet: zielbewußt und mit geringstem Kraftaufwand. In bestimmten Abschnitten muss ein bestimmtes Pensum erreicht werden. Die Ordnung im Kind wird von außen diktiert, und Gehorsam und Disziplin sind die Folgen der Autorität des Erwachsenen. Wie es um die innere Ordnung des Kindes bestellt ist, interessiert immer erst dann, wenn ein Kind krank, übernervös oder über das Normalmaß hinaus ungezogen ist. (...) Immer hat man sich an die Persönlichkeit des Kindes nur in dem einen pädagogischen Sinn gewendet, der das Kind zum Objekt der Erziehung und des Unterrichts macht. In dieser pädagogischen Tendenz hat man eine bestimmte Beziehung zwischen dem Kind und dem Erwachsenen festgelegt. Die Natur der Beziehung zwischen Kind und dem Erwachsenen hat man aber nicht hinreichend untersucht, geschweige denn geklärt. Forscht man ihr nach, so taucht ein soziales Problem auf, das niemals beachtet worden ist: der übersehene Faktor ist gefunden. Das Kind und der Erwachsene leben in einer Vereinigung, die Kampf auslöst. Es sind zwei vollkommen verschiedene Wesen. Der Erwachsene ist ein willensstarker, herrschender Mensch im Gegensatz zu dem kleinen, unwissenden Kinde, das hilflos seiner Obhut anvertraut ist. Der Erwachsene hat mit seiner produktiv nach außen gerichteten Arbeit eine Umgebung geschaffen, die

4.2 Maria Montessori (1870–1952)

seinen Bedürfnissen entspricht. In dieser Welt lebt das Kind wie ein außersoziales Wesen, das nichts zu dieser Gesellschaft beitragen kann, da das Ziel seines Lebens und seiner Arbeit in seinem Inneren und nicht in der Außenwelt ruht. Ein Kind ist ein Fremder in der sozialen Ordnung der Erwachsenen und könnte sagen, mein Reich ist nicht von dieser Welt. Die Pädagogik hat also Forderungen aufzustellen, die sich an die Erwachsenen richten und nicht an das Kind. (. . .) Wir sehen klar, dass die Kindheit ein Stadium der Menschheit ist, das sich vollkommen von dem des Erwachsenen unterscheidet. Wir haben die zwei verschiedenen Formen des Menschen erkannt. Das Kind trägt nicht die verkleinerten Merkmale des Erwachsenen in sich, sondern in ihm wächst ein eigenes Leben, das seinen Sinn in sich selber hat. (. . .) Das Reifen des Menschen im Kinde ist eine Art Schwangerschaft, die länger währt als die Schwangerschaft im Mutterleib, und das Kind allein ist der Bildner seiner Persönlichkeit. (. . .) Der Erwachsene hat nicht nach der überlegenen Art eines mächtigen Erziehers zu trachten, sondern er muss die Beziehung zwischen sich und dem Kind harmonisch gestalten und dem Kind gegenüber eine verständnisvolle Einstellung erwerben. Dann wird es ihm eine Selbstverständlichkeit werden, dem Kind eine Umgebung zu schaffen, die seiner Aktivität angepasst ist, damit es – Herr in dieser Umgebung – sich frei entwickeln kann" (Montessori 1988, S. 5ff.).

Die räumliche Umgebung – Möbel

„Unsere Methode hat in der Praxis mit den alten Traditionen gebrochen. Sie hat die Bänke abgeschafft, weil das Kind nicht mehr bewegungslos dem Unterricht der Lehrerin zuhören soll. Sie hat die Katheder abgeschafft, weil die Lehrerinnen keine üblichen Gesamtübungen, wie sie allgemein als nötig erachtet werden, machen sollen. Diese Dinge sind die ersten äußeren Schritte einer tieferen Umwälzung, die darin besteht, das Kind frei, seinen natürlichen Neigungen entsprechend, handeln zu lassen: Ohne irgendeine feste Bindung, ohne ein Programm, ohne die philosophischen und pädagogischen Vorurteile, die hieraus entspringen und sich in den alten schulischen Auffassungen fest vererbt haben. Das neue Problem fußt vielmehr auf folgendem: Dem aktiven Kinde eine angepasste Umgebung zu schaffen. Das ist die augenscheinliche Notwendigkeit; denn – haben wir die Stunden abgeschafft, und haben wir uns vorgenommen, sie durch die Tätigkeit des Kindes selbst zu ersetzen, so ist es notwendig, dieser Aktivität greifbare Dinge zu geben, an denen das Kind üben kann. Der erste Schritt ist, die Klassen in richtige kleine Kinderhäuser umzuwandeln und sie mit solchen Dingen auszustatten, die der Statur und den Kräften der hier beherbergten Wesen entsprechen: Kleine Stühle, kleine Tische, kleine

> Waschtische, verkleinerte Toilettengegenstände, kleine Teppiche, kleine Anrichteschränkchen, Tischtücher und Geschirr. All dies ist nicht nur von kleinen Ausmaßen, sondern auch von ziemlich leicht an Gewicht, um dem Kind von drei oder vier Jahren zu ermöglichen, die Dinge zu bewegen, ihren Platz zu ändern oder sie auch in den Garten oder auf die Terrasse zu transportieren. Nicht nur dem Körper des Kindes ist es leicht, gerecht zu werden, sondern auch der kindlichen Mentalität, weil sie kleiner und weniger kompliziert als die unsere ist" (ebd., S. 39ff.).

Impulse für die heutige Erziehungspraxis

Die Montessori-Pädagogik ist nicht unumstritten, vor allem in den 1920er-Jahren gab es heftige Diskussionen. Maria Montessori war keine strenge Wissenschaftlerin, sondern eine engagierte und begeisterte Pädagogin, die weniger die theoretische Grundlegung ihrer Methoden verfolgte, sondern an der Verbreitung ihrer Ideen interessiert war. Berücksichtigt werden muss auch, dass die pädagogische Theoriebildung und die Pädagogik als empirische Wissenschaft zu ihrer Zeit noch am Anfang standen.

Für die Kindergartenpädagogik haben die Montessori-Methode und das Kinderhaus-Konzept wichtige Impulse gebracht, sie war ein wichtiger Wegweiser für eine „Pädagogik vom Kinde aus", welche die Machtposition des Erziehers zurückdrängte und ihn zum „Anwalt des Kindes" machte. Nicht der Erzieher „macht" das Kind, sondern der junge Mensch ist durch seine eigene Entwicklungskraft „Herr seiner selbst".

Ein weiterer Vorwurf war, dass die proklamierte Freiheit des Kindes keine echte Freiheit, sondern nur die Erlaubnis sei, sich in dem vom Erzieher gesteckten Rahmen zu bewegen. Montessori hat eindeutig die „Freiheit zu etwas" gemeint, nicht die „Freiheit von etwas". Die individuelle Freiheit findet ihre Grenzen im anderen Menschen und in der Gemeinschaft. So setzt die Benutzung eines didaktischen Materials eine Ordnung voraus. Nur wenn das Kind das Material am vorgesehenen Ort vollständig und unbeschädigt vorfindet, kann es erfolgreich arbeiten. Und nur wenn es nach Abschluss seiner Tätigkeit es vollständig wieder an seinen bestimmten Ort zurückstellt, hat das nächste Kind die Chance optimal arbeiten zu können. Besonders von Vertretern der Fröbelpädagogik wurde bemängelt, dass in der Montessori-Methode kein Platz für freies und spontanes Spiel sei und die kindliche Fantasie zu wenig beachtet werde. Hier sind die Gegensätze jedoch inzwischen weitgehend verschwunden: Das Klischee vom Fröbel-Kindergarten mit Freispiel, Märchen erzählen, Bilderbuchbetrachtung auf der einen und dem Montessori-Kindergarten, in dem die Kinder still und konzentriert vor ihren Arbeitsmaterialien sitzen, auf der anderen Seite entspricht nicht mehr der Wirklichkeit. Die Ansätze ergänzen einander. Montessori-Kindergärten räumen heute sehr wohl dem Freispiel, Bewegung und Sport einen großen Raum ein. Außerdem setzt sich in der Elementarpädagogik immer stärker die Einsicht durch, dass Kreativitätsentwicklung nicht mit Laissez-faire und Förderungsabstinenz verwechselt werden darf, sondern behutsame und fachlich qualifizierte Begleitung braucht.

In der Förderung sozial benachteiligter und Kinder mit Behinderungen wie durch die Einführung von selbstbestimmtem Lernen und Freiarbeit in allgemeinbildenden Schulen, hat sich die Montessori-Methode große Verdienste erworben.

Übungsfragen

1. In welcher gesellschaftlichen Situation lebte Maria Montessori, und in welchen Ländern wurden ihre pädagogischen Ideen bekannt und umgesetzt?

2. Welche Leitideen prägen ihre Pädagogik?

3. Was bedeutet „Casa dei bambini"? Wie lässt sich das Konzept beschreiben?

4. Erläutern Sie die Aussage „Hilf mir, es selbst zu tun".

5. Was versteht Montessori unter „vorbereiteter Umgebung", welche Bedingungen müssen gegeben sein?

6. Was bedeutet „Kindgemäßheit" in der Umgebung des Kindes?

7. Man spricht vom sogenannten „Montessori-Phänomen". Welches Erlebnis Montessoris ist damit verbunden?

8. Welche Bedeutung haben die Phänomene „Faszination" beziehungsweise „Polarisation der Aufmerksamkeit"?

9. Wer führt in der Montessori-Methode die Erfolgskontrolle durch?

10. Welche Bedeutung haben Spiel und Arbeit im Montessori-Konzept und welche Unterschiede erkennen Sie z. B. zur Fröbel-Pädagogik?

11. Welche Arbeits- und Sinnesmaterialien kennt die Montessori-Methode?

12. Welchen Reiz hat ein Sinnesmaterial für ein Kind, wenn es die Aufgabe gelöst hat? Vergleichen Sie das Sinnesmaterial mit Spielzeug.

13. Begründen Sie, warum das Montessori-Material zur Förderung behinderter Kinder eingesetzt werden kann.

Literatur

1. Primärliteratur

Montessori, M. (2012): Die Entdeckung des Kindes, 20. Aufl., Freiburg

dies. (2007): Das kreative Kind. Der absorbierende Geist, Neuaufl., Freiburg

dies. (1993): Von der Kindheit zur Jugend, 3. Aufl., Freiburg

dies. (1995): Kinder sind anders, Stuttgart

dies. (1992): Dem Leben helfen. Das Kind in der Familie und andere Vorträge nach der Rückkehr aus Indien, Freiburg

dies. (1988 u. 2011): Grundlagen meiner Pädagogik, 11. Aufl., Heidelberg/Wiesbaden

dies. (2008): Schule des Kindes. Montessori-Erziehung in der Grundschule, 10. Aufl., Freiburg

2. Sekundärliteratur

Becker-Textor, I. (1994): Kinder lernen schöpferisch, Freiburg

dies. (o.J.): Maria Montessori. In: Kiga heute spezial

Heiland, H. (1991 u. 2010): Maria Montessori, 10. Aufl., Reinbek b. Hamburg (rororo-Monografie Nr. 419)

Konrad, F.M. (1997): Kindergarten oder Kinderhaus? Montessori-Rezeption und pädagogischer Diskurs in Deutschland bis 1939, Freiburg

Montessori-Vereinigung e.V. (1986) (Hg.): Montessori-Material. Teil I (Kinderhaus), Teil 2 (Sprache), Teil 3 (Mathematik)

von Oy, C.M. (1978 u. 2008): Montessori-Material zur Förderung des entwicklungsgestörten und des behinderten Kindes, 4. Aufl., Freiburg

Medien

Hilf mir, es selbst zu tun. Die Montessori-Methode in den Niederlanden. (Ausschnitte aus der praktischen Arbeit von holländischen Montessori-Kinderhäusern und -Grundschulen), 1968, 16mm Lichttonfilm, 29 Min., Landesmedienstellen

Montessori-Pädagogik: Der neue Lehrer und die Erziehung zur Autonomie, 60 Min., Fernuniversität Hagen, ZFE-Video-Versand, Hagen,

Montessori-Pädagogik. Montessori-Einrichtungen für Kinder von 0–18 Jahren, 29 Min, Media-Videoproduktion, Ellwangen

Helfen und sich helfen lassen. Ein Integrationsmodell (behinderte und nicht behinderte Kinder lernen gemeinsam in einer privaten Sonderschule), 1978, 16mm Lichttonfilm, 29 Min., Landesmedienstellen

Reformschulen in der Bundesrepublik Deutschland. Freiarbeit an einer Montessori-Schule, 1983, 16 Min., VHS-Kassette, Landesmedienstellen

Lasst uns Zeit (Montessori-Grundschule Köln und Porträt des Schulgründers) 1993, VHS-Kassette, Landesmedienstellen, oder: Media-Videoproduktion, Ellwangen

Kinder sind anders, Werner Donges u. a., VHS-Kassette, 24 Min., Diplomarbeit, Fachhochschule Würzburg/Schweinfurt oder: Media-Videoproduktion, Ellwangen

Hilf mir, es selbst zu tun, VHS-Kassette, 24 Min., Diplomarbeit, Fachhochschule Würzburg/Schweinfurt, oder: Media-Videoproduktion, Ellwangen

Hilfs mir, es selbst zu tun. Europäische Reformpädagogen. Maria Montessori, 1989, VHS-Kassette, Südwestfunk Baden Baden, oder: Media-Videoproduktion, Ellwangen

Webliografie

www.montessori-gesellschaft.de

de.wikipedia.org/wiki/Maria Montessori

www.montessori.de

4.3 Loris Malaguzzi (1920–1994) Ein Kind hat hundert Sprachen – Reggio-Pädagogik

Biografie

Loris Malaguzzi wurde 1920 in Correggio/Italien geboren. Nach Besuch des Gymnasiums und einem Pädagogikstudium wurde er zunächst als Grundschullehrer tätig und gründete 1945 als Nachkriegsinstitution einen sogenannten „Volkskindergarten". Dort gestaltete er zusammen mit Arbeitern und Bauern ein Erziehungskonzept, dass vor allem den Dialog und die Kommunikation in den Vordergrund stellte. Er wollte zusammenfügen, was sonst im Kindergarten getrennt war: das Kind, seine Familie und die Umgebung (vgl. Dreier 1994, S. 167).

Malaguzzi gilt als der Begründer der „Reggio-Pädagogik". Obwohl keine Gründergestalt im traditionellen Sinne wie etwa Fröbel oder Montessori, hat er wesentlich zur Entwicklung dieses außergewöhnlichen Konzepts kommunaler Kindertageseinrichtungen beigetragen und die entsprechende „Theorie" geliefert. Die Reggio-Pädagogik stellt das Recht des Kindes auf Erziehung und Bildung in den Mittelpunkt, unabhängig von den jeweils unterschiedlichen körperlichen, sozialen oder gesellschaftlichen Voraussetzungen, und misst der ästhetischen Bildung eine besondere Bedeutung zu. Jedes Kind hat die Fähigkeit, sich selbst auszubilden; die Erwachsenen müssen ihm helfen, diese Fähigkeiten zu entdecken, zu erschließen und auszubilden. Malaguzzi beschreibt eine Leitidee kurz: „Wir assistieren den Kindern, wir erziehen sie nicht!" 1991 wählte das US-Magazin „Newsweek" die kommunalen Kindertagesstätten von Reggio Emilia zur besten vorschulischen Einrichtung der Welt. Ausstellungen in Frankfurt und Berlin 1988 und 1991 machten das pädagogische Konzept im europäischen Bereich bekannt. Loris Malaguzzi übernahm 1963 die Leitung der kommunalen Kindertagesstätten in Reggio, die er in den Folgejahren ausbaute und maßgeblich

4.3 Loris Malaguzzi (1920–1994)

weiterentwickelte. Zahlreiche Vortragsreisen trugen zum Bekanntheitsgrad der Reggio-Pädagogik bei; heute pilgern fast täglich Besuchergruppen in dieses Mekka der Kleinkind- und Vorschulpädagogik. Reggio ist eine norditalienische Stadt mit ca. 130.000 Einwohnern, liegt zwischen Bologna und Mailand in der Poebene in der Region Emilia Romagna. In dieser Stadt gab es zu Beginn des 20. Jahrhunderts eine starke sozialistische Bewegung mit einem Bürgermeister, der sich besonders für die Kleinkindpädagogik einsetzte. Trotz des Widerstandes der Machthaber in der faschistischen Zeit entwickelten sich wirtschaftliche Kooperativen und genossenschaftliche Betriebe mit einer hohen Frauenberufstätigkeit. Schon früh kämpften die Frauen hier für das Recht auf Berufstätigkeit und kostenlose Kinderbetreuung, 1921 wurde der erste kommunale Kindergarten gegründet. Nach Ende der faschistischen Gewaltherrschaft hatten die Bürger das Bedürfnis, die gesellschaftlichen Verhältnisse zu demokratisieren, somit natürlich auch die Kindergärten, die zunächst als Selbsthilfeeinrichtungen geführt wurden. Der erste Kindergarten nach 1945 bekam den Namen „XXV Aprile" (Tag der Befreiung). Eine Mutter, deren sechs Söhne als Widerstandskämpfer ermordet worden waren, gehörte zu den Gründungsmitgliedern (vgl. Krieg 1993, S. 14). 1963 eröffnete die Stadt die erste kommunale Kindertagesstätte, ein rascher Ausbau erfolgte, ein sogenanntes „Pädagogisches Zentrum" übernahm die Koordination und Beratung, ihr Leiter wurde Loris Malaguzzi. Die Einrichtungen wurden „scuola dell' infanzia" (Schule der Kindheit) benannt, im Gegensatz zu den bisherigen überwiegend kirchlichen Einrichtungen, die sich „scuola materna" (Mutterschule) nannten. Die neue Bezeichnung stand für eine veränderte Zielsetzung, von der Betreuung und Pflege hin zu Bildung und selbstständigem Lernen. Der neue Ansatz fand weltweit Anerkennung, hat aber in Italien selbst nur wenig Nachahmer gefunden. Auch in Reggio Emilia gibt es andere, nicht kommunale Kindertageseinrichtungen, die nicht nach dem „Malaguzzi-Konzept" arbeiten. Spricht man von der „Reggio-Pädagogik", so sind nur die kommunalen Kindergärten gemeint (vgl. ebd., S. 8). Heute existieren 22 Kindergärten und 13 Kinderkrippen nach diesem Konzept. Die pädagogische Betreuungsdichte in dieser Stadt ist besonders hoch, 39,3 Prozent der unter dreijährigen Kinder haben einen Krippenplatz, 99,2 Prozent der Drei- bis Sechsjährigen einen Kindergartenplatz, der nationale Durchschnitt liegt erheblich niedriger (vgl. ebd., S. 17). 1971 fand in Reggio eine nationale Konferenz zur Kleinkinderziehung mit über 900 Teilnehmern statt, Kongresse auf internationaler Ebene und mehrere Ausstellungen in Deutschland und anderen europäischen Ländern folgten. Loris Malaguzzi wurde für seine Verdienste zum Professor ernannt. Die vielfachen Ehrungen und Anerkennungen nahm er eigenen Aussagen zufolge stellvertretend für die Kinder und ihre Sache an. Er selbst verstand sich als ein „Provokateur in Sachen Kindheit". „Provokateure stören die Ruhe der Bürger, sie wollen aufwühlen und Versäumnisse zeigen. Kinder können uns mit ihren Problemen, aber vor allem mit ihren Fähigkeiten und ihrer Poesie, stören" (Malaguzzi, zit. nach: Dreier 1994, S. 168). Loris Malaguzzi starb am 30. Juni 1994 an den Folgen eines Herzversagens.

Zeittafel

1920	Loris Malaguzzi wird in Correggio/Italien geboren
1940	Studium als Lehrer; Tätigkeit als Grundschullehrer
1945	Gründung eines „Volkskindergartens"
1950	Malaguzzi bereist mit Pädagogen und Politikern als Mitglied des Internationalen Verbandes von verwaisten oder im Zweiten Weltkrieg missbrauchten Kindern (FICE) mehrere europäische Länder; Arbeit als Berater in einer psychopädagogischen Beratungsstelle der Stadt Reggio
1952	Gründung eines Kommunalen Theaterclubs
1954	Nationale Konferenz zur Kleinkindererziehung in Reggio
1963	Übernahme der Leitung aller kommunalen Krippen und Kindergärten der Stadt Reggio
1980	Gründung des Nationalverbandes Krippen und Kindergärten; Ausstellungen: „Wenn das Auge über die Mauer springt" und „Die hundert Sprachen der Kinder"
1991	Das US-Magazin „Newsweek" wählt die Kindertagesstätten von Reggio zur besten vorschulischen Einrichtung der Welt
1992	„Lego-Preis", verliehen für Institutionen, die einen wichtigen Beitrag zur Verbesserung von Lebensbedingungen von Kindern in allen Teilen der Welt leisten
1993	Gründung der Stiftung „Reggio Children"
1994	Am 30. Januar 1994 stirbt Loris Malaguzzi in Reggio Emilia an den Folgen eines Herzinfarkts

(Die Zeittafel ist orientiert an: Dreier 1994, S. 167f.)

Pädagogische Leitideen und Konzept

Das heutige pädagogische Konzept der Kleinkinderziehung in Reggio Emilia ist geprägt durch das frühe Engagement von Eltern und Bürgern, die nach 1945 eine Kindertageseinrichtung selbst aufgebaut, selbst verwaltet und finanziert haben. Die damaligen Grundsätze gelten noch heute:
(1) Erziehung zur Demokratie,
(2) Erziehung zur sozialer Gerechtigkeit,
(3) Erziehung zur Solidarität.

Der Dialog und der *Austausch über Form und Inhalte der Kindererziehung* waren damals und sind heute Grundlage der Arbeit, selbstverständlich arbeiten Eltern, Kommunalpolitiker und andere interessierte Personen in der Einrichtung mit.

Das Bild des Kindes

Das Kind steht im Mittelpunkt des Geschehens. Die Reggio-Pädagogik geht von der Annahme aus, dass ein Kind erheblich mehr Fähigkeiten und vielfältigere Ausdrucksmöglichkeiten hat als bisher angenommen. Jedes Kind besitzt Forschergeist, Entdeckungsfreude und Abenteuerlust. Es ist selbst Quelle schöpferischer Kraft, deshalb muss ihm größtmögliche Autonomie in Bezug auf Lernmöglichkeiten, Wahrnehmung und Bewegung geboten werden (vgl. Caritasverband für die Erzdiözese Freiburg u. a. 1998, S. 8).

Erlebnis- und Gestaltungsräume

Ein zentrales Ziel in der pädagogischen Arbeit in Reggio ist die *Förderung der Wahrnehmungs- und Ausdrucksfähigkeit* des Kindes. Hierbei spielt die Gestaltung der Räume, als speziell für Kinder konzipierte Orte der Erfahrung und Kommunikation, eine wesentliche Rolle. Mittelpunkt jeder Einrichtung ist eine große Halle, die sogenannte „Piazza", vergleichbar mit dem Marktplatz in der Mitte einer Stadt. Große bodentiefe Fenster und offene Lichtbereiche vermitteln den Eindruck von Weite; die Piazza ist Treffpunkt, zentraler Spielplatz – das Kommunikationszentrum. An den Wänden befinden sich große Wandtafeln mit Fotos, Kinderbildern, Zeichnungen und Auswertungen von Projekten. Podeste ermöglichen die Erfahrung unterschiedlicher Raumperspektive. Verschiedene Spiegel an Decken, Türen und Wänden, darunter auch Eck-, Zerr- und dreigeteilte Spiegel, sollen den Kindern helfen, sich selbst wahrzunehmen, zu beobachten und sich besser kennenzulernen. Die Veränderung der Wahrnehmung ist eine Voraussetzung für Kreativität, so eine elementare Erkenntnis der Reggiopädagogik. Möbel aus verschiedenen Epochen sollen den Kindern einen Bezug zu ihrer Kultur vermitteln, Tücher an den Decken verändern die Räume und somit die Raumerfahrung (vgl. Wüst 1998, S. 48). Naturmaterialien, Sammelgegenstände laden zum Tasten,

Fühlen, Vergleichen und Experimentieren ein. In speziellen Funktionsräumen und Werkstätten stehen Materialien und Werkzeuge zur Verfügung, so z. B. Farben, Ton, Holz, Steine. Das Kind soll mit allen Sinnen begreifen lernen. „Unsere Einrichtungen sind vor allem Werkstätten, in denen die Kinder die Welt untersuchen und erforschen" (Malaguzzi, zit. nach: Wüst 1998, S. 48). Auch die Küche ist einsehbar und darf von den Kindern jederzeit aufgesucht werden.

Die Ausdrucksfähigkeit der Kinder soll besonders in einem Atelier gefördert werden; das Kind soll sich ein Bild von der Welt machen können.

„Ein Kind hat 100 Sprachen sich auszudrücken, aber die Erwachsenen nehmen ihm davon 99", schreibt Malaguzzi. Die ästhetische Erziehung darf sich daher nicht allein auf das bildnerische Gestalten beschränken, sondern hat auch Kunst, Sport, Musik, Tanz, Theater und Spiel einzubeziehen. *Prozess ist wichtig, nicht das Produkt*, deshalb wird in Reggio häufig in Projekten gearbeitet. Eine Beschäftigung dauert für ein Kind solange, wie es selbst dafür benötigt, um mit seinem Ergebnis zufrieden zu sein. Die Erzieherinnen verstärken die kindlichen Erfahrungen durch bildliche und schriftliche Dokumentation; auf diese Weise kann das Erlebte festgehalten und kommuniziert werden.

Schreiben als Medium in der Kommunikation

Die Förderung der Kommunikation und Ausdrucksfähigkeit ist ein wichtiges Ziel der Reggio-Pädagogik, nicht aber das Schreibenlernen, obwohl 60 Prozent der Kinder schreiben und lesen können, bevor sie den Kindergarten verlassen (vgl. Krieg 1993, S. 82). Der Wunsch nach Kommunikation wird gefördert, jedes Kind hat einen Briefkasten. Am Anfang tauschen die Kinder kleine Geschenke, wie Bonbons, kleine Federn oder schöne Steine über den Briefkasten aus, dann folgen Bilder und Kritzelbriefe mit Botschaften. Später taucht der Wunsch auf, sich schriftlich mitzuteilen. Zunächst schreiben die Kinder mit Hilfe eines Erwachsenen, dann durch Assistenz älterer Kinder, schließlich wollen sie selbst schreiben. Der Austausch von Liebesbriefen ist dabei eine wichtige Sache (vgl. Meißner, in: Krieg 1993, S. 82):

> „Liebe Luisa,
>
> ich habe mich zu sehr in Dich verliebt, weil Du mich manchmal wütend machst, weil Du mit den anderen spielst. Und ich will nicht, dass Du mit den anderen spielst und warum machst Du es also? Ich werde nie aufhören und nie müde werden und morgen werde ich Dich heiraten und ich werde Angst haben. Ich laufe Dir nach (...) mit dem schwarzen Mantel wie Zorro.
>
> Viele, viel Küsse".

Der Diktierende ist Marco, und geschrieben hat es Anna. Der Brief ist mit

Blümchen verziert.

Luisa antwortet darauf; ihr Brief ist mit Herzchen illustriert:

> „Lieber Marco,
>
> ich kann Dich leider nicht an dem Tag heiraten, an dem Du gesagt hast, weil ich noch zu klein bin. Nein!! Außerdem werde ich mich niemals verheiraten, denn es gefällt mir nicht. Ich spiele nicht mehr mit Dir, wenn Du mir weiter mit Deinen Küssen auf den Wecker gehst. Es sind einfach zu viele. Mir würden auch weniger langen. Eines Tages werde ich Dich zu mir nach Hause einladen. Antworte mir mit einer anderen Nachricht, ich werde Dir dann wieder etwas sagen.
>
> Ciao Luisa"

Die Rolle der Erzieherinnen

Malaguzzi fasst die Rolle der Erzieherinnen in dem Satz zusammen:

„Wir erziehen unsere Kinder nicht, wir assistieren ihnen." Erzieherinnen sollen Partner sein, die dem Kind Anerkennung, Vertrauen, Unterstützung und Solidarität entgegenbringen. Sie begleiten das Kind in die Welt, helfen bei der Entdeckung und Interpretation, stellen geeignete Raumbedingungen und Spielarrangements bereit und lassen den Kindern die individuelle Zeit für ihre Entwicklung (vgl. Caritasverband für die Erzdiözese Freiburg u. a. 1998, S. 8).

Kollegiale Leitung

Die Gesamtverantwortung für eine Einrichtung liegt bei einem Leitungsgremium, welches paritätisch von Eltern und Mitarbeitern (50:50) besetzt ist und für zwei Jahre gewählt wird.

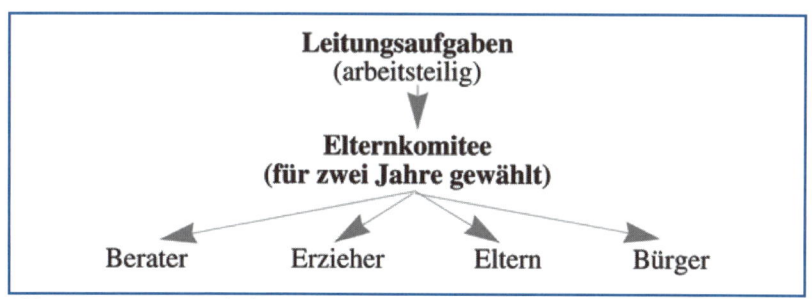

Leitungsaufgaben
(arbeitsteilig)
↓
Elternkomitee
(für zwei Jahre gewählt)
↙ ↙ ↘ ↘
Berater   Erzieher   Eltern   Bürger

Abb. 5: Leitung im Kinderhaus: Caritasverband für die Erzdiözese Freiburg u. a. 1998, S. 10

Neben den Gruppenerziehern sind mehrere Kunsterzieher und ein Puppenspieler direkt mit den Kindern oder beratend für die Fachkräfte tätig, sie sind ebenso wie die Hauswirtschaftskräfte in die wöchentlichen Teamsitzungen einbezogen.

Elternmitwirkung

Eltern und Familienmitglieder werden als Partner betrachtet, nicht nur informiert, sondern konkret einbezogen. Väter und Mütter organisieren konkret Aktionen, schaffen neue Erfahrungsfelder z. B. durch Besuchsmöglichkeiten an ihren Arbeitsstellen, oder sie organisieren kulturelle Veranstaltungen und Fahrten.

Lesetext

Die hundert Sprachen des Kindes

Die Hundert gibt es doch.
Das Kind besteht aus Hundert.
Hat hundert Sprachen hundert Hände
hundert Gedanken hundert Weisen
zu denken, zu spielen und zu sprechen.
Hundert –
immer hundert Arten
zu hören, zu staunen und zu lieben.
Hundert heitere Arten
zu singen, zu begreifen
hundert Welten zu entdecken
hundert Welten frei zu erfinden
hundert Welten zu träumen.
Das Kind hat hundert Sprachen
und hundert und hundert und hundert.
Neunundneunzig davon aber werden
ihm gestohlen
weil Schule und Kultur
ihm den Kopf vom Körper trennen.
Sie sagen ihm:
Ohne Hände zu denken
ohne Kopf zu schaffen
zuzuhören und nicht zu sprechen.
Ohne Heiterkeit zu verstehen,
zu lieben und zu staunen
nur an Ostern und Weihnachten.
Sie sagen ihm:
Die Welt zu entdecken

> Neunundneunzig von hundert
> werden ihm gestohlen.
> Sie sagen ihm:
> Spiel und Arbeit
> Wirklichkeit und Phantasie
> Wissenschaft und Imagination
> Himmel und Erde
> Vernunft und Traum
> seien Sachen, die nicht zusammen passen.
> Sie sagen ihm kurz und bündig,
> dass es keine Hundert gäbe.
> Das Kind aber sagt:
> Und ob es die Hundert gibt.
>
> *Loris Malaguzzi*

Impulse für die heutige Erziehungspraxis

Die Reggio-Kindertagesstätten üben eine Faszination aus, Besucher sind begeistert und schwärmen von ihren Eindrücken. Welche Impulse gehen nun von dieser italienischen Stadt für die pädagogische Praxis in Deutschland aus? Lässt sich das Konzept übertragen?

Reggio kann Anregungen geben, die bundesrepublikanische Kindergartenpraxis zu überdenken, besonders die Raumgestaltung und Raumausstattung. Förderung der Wahrnehmung, Selbstwahrnehmung, Kommunikation und Experimentiermöglichkeiten benötigen architektonische Voraussetzungen. In Reggio wird die Architektur als der dritte Erzieher bezeichnet. Wirkungen von Räumen und Architektur sollten stärker Ausbildungsinhalt an sozialpädagogischen Ausbildungsstätten sein; das Wissen darüber ist bei Erziehern sehr gering.

Die Piazza in der Mitte des Hauses fördert die Kommunikation. Sie ermöglicht den Austausch auch der Eltern über das pädagogische Interesse an den Kindern hinaus. Die Funktionsbereiche (Werkraum, Höhle, Küche u. a.) ermöglichen aber auch Rückzug, Ruhe und Konzentration. In einer Kultur, welche die Erfahrungsmöglichkeiten von Kinder immer stärker auf Erfahrungen aus zweiter Hand (etwa durch Fernsehen oder Video) beschränkt, zeigt Reggio, wie Kinder in einer anregenden Umgebung wieder selbst tätig werden, mit der Welt experimentieren und sie sich selbst aneignen können. Leicht bedienbare, aber nicht verstehbare Technik in Haushalt und Kinderzimmer, Spielzeug, das auf Knopfdruck reagiert, lassen das Kind leicht zum bloßen Konsumenten werden. Die Möglichkeiten, eine eigene Welt zu schaffen, in

Fantasiewelten zu leben, Dinge im Grunde und in ihrer Funktion zu erfahren, nehmen ab. Reggio-Einrichtungen bieten dagegen eine interessante, spannende Welt mit differenzierten Erfahrungsmöglichkeiten.

Besonders bedeutsam ist das enge Zusammenwirken von Kommunalpolitikern, Verwaltung, Eltern, Erziehern und interessierten Bürgern. Der Kindergarten ist ein bewusster Teil des Gemeinwesens, gemeinwesenorientiertes sozialpädagogisches Arbeiten ist in Deutschland nur in Ansätzen vorhanden. Reggio hebt die Trennung zwischen Fachlichkeit, Elternhaus und Kommunalverwaltung beziehungsweise Träger auf und betont die gemeinsame Verantwortung für das Leben und für die Erziehung der Kinder. Bemerkenswert ist die Leitungsstruktur (50:50) Fachkräfte und Eltern und die Ergänzung durch Spezialisten, wie Kunsterzieher und Puppenspieler. Eltern werden in Deutschland oft noch als notwendiges Übel empfunden; ihre Mitwirkung, ihre Eingriffe wecken häufig Ängste. Die Reggio-Pädagogik gibt wertvolle Impulse für eine Demokratisierung der Kindertageseinrichtungen.

Übungsfragen

1. Welche historischen und gesellschaftlichen Verhältnisse haben das Reggio-Konzept in ihren Anfängen geprägt? Welche politischen Ideen und Grundsätze bildeten nach 1945 die Grundlage?

2. Erläutern Sie den Unterschied zwischen „scuola dell' infanzia" und „scuola materna". Welches Bild vom Kind und welches Rollenverständnis der Erzieherin sind mit diesen Einrichtungen verbunden?

3. Welche Bedeutung haben die Architektur und das Raumprogramm in Reggio? Beschreiben Sie die typischen Grundelemente der Raumausstattung und ihre Wirkungen auf die Kommunikation. Welche besondere Bedeutung haben die Spiegel?

4. Welchen Stellenwert hat die ästhetische Erziehung und wie wird sie in Reggio gefördert? Welche Rolle spielen in diesem Zusammenhang Projekte?

5. Zeigen Sie die Leitungsstrukturen einer Kindertageseinrichtung in Reggio auf und vergleichen sie diese mit einer typischen Einrichtung in Deutschland. Welchen Stellenwert haben Partizipation und Kooperation?

6. Wie wird die Kommunikation in Reggio gefördert und welchen Stellenwert hat das Schreibenlernen?

Literatur 📖

Bezirksamt Schöneberg v. Berlin, Abt. Jugend und Sport (Hg.) (1988): Dokumentation der Ausstellung und Fachtagung Reggio. Kleinkinder-Erziehung in Reggio dell' Emilia. Wie Kinder wahrnehmen, denken und gestalten lernen, 2. Aufl., Berlin

Caritasverband für die Erzdiözese Freiburg (CV) u. a. (Hg) (1998): Faszination Reggio. Auf der Suche nach dem Bild vom Kind

Dreier, A. (2010): Was tut der Wind, wenn er nicht weht? 7. Aufl., Neuwied

dies. (1994): Reggio-Pädagogik. Analyse und Interpretation einer Konzeption vorschulischer Bildung, Berlin

Fachhochschule Frankfurt/M.(Hg.) (1987): Wenn das Auge über die Mauer springt. Dokumentation, Frankfurt/M.

Göhlich, H.D.M. (1990): Reggiopädagogik-Innovative Pädagogik heute: Zur Theorie und Praxis der kommunalen Kindertagesstätten in Reggio Emilia, 3. Aufl., Frankfurt/ M.

Hermann, G. u. a. (1995): Das Auge schläft, bis es der Geist mit einer Frage weckt. Krippen und Kindergärten in Reggio Emilia, 6. Aufl., Berlin

Krieg, E. (Hg.) (1997): Hundert Welten entdecken. Die Pädagogik der Kindertagesstätten in Reggio Emilia, 2. Aufl., Essen

Lingenauber, S. (2009): Einführung in die Reggiopädagogik. Kinder, Erzieherinnen und Eltern als konstitutives Sozialaggregat, 5. Aufl., Bochum

Senatsverwaltung für Jugend und Familie (Hg.) (1992): Hundert Sprachen hat das Kind: Wie Kinder wahrnehmen, denken und gestalten lernen. Dokumentation der Veranstaltungen zur Ausstellung aus Krippen und Kindergärten in Reggio Emilia/Italien 1991, Berlin/Weinheim

Wüst, R. (1998): Impulse aus Italien. Kleinpädagogik in Reggio Emilia und was wir davon lernen können. In: Kiga heute, 46–49

klein & groß, Heft 11/12, 1995 (Sonderheft zur Reggio-Pädagogik)

Medien 🎬

Wenn das Auge über die Mauer springt (Reggiopädagogik), 1988, 15 Min., VHS-Kassette, Landesbildstellen

Schauen, Begreifen, Gestalten (Pädagogische Konzeption und alltägliche Praxis in den kommunalen Krippen und Kindergärten in Reggio Emilia), 1989, Kassettentonbildreihe, 60 Min., Landesmedienstelle Stuttgart

Kleinkindererziehung in Reggio dell' Emilia, Franziska Grosser-Stoeppler,

VHS-Kassette, Hamburg 1988

Vier Wände und noch mehr. . . Räume in Kommunalen Krippen und Kindergärten in Reggio Emilia, Gisela Hermann, 75 Dias/Kassette, 55 Min., Landesbildstellen

Schauen-Begreifen-Gestalten. Pädagogische Arbeit in Kommunalen Krippen und Kindergärten in Reggio-Emilia, Gisela Hermann, 79 Dias/Kassette, 60 Min., Landesbildstellen

„Ich bin ganz verliebt in meine Spinne . . . wie in dich, Mathias" Reggiopädagogik in der Kindertagesstätte Niki de St. Phalle Münster, VHS 16. Min, Hildegardisheim Münster

Webliografie

www.dialogreggio.de

de.wikipedia.org/wiki/reggio_pädagogik

de.wikipedia.org/wiki/loris_malaguzzi

5 Christliche Erziehung und Anthroposophie

Die Industrialisierung im Europa des 18. und 19. Jahrhunderts brachte einen radikalen Wandel der bisher überwiegend bäuerlichen und ständischen Gesellschaftsstruktur. Zu Tausenden verließen die Menschen die ländlichen Gebiete und zogen in die Städte, um dort Arbeit in den neu entstehenden Fabriken zu suchen. Mit dem Anwachsen eines materiell wie rechtlich ungesicherten Proletariats vollzogen sich tiefgreifende wirtschaftliche, politische, soziale, sittliche und religiöse Veränderungen. „Die Bindungen an Familie, Heimat, Kirche und Staat beginnen sich zu lockern und im Gefolge davon gehen bestehende Ordnungen und Sinngehalte immer mehr verloren. Zu der wirtschaftlichen und sozialen Not der Arbeitslosen, Arbeitsunfähigen, Kranken und Invaliden gesellen sich die Wohnungsnot, die Trunksucht, der Müßiggang, der leibliche und seelische Verfall, besonders die äußere und innere Verwahrlosung der Jugend. Die staatlichen Stellen zeigen sich zunächst hilflos, es fehlen auch noch der Zusammenschluß der Arbeiterschaft und die Fürsorge der caritativen Verbände" (Russ. 1968, S. 124ff.).

Diesen Umbruch und diese gesellschaftliche Krise nahmen einige Männer und Frauen besonders sensibel wahr, die aus christlicher Verantwortung heraus sich der in Not geratenen Menschen annahmen und versuchten, ihre „Not zu wenden". Vor allem katholische Priester, evangelische Pastoren und Ordensleute wollten Abhilfe schaffen, erkannten aber auch die gesellschaftlichen Ursachen der Not und waren bereit, sich politisch für die arbeitende Bevölkerung einzusetzen.

Auf der katholischen Seite sind hier besonders zu nennen Bischof Wilhelm Emanuel von Ketteler (1811–1877) in Mainz, der sich in der Waisenfürsorge, Sträflingshilfe und für den Schutz der Arbeiter engagierte; Don Giovanni Bosco (1815–1888) in Italien, der sich um heimat- und arbeitslose Jugendliche in den Industriegebieten Norditaliens kümmerte; ferner Adolf Kolping (1813–1865), der sich vor allem der wandernden Handwerksgesellen und ihrer sittlichen Not durch die Gründung von Gesellenvereinen und Wohnmöglichkeiten in den Kolpinghäusern annahm.

In der Evangelischen Kirche wirkte Friedrich von Bodelschwingh (1831–1910) in der Sorge für Menschen mit geistiger Behinderung, für Kranke, Nichtsesshafte und Alkoholkranke. Ebenfalls große Bedeutung erlangte Johann

Hinrich Wichern (1808–1881), der sich um heimatlose, verwahrloste Kinder und Jugendliche kümmerte, ihnen Heimat und Ausbildung im Rauhen Haus in Hamburg bot.

Das 19. Jahrhundert wurde zu einem Gründungsjahrhundert der sozialen Einrichtungen und caritativen Verbände. Guggenmoos gründet in Hallstein bei Salzburg und in Abendberg bei Interlaken „Anstalten für Schwachsinnige"; Pfarrer Haldenwang in Gammertingen (heute Mariaberg) baut eine „Rettungsanstalt für Schwachsinnige" auf; Pfarrer Probst eröffnet die Anstalt Ecksberg in Bayern; die Stiftung Liebenau am Bodensee wurde von Kaplan Aich errichtet; auch die Anstalt Ursberg in Bayern, das Vincenzstift im hessischen Aulhausen sowie das Heim Schönbrunn in Bayern wurden von Pfarrern gegründet. Zu Beginn des 20. Jahrhunderts existierten in Deutschland allein 93 Anstalten mit über 9.000 Plätzen. Das Gebot der Nächstenliebe, die „Verpflichtung dem Armen als ein Bruder wie Christus" zu begegnen, waren Motive dieser Gründungswelle. In Amerika holte Father Edward Flanagan (1886–1948) Jugendliche von den Straßen und aus den Gefängnissen und gab ihnen in seinem „Boys-Town" Ausbildung, Heimat und Lebenssinn und förderte so ihre gesellschaftliche Integration. Boys-Town wurde nach demokratischen Prinzipien organisiert, der erste Bürgermeister des jungen Gemeinwesens war ein Jugendlicher.

Don Giovanni Bosco, Father Flanagan und Johann Hinrich Wichern sind für dieses Kapitel ausgewählt worden, da ihre Leitideen und Werke in Italien, Amerika und in Deutschland bis in die heutige Zeit überlebt haben und ihre Pädagogik bis heute noch aktuell ist.

Rudolf Steiner steht für eine neue Strömung des 20. Jahrhunderts, in die religiöse Lehren aus Indien, christliche Elemente und Teile von Mysterienreligionen eingeflossen sind. Die sogenannte „Anthroposophie", die von ihr gegründete Religionsgemeinschaft „Freie Christengemeinde" und die mit ihr verbundene „Waldorfpädagogik" üben heute große Faszination auf viele Menschen aus. Mittelschichtorientierte Eltern erhoffen sich eine stress- und notenfreie Schule für ihre Kinder; biologisch dynamisch angebaute Lebensmittel gehören vielfach zum guten Ton; Studierende fragen regelmäßig nach der Anthroposophie und ihren geheimnisvollen Erziehungsmethoden mit den stark ästhetisch-kreativen Zügen.

5.1 Don Giovanni Melchiorre Bosco (1815–1888)
Christliche Erziehung im Oratorium

Biografie

Don Giovanni Bosco wurde am 16. August 1815 im Weiler Becchi bei Turin als Sohn armer Bauern geboren. Sein Vater, Francesco Luigi Bosco starb, als Giovanni zwei Jahre alt war. Seine Mutter Margherita Occiena Bosco musste drei Kinder allein großziehen. Sie hatte starken Einfluss auf Giovanni und unterstützte ihn später in seinen Einrichtungen. Erst im Alter von neun Jahren konnte er eine Schule besuchen, musste als Knecht auf einem Bauernhof arbeiten und wurde während seiner Gymnasialzeit als Kellner tätig, um seine Miete bezahlen zu können. Bei einem Schreiner lernte er nebenbei Grundzüge des Tischlerhandwerks, in einem Gasthof kochen, was für seine spätere Tätigkeit als Erzieher von großer Bedeutung war. In Chieri sammelte er Jugendliche um sich, gründete einen „Klub der Fröhlichen", der sich außerhalb des Städtchens oder im Innenhof eines Cafés traf. Man betete gemeinsam, las religiöse Lektüre, diskutierte, unternahm Wallfahrten und engagierte sich sozial (vgl. Mittermeier/Lutz 1961, S. 34). Nach seiner Priesterweihe 1841 besuchte er arme Familien in ihren Elendswohnungen, ging in Gefängnisse, Krankenhäuser und Spitäler und erkannte bald, dass für die Jugendlichen präventiv etwas getan werde müsse, um sie vor „Verfehlungen, Gefängnis, Sünde und Untergang zu bewahren" (vgl. ebd., S. 47).

Don Bosco lebte und wirkte in einer Zeit, als Italien noch in zahlreiche Staaten geteilt war und eine gesellschaftliche und industrielle Revolution das Land erfassten. Die Ideen von Freiheit, Gleichheit und Brüderlichkeit beeindruckten ihn sehr, aber die politische Revolution allein reichte ihm nicht, er wollte die konkrete Not der Menschen, vor allem der Jugend, wenden. Die gesellschaftlichen und wirtschaftlichen Umwälzungen seiner Zeit führten zu Landflucht und Entwicklung eines verarmten Proletariats. In den großen italienischen Städten lebten viele Kinder und Jugendliche, die nicht in ihren Familien aufwuchsen, sondern umherzogen, Arbeit suchten und vielfach kriminell wurden. Die Ausbildungsmöglichkeiten waren gering, die Kriminalität hoch. Die jungen Menschen waren im Teufelskreis von Armut, Diebstahl, Gefängnis und Arbeitslosigkeit gefangen. Es wuchs eine Generation ohne Zukunftschancen heran; der italienische Staat zeigte nur geringe sozialpolitische Reaktionen.

Don Bosco holte die ersten Jugendlichen in Turin von den Brunnen der Stadt, die als Versammlungsplatz dienten und bot ihnen Gelegenheit zu Spiel, Sport, religiöser Unterweisung und Unterkunft. Der Lärm der jungen Leute führte bald zur Kündigung der Räumlichkeiten, mehrfach musste er umziehen und die Polizei versuchte jegliche Ansammlung auf Plätzen und unter Arkaden zu verbieten. Die Widerstände gegen seine Arbeit kam von mehreren Seiten:

> „Die adelige Dame, von der Don Bosco im ‚Refugio' ein Monatsgehalt bekam, sah die Arbeit ihres geistlichen Heimleiters mit den Gassenjungen ungern. Die Stadtbehörden waren gegen Don Bosco, weil er die ‚Zusammenrottung jugendlicher Banden' begünstigte. Der größte Teil des Klerus begann sich von Don Bosco zu distanzieren, weil er den geistlichen Stand in ‚Verruf brachte'. Einige dieser Herren versuchten ihn ins Irrenhaus abzuschieben" (ebd., S. 63).

Der Stadtpräsident zitierte ihn mehrfach ins Rathaus und forderte die Auflösung des Oratoriums, doch Don Bosco kämpfte für seine Idee weiter. Er richtete für die jungen Menschen weitere Freizeitzentren (Oratorien) ein, bot Abend- und Sonntagsschulen an, baute Handwerkerschulen und Werkstätten auf und richtete Heime und Internate für wohnungslose junge Menschen ein. Seine Arbeit fand bei seinem Bischof Anerkennung, doch der Widerstand anderer Gruppen ging soweit, dass mehrere Mordanschläge auf ihn verübt wurden. Um die Betreuung der Jugendlichen langfristig zu sichern, gründete er 1857 die Kongregation der Salesianer, einen Orden für katholische Priester, die sich der Erziehung, Bildung und beruflichen Ausbildung junger Menschen widmen. Don Giovanni Bosco gilt als einer der bedeutendsten Vertreter einer christlichen Pädagogik. Seine Erziehungsideen und seine Erziehungspraxis waren in seiner Zeit richtungsweisend. Zu seinen Lebzeiten gründete er 62 Niederlassungen, heute tragen etwa 1.100 Einrichtungen seinen Namen. Am 31. Januar 1888 starb Don Bosco im Alter von 73 Jahren.

Zeittafel

1815	Giovanni Melchiorre Bosco wird als Sohn armer Bauern geboren. Der Vater Francesco stirbt, als Giovanni zwei Jahre alt ist; die Mutter muss drei Kinder allein erziehen
1824–1825	Erster privater Unterricht bei Don Lacqua in Capriglio
1827–1829	Arbeit als Knecht auf einem Bauernhof bei Moncucco
1829–1830	Erster Lateinunterricht bei Don Giovanni Melchiorre Calossa
1830	Besuch der öffentlichen Schule; anschließend Studierender am Städtischen Kolleg in Chieri
1835	Eintritt ins Priesterseminar in Chieri
1841	Priesterweihe
1844	Einsetzung als geistlicher Leiter des Kinderheimes St. Philomena, eines Heims für etwa 400 kranke und körperbehinderte Mädchen
1846–1856	Aufbau der Oratorien. Don Bosco widmet sich ganz den verarmten und vernachlässigten Jugendlichen; Beginn der Sonntags- und Abendschulen; Errichtung von Werkstätten (Schusterei, Schneiderei, Buchbinderei, Druckerei)
1859	Gründung der Ordensgemeinschaft „Societas Salesiana", der Gesellschaft des hl. Franz von Sales
1875	Ausbreitung des Salesianer-Ordens in Europa (Frankreich, Spanien, England, Deutschland) und in Südamerika.
1888	Am 31. Januar stirbt Don Bosco und wird in der Maria-Hilf-Basilika in Turin beigesetzt
1929	Seligsprechung
1934	Heiligsprechung durch Papst Pius XI

(Die Zeittafel ist orientiert an Schepens, 2000 u. Weinschenk 1987)

Pädagogische Leitideen und Konzept

Don Bosco war kein Erziehungswissenschaftler, der seine Theorien und Ansichten in schlüssigen wissenschaftlichen Sätzen formuliert hat, sondern ein begeisterter Praktiker, der leidenschaftlich engagiert der Not vor allem junger Menschen abhelfen wollte. Sein pädagogisches Konzept war eng mit seiner Lebenspraxis verbunden. Erst nach und nach, im Nachvollzug seiner beherzten Tat, legte er seine Erfahrungen schriftlich nieder, oftmals als praktische Anweisung für seine Mitarbeiter.

Als drei „Grundpfeiler" seiner Pädagogik benennt Don Bosco Religion, Vernunft und Liebe.

Religion

Seine Erziehungsvorstellungen waren orientiert am christlichen Menschenbild, sein Erziehungsziel war ein einfaches Leben, das auf Gott hin ausgerichtet ist. Der junge Mensch sollte durch liturgisch-sakramentales Leben (Beichte und heilige Kommunion) und durch sittliches Handeln das persönliche Seelenheil anstreben. Dabei ging es ihm nicht um außergewöhnliche Dinge oder die Verabsolutierung religiöser Pflichten, sondern um das sittlich-moralische Handeln im Alltag. Religion war für Don Bosco der Weg, ein verantwortliches und gelungenes Leben zu führen. Als ein interessierter Lehrer ihn nach dem Grund für das positive Verhalten der jungen Menschen und die freundliche Atmosphäre in seinen Oratorien fragte, antwortete er:

„Religion und Vernunft sind die beiden Antriebskräfte meines ganzen Erziehungssystems. Der Erzieher muss nur überzeugt sein, dass alle oder fast alle dieser Jungen ein natürliches Verständnis haben, um das Gute zu erkennen, dass man ihnen tut. Zugleich haben sie ein empfindsames und zur Dankbarkeit geneigtes Gemüt. Der Hauptteil der Erziehungsarbeit ist für mich dann geleistet, wenn diese Jungen mit Gottes Hilfe von den wichtigsten Geheimnissen unserer heiligen Religion durchdrungen sind, so dass sie dann alle empfangene Liebe an die unendliche Liebe Gottes erinnert; wenn in ihrem Herzen die Saiten der Dankbarkeit, die sie als Gegenleistung für so reiche Wohltaten schulden, zum Erklingen bringen; wenn sie sich endlich aus vernünftigen Überlegungen heraus überzeugt haben, dass sich die echte Dankbarkeit gegen Gott darin zeigen muss, indem sie bereit sind, seinen Willen zu erfüllen und seine Gebote zu achten. Dazu gehört die besondere Beachtung der gegenseitigen Pflichten. Die Religion übernimmt in diesem System die Aufgabe des Zügels im Maul eines feurigen Pferdes, der es beherrscht und meistert. Die Vernunft übernimmt die Aufgabe des Zaumes, der auf das Gebiß drückt und die beabsichtigte Wirkung hervorruft. Echte, aufrichtige Religion, die die Handlungen der Jugend bestimmt, und die Vernunft, die die religiösen Grundsätze in rechter Weise auf alle Handlungen anwendet, das ist in zwei Worten zusammengefasst das von mir angewandte System, dessen großes Geheimnis Sie zu kennen wünschen" (Don Bosco, zit. nach Weinschenk 1980, S. 43f.).

Vernunft

Vernunft war für Don Bosco die Haltung, das als richtig und gut Erkannte zu tun, und somit Ausdruck einer christlichen Lebenspraxis. Dazu gehörte auch die Sorge für die eigene Berufsausbildung und ein verantwortliches Leben als Staatsbürger.

5.1 Don Giovanni Melchiorre Bosco (1815–1888)

Liebe

Liebe bedeutete für ihn einen „verstehenden liebevollen Umgangsstil" zu praktizieren, für eine vertrauensvolle pädagogische Atmosphäre zu sorgen. Don Bosco bezeichnete die Liebe (carita, amore) beziehungsweise die Liebenswürdigkeit oder das Wohlwollen (amore volezza) als Fundamente seiner Pädagogik (ebd. 1980, S. 119). Diese Vorstellung wurzelte im „Hohen Lied der Liebe" des Apostels Paulus: „Die Liebe ist gütig und geduldig; sie duldet alles, hofft aber auch alles und erträgt jedes Ungemach."

Familiarität

Ein Schlüsselbegriff in Don Boscos Vorstellung der pädagogischen Atmosphäre ist die „Familiarität". Darunter verstand er keine traditionelle Familie mit Vater, Mutter und Kinder, sondern das Erleben des Aufgehobenseins. Das Oratorium war für ihn „ein Haus, in dem man sich wie in einer Familie wohlfühlen kann". Trotz karger Ausstattung, mangelndem Brennmaterial im Winter und einfach zubereitetem Essen sollten die Jugendlichen spüren, dass sie angenommen wurden, sollten sie sich zu Hause fühlen können.

Freude

Neben dem Lerneifer (studio) und der Frömmigkeit (pieta) gehörte die Freude (allegria) unverzichtbar zu Don Boscos pädagogischem Konzept. In seinen Schriften forderte er seine Mitarbeiter auf, Freude und Fröhlichkeit zu fördern:

> „Ich bitte Dich, dafür zu sorgen, dass Deine Jungen fröhlich sind. (. . .) Weise sie darauf hin, dass ich alle gesund, kräftig und fröhlich wünsche. (. . .) Mache unseren lieben und geliebten Jugendlichen einen schönen Abend. (. . .) Man gewähre große Freiheit, nach Herzenslust zu springen, laufen und zu lärmen" (Don Bosco zit. nach Weinschenk 1980, S. 150).

In einer Denkschrift bat er die Behörden, ihm für die sonntäglichen Vergnügungen der Jungen mit Musik, körperlichen Übungen, musikalischen Darbietungen und Theatervorstellungen Parkanlagen und die notwendigen Gerätschaften zur Verfügung zu stellen (vgl. ebd., S. 151).

Das Erziehungskonzept

Don Bosco kennzeichnet sein Erziehungskonzept als „Präventivsystem" im Gegensatz zum „Repressivsystem":

Repressivsystem	Präventivsystem
Erziehung durch Gewalt Unterdrückung, Strafe	Erziehung durch Milde freundlichen Zuspruch, Liebe, Vernunft, Religion

Das Repressivsystem ist für ihn das alte Erziehungssystem mit strengen Gesetzen, Überwachung, Misstrauen, Strafen und unnahbaren Vorgesetzten. Das Präventivsystem besteht dagegen aus klaren erkennbaren Richtlinien, Liebe und Freundlichkeit und gütiger Führung. Den Jugendlichen soll es unmöglich gemacht werden, Fehltritte und Verbrechen zu begehen. Sie sollen lernen, sich freiwillig an die Regeln zu halten, weil sie das Richtige einsehen, Vorteile für sich erkennen und die Zuwendung und Freundlichkeit ihrer Erzieher schätzen. Das System soll sich ganz auf Vernunft, Religion und Liebenswürdigkeit stützen. Deshalb schließt es jede gewaltsame Züchtigung aus und sucht auch leichtere Strafen fernzuhalten (vgl. Weinschenk 1980, S. 45f. und Lesetext).

„Es muss unbedingt vermieden werden, die Jugendlichen in irgendeiner Form zu schlagen, sie in schmerzender Stellung knien zu lassen, sie an den Ohren zu ziehen oder ähnliche Strafen zu geben, denn diese Strafen sind gesetzlich verboten. Sie reizen die Jugendlichen über die Maßen und erniedrigen den Erzieher" (ebd., S. 142).

Erziehungseinrichtungen

Das Oratorium: Die Not der Jugend war Ausgangspunkt für die vielfältigen Aktivitäten Don Boscos. Er begann seine Arbeit als praktischer Seelsorger, der an die Brunnen der Stadt ging, Kontakt zu den Jugendlichen suchte und sie in seine Oratorien einlud. Wir würden heute „aufsuchende Sozialarbeit" oder „Street-work" sagen. Das erste Oratorium wurde 1846 eingerichtet und hatte die Funktion einer Jugendfreizeitstätte, ein Treffpunkt für Jugendliche zum Zeitvertreib (Sport, Spiel, Unterhaltung), aber auch mit einem Angebot an religiöser Bildung und seelsorgerischer Beratung.

Das Oratorium sollte Familienersatz bieten, ein Ort sein, an dem sich ein junger Mensch zugehörig, sicher und zu Hause fühlen sollte. Die vielfältigen Aufgaben und Rollen wurden in einem Organigramm geordnet (siehe Abb.). Entscheidende Autorität war der geistliche Direktor, der vom Präfekten (Geschäftsführer) und dem Spiritual (pastoraler Ansprechpartner) unterstützt wurde. Für die religiösen Bereiche gab es verschiedene Ämter, z. B. die des Katecheten, Sakristan, Ordners, Vorbeters oder des Sängers. Im Freizeitbereich wirkten Spielordner (Animateure), Schutzherren (Ansprechpartner für Probleme am Arbeitsplatz und Arbeitsvermittler) und Friedensstifter (Ordner).

Abend- und Sonntagsschulen: Abend- und Sonntagsschulen ergänzten ab 1848 die Arbeit der Oratorien. Turin hatte zur dieser Zeit eine Analphabetenquote von ca. 40 Prozent, unter den Jugendlichen lag sie oftmals noch höher. Die Abendschulen sollten die Berufschancen der jungen Menschen verbessern, sie aber auch von jugendgefährdenden Orten fernhalten.

5.1 Don Giovanni Melchiorre Bosco (1815–1888)

Abb. 6: Struktur und Aufgaben des Oratoriums aus: Weinschenk 1980, S. 201

Handwerkerschulen und Werkstätten: Ab 1853 richtete Don Bosco Ausbildungsstätten für Schneider, Schriftsetzer und Schuhmacher ein, schuf Handwerkerschulen, da öffentliche Berufsschulen fehlten. Er suchte selbstständige Handwerksmeister, die faire Ausbildungsbedingungen boten, und vereinbarte mit ihnen schriftliche Ausbildungsverträge, was in der damaligen Zeit ungewöhnlich war.

Heime und Internate: Der Ausbau der Schulen und Werkstätten ließ auch die Zahl der jungen Menschen ansteigen, die einen Wohnplatz benötigten. Der Bedarf nahm rasch zu, so dass bald weitere Gebäude gepachtet werden mussten. Dieser Einstieg in die „Heimerziehung" brachte bessere Erziehungserfolge, als es die lockere Betreuung in einem Oratorium ermöglicht hatte.

Lesetext

Allgemeine Grundsätze der Erziehung

1. Alle, die bei den Jugendlichen, die uns von der göttlichen Vorsehung anvertraut sind, irgendwie beschäftigt sind oder sie betreuen, sind beauftragt, jeden Jungen des Hauses aufmerksam zu machen und ihm gute Ratschläge zu geben, sooft ein Grund dafür vorliegt; dieses gilt besonders, wenn es sich darum handelt, Beleidigungen Gottes zu verhindern.

2. Jeder versuche sich beliebt zu machen, wenn er geachtet sein will. Dieses große Ziel erreicht er, wenn er durch Worte und noch mehr durch Taten zu erkennen gibt, dass seine Sorge ausschließlich auf das geistige und leibliche Wohl der Jugendlichen gerichtet ist.

3. Bei der Assistenz gilt: Wenig Worte, viele Taten! Man gebe den Jugendlichen Gelegenheit, frei ihre Gedanken zu äußern, achte aber darauf, ihre Ausdrücke, Reden und Handlungen zu berichtigen und auch zu verbessern, wenn sie der christlichen Erziehung nicht entsprechen.

4. Die Jugendlichen offenbaren gewöhnlich entweder eine gute, durchschnittliche, schwierige oder schlechte Charakterlage. Unsere erste Pflicht ist es nun, wirksame Mittel zu suchen, diese verschiedenen Charaktere in Einklang zu bringen, um allen Gutes zu tun, ohne dass sie einen anderen schaden.

5. Bei denen, die von Natur aus eine gute Charakteranlage haben, genügt die allgemeine Überwachung; man erklärt ihnen die disziplinären Bestimmungen und legt ihnen ihre Befolgung ans Herz.

6. Die meisten sind Durchschnittscharaktere, ziemlich unbeständig und zur Gleichgültigkeit geneigt. Diese brauchen kurze, aber häufige Aufmunterungen, Belehrungen und Ratschläge. Man muss sie auch durch kleine Belohnungen zur Arbeit ermutigen und ihnen großes Vertrauen bekunden, ohne die Aufsicht zu vernachlässigen.

7. Die Hauptsorge muss in besonderer Weise der dritten Gruppe zugewendet werden, die die schwierigen Schüler und auch die Taugenichtse umfasst. Auf fünfzehn kommt einer dieser Art. Jeder Vorgesetzte bemühe sich, sie kennen zu lernen; er erkundige sich über ihre vergangene Lebensweise, zeige sich als ihr Freund und lasse sie viel reden, aber er selbst rede wenig. Seine Gespräche seien kurze Beispiele, Leitsätze, Geschichten und dergleichen. Man lasse sie aber nicht aus den Augen, jedoch ohne durchblicken zu lassen, dass man ihnen nicht traut.

5.1 Don Giovanni Melchiorre Bosco (1815–1888)

> **8.** Nach ihnen sollen die Lehrer und Assistenten sofort sehen, wenn sie unter ihren Jugendlichen erscheinen. Merken sie, dass einer fehlt, so lassen sie ihn gleich suchen, unter dem Vorwand, ihm etwas sagen oder empfehlen zu müssen.
>
> **9.** Falls man einen von diesen tadeln muss, auf etwas aufmerksam machen oder zurechtweisen muss, tue man es nie in Gegenwart seiner Kameraden. Wohl aber kann man Handlungen und Begebenheiten anderer zu einem Lob oder Tadel benützen, was dann auch diejenigen betrifft, von denen wir reden.
>
> **10.** Das sind die einleitenden Artikel unserer Satzungen. Unentbehrlich ist aber für alle: Geduld, Hingabe und viel Gebet. Ohne sie wäre jede Satzung nutzlos" (Don Bosco, zit. nach: Weinschenk 1980, S. 114f.).

Präventiv- und Repressivsystem

„Worin besteht das Präventivsystem und warum ist es vorzuziehen? Zu allen Zeiten wurden in der Erziehung der Jugend zwei Systeme angewandt: das präventive und das repressive. Das Repressivsystem besteht darin, dass man das Gesetz den Untergebenen bekanntmacht und dann seine Befolgung überwacht, um die Übertreter festzustellen und ihnen nötigenfalls die verdiente Strafe zu geben. Bei diesem System müssen Worte und Haltungen des Vorgesetzten immer streng, fast drohend sein; er muss jede Familiarität vermeiden. Um seine Autorität zu steigern, darf sich der Direktor nur selten bei seinen Schutzbefohlenen zeigen, und meist nur dann, wenn es sich um Strafe und Drohung handelt. Dieses System ist leicht, weniger ermüdend und besonders nützlich bei Militär und überhaupt erwachsenen und gesetzten Leuten gegenüber, die von sich aus befähigt sein müssen, zu wissen und im Gedächtnis zu behalten, was den Gesetzen und anderen Vorschriften entspricht.

Verschieden, und ich möchte sagen, entgegengesetzt, ist das Präventivsystem. Es besteht darin, dass man die Vorschriften des Instituts bekanntmacht und dann die Jugendlichen derart überwacht, dass das achtsame Auge des Direktors oder der Assistenten immer auf ihnen ruht. Wie gütige Väter sollen sie mit ihnen sprechen, bei jedem Anlass als Führer dienen, gute Ratschläge erteilen und sie liebevoll zurechtweisen. Mit einem Wort: die Jugendlichen in die Unmöglichkeit versetzen, Fehltritte zu begehen.

Dieses System stützt sich ganz auf Vernunft, Religion und Liebenswürdigkeit. Deshalb schließt es jede gewaltsame Züchtigung aus und sucht auch leichtere Strafen fernzuhalten" (ebd. 1980, S. 45f.).

Impulse für die heutige Erziehungspraxis

Die pädagogischen Leitideen Don Boscos sind heute in vielen Bereichen der Sozialpädagogik lebendig und werden in zahlreichen Einrichtungen der Jugendhilfe sowie in Berufsbildungswerken für Jugendliche in Deutschland, aber auch international umgesetzt. Seit der Gründung des Salesianerordens wurde eine große Zahl katholischer Priester ausgebildet, die sich ausschließlich der Jugenderziehung, Berufsausbildung und Förderung junger Menschen widmen, die sich in schwierigen Lebenssituationen befinden. Don Bosco reagierte in einer Zeit der industriellen Revolution und Verelendung der Jugend „notwendend", d. h. er reagierte auf konkrete Not durch Hilfen bei der Sinnfrage (Religion), Berufsausbildung, soziale und freizeitpädagogische Hilfen (Oratorium, Wohnheime). Das Konzept kann auch heute noch Anregungen für die Lösung von Jugendproblemen bieten. Das Interesse für die Person Don Boscos erwächst heute aus seiner Entschiedenheit und seinem Mut, unkonventionelle Weg zu beschreiten. Er handelte, statt zu lamentieren und zu diskutieren. Männer und Frauen mit solcher Tatkraft faszinieren auch heute und weisen einen Weg aus der schulterzuckenden Ratlosigkeit. – „Es gibt nichts Gutes, außer man tut es." Kern seiner Pädagogik ist die verläßliche und von Verantwortung geprägte pädagogische Beziehung, die auch heute unbestritten hohe Bedeutung für das Gelingen von Erziehung hat. Theoretische Probleme zeigen sich allerdings, versucht man sein religiös zentriertes Erziehungskonzept zu methodisieren und in Ausbildung und Praxis weiterzugeben, da seine charismatische Ausstrahlung und seine Person nicht kopiert werden können. Kritik wird vielfach an seiner „totalen Pädagogik" geübt. In seinem Konzept der „hohen Präsenz" sollen die Erzieher „ununterbrochen präsent" (assistenza) sein, was als ständige Überwachung und Einschränkung der Person verstanden werden kann (vgl. ebd. 1980, S. 152). Don Bosco sah allerdings diese „Assistenz" als ein „Dabeisein" und „Dasein", als eine ständige Verfügbarkeit des Erziehers, als Zuwendung und vorsorgende Aufsicht, als partnerschaftliches Miteinander und Hilfe zur Selbsthilfe (vgl. ebd. 1980, S. 152).

Da Ziele noch keine Realität garantieren, hängt alles an der Person des Erziehers, der diese Gratwanderung zwischen Freiheit und Kontrolle leben muss.

Die Salesianer Don Boscos (SDB) sind heute anerkannte Träger der Jugendhilfe. Sie engagieren sich in der Jugendarbeit (Offene Türen, Spielplätze, pfarrliche und verbandliche Jugendgruppen, Jugendbildungsstätten, internationale Jugendarbeit, Jugenderholung, Kultur- und Umweltpädagogik) und in der Jugendsozialarbeit (Jugendberufshilfe, pädagogisch begleitetes Wohnen, Hilfen zur Integration für Aussiedler und Migranten, Krisenberatung, aufsuchende Jugendsozialarbeit, Schulsozialarbeit und internationale

Jugendsozialarbeit). Sie engagieren sich auch in der schulischen Ausbildung junger Menschen (Internate, Schülerheime, Tagesheime und Schulen) und bieten Tageseinrichtungen, heilpädagogische Tagesgruppen und Horte an. Hilfen zur Erziehung für Kinder in erschwerten Lebensbedingungen (z. B. unvollständige Familien, Scheidung, Drogenprobleme), pädagogische und therapeutische Fachdienste und Rehabilitationshilfen für behinderte junge Menschen ergänzen das Angebot (vgl. Salesianer Don Boscos 1996, S. 12f.). Die Salesianer führen eine Philosophisch-Theologische Hochschule, eine Stiftungsfachhochschule für Sozialwesen, ein Jugendpastoralinstitut sowie ein Zentrum für Umwelt und Kultur in Benediktbeuern in Bayern. Studenten können dort in einem Studium gleichzeitig eine sozialpädagogische, wie auch eine theologisch/religionspädagogische Qualifikation erwerben.

Übungsfragen

1. In welcher gesellschaftlichen Situation lebte Don Bosco? Welche politischen und sozialen Bedingungen veranlassten ihn, sozialpädagogisch aktiv zu werden?

2. Welche Bereiche bezeichnete Don Bosco als Grundpfeiler seiner Erziehung? Welches Menschenbild spiegelt sich in dieser Auffassung wieder?

3. Welche primären Erziehungsziele forderte er für die Jugend seiner Epoche?

4. Don Bosco kennzeichnet sein Konzept als „Präventivsystem". Welche pädagogische Grundhaltung ist damit verbunden und welche Kritik wird an dieser „Pädagogik der Vorsorge" geübt?

5. Welche Anforderungen stellt er an einen Erzieher? Diskutieren Sie Probleme der totalen Präsenz, gesetzlicher Arbeitszeitregelungen, Kontrolle und Distanzfragen.

6. Welche Merkmale zeigt die pädagogische Atmosphäre der „Familiarität"?

7. Welche Institutionen gründete Don Bosco? Welche Leitziele spiegeln sich in diesen Institutionen wieder?

8. Welche sozialpädagogischen Hilfen und welche Bildungsangebote realisieren die Salesianer als Erziehungsorden heute? Welche Schwerpunkte erkennen Sie?

9. „Vertrauen – niemals strafen", forderte Don Bosco. Diskutieren Sie die Möglichkeiten und Grenzen dieser Haltung in der Erziehung von Kindern und Jugendlichen, die in schwierigen Lebensbedingungen und Einrichtungen der Jugendhilfe leben.

10. Don Bosco forderte „Freude" und „Fröhlichkeit" als Element des Umgangs und des Zusammenlebens. Begründen Sie, ob und wie diese Forderung im Alltag realisiert werden kann. Diskutieren Sie dabei das Echtheitsproblem im Erzieherverhalten.

11. Beschreiben Sie die Grundstruktur des Oratoriums als Freizeit- und Bildungsstätte für Straßenjungen und junge Arbeiter. Welche primären Ziele wurden verfolgt und welche vergleichbaren Einrichtungen existieren heute?

12. Diskutieren Sie den Vorwurf, Don Bosco habe eine „totale Pädagogik" realisiert.

13. Don Bosco hat in seinen Institutionen nur männliche Jugendliche erzogen. Diskutieren Sie das Problem der Koedukation beziehungsweise der geschlechtsgetrennten Erziehung im Rahmen der Jugendhilfe.

Literatur

Endres, N. (1962): Don Bosco-Erzieher und Psychologe, München

Farina, R. (1978): Don Bosco heute lesen, Horn

Mittermeier, J./Lutz, E.J. (1961): Don Bosco. Ein Heiligenleben in Bildern, München

Nigg, W. (1978): Don Bosco. Ein zeitloser Heiliger, München

Salesianer Don Boscos (SDB) (Hg.) (1996): Leitlinien. Arbeiten im Geiste Don Boscos, München/Köln

Schepens, J. (2000): Das Bild von Don Bosco im Wandel. Ein Beitrag zur Don-Bosco-Forschung. Institut für Salesianische Spiritualität, Benediktbeuern

Weinschenk, R. (1988 u. 1987): Grundlagen der Pädagogik Don Boscos, 2. Aufl., München

Medien

Don Bosco. Von Jugendlichen umgeben, 1987, 24 Min., 16mm Lichttonfilm, Landesmedienstelle Stuttgart, Medien Nr. 3203832; oder: FWU. Institut für Film und Bild in Wissenschaft und Unterricht, 82031 Grünwald

Webliografie

www.donbosco.de

www.kloster-benediktbeuern.de/links/linkliste-salesianer.html

www.wikipedia.org/wiki/Don_bosco

5.2 Father Edward Joseph Flanagan (1886–1948) Boys Town, Nebraska/USA

Biografie

Father Edward J. Flanagan wurde am 13. Juli 1886 in Roscommon in Irland als Sohn einer Farmerfamilie geboren. Father Flanagan gehört zu den bedeutendsten christlichen Pädagogen des 20. Jahrhunderts. Die von ihm geschaffene Einrichtung „Boys Town" für obdachlose und gefährdete Jugendliche in Omaha im amerikanischen Bundesstaat Nebraska hat wesentliche Impulse für die Verwahrlostenpädagogik gegeben. Seit dem Hollywoodfilm „Boys Town" von 1938 mit Spencer Tracy und Mickey Rooney in den Hauptrollen, ist diese Jugendstadt auch einem breiteren Publikum bekannt geworden. Nachdem er mit seiner Familie 1904 in die USA ausgewandert war, studierte Flanagan Theologie in Rom und Innsbruck und wurde zum katholischen Priester geweiht. Er übernahm zunächst eine Stelle als Hilfspastor an der Saint Patrick's Church in Omaha und gründete dort 1914 das „Workingmen's Hotel", ein Haus für obdachlose alleinstehende Männer. Flanagan erkannte im Umgang mit diesen Männern, dass die soziale Hilfe sehr viel früher, bereits im Jugendalter, einsetzen muss. Er ließ sich von seinem Erzbischof Jeremiah Harty von seinen Funktionen als Gemeindepastor entbinden, sammelte Geld und bezog 1917 mit den ersten fünf Jungen ein altes viktorianisches Herrschaftshaus, unterstützt wurde er von drei Ordensfrauen der „School Sisters oft Notre Dame". Sein erstes Heim, das „Home for Homeless Boys" wuchs sehr schnell, bald lebten dort über 50 obdachlose, straffällige und verwahrloste junge Menschen, die von Jugendrichtern eingewiesen wurden oder aus eigenem Antrieb kamen. 1918 war das Haus so überfüllt, dass Father Flanagan ein erheblich größeres Haus anmieten musste, das sogenannte German-American-House, welches wegen des Kriegs mit Deutschland geschlossen worden war und frei stand. Father Flanagan baute das Haus für mehr als hundert Jungen aus, begann für

5.2 Father Edward Joseph Flanagan (1886–1948)

die Lebensmittelversorgung Landwirtschaft zu betreiben und legte ein Sportgelände an. Die Jugendlichen besuchten, trotz Widerstand der Bevölkerung, zunächst die öffentlichen Schulen. Doch die Ablehnung der Jungen, die von den Nachbarn als Diebe, Kriminelle und Gewalttätige angefeindet wurden, machte 1920 die Einrichtung einer eigenen Grundschule notwendig. Es folgten bald die Errichtung einer Mittelschule für die dritte bis achte Klasse und später die Boys Town Highschool und das Vocational Career Center, eine Berufsbildungseinrichtung, vergleichbar mit den Berufsbildungswerken für lernbeeinträchtigte Jugendliche in Deutschland (vgl. Wagner 1957 u. Hünermann 1966). Mit Zunahme der Aufgaben, nach vier Jahren waren bereits 1300 Jugendliche aus 17 Staaten betreut worden, erwarb Flanagan 1922 die „Overlock Farm" mit 160 Morgen Land, baute für ca. 200 Jugendliche neue Schulräume, Wohnheime, Werkstätten und Sporteinrichtungen mit Baseball- und Footballfeldern. Die Einrichtung entwickelte sich zu einer kleinen Stadt mit eigener Selbstverwaltung, einem Bürgermeister und einem Jugendparlament. 1936 wurde Boys Town als unabhängige und eigenständige politische Gemeinde des Staates Nebraska anerkannt. Ihr erster Bürgermeister wurde Tony Villon, einer der Jugendlichen. Wahlberechtigt waren alle Jungen, unabhängig von Alter und Wohndauer. Dieses Gemeinwesen existiert auch heute selbstverwaltet mit Wohnhäusern, Schulen, Kirche, Rathaus, Feuerwehr, Geschäften und eigener Post (vgl. Hane 1983 u. Thesing 1999).

Father Flanagan und sein Konzept Boys Town wurden bereits nach dem Ersten, besonders aber nach dem Zweiten Weltkrieg in aller Welt bekannt. Flanagan reiste im Auftrag des amerikanischen Präsidenten Truman zu Vorträgen nach Japan und in andere Länder Asiens. 1948 besuchte er Europa. Am 14. Mai 1948 starb er in Berlin an einem Herzversagen. Seine pädagogischen Ideen werden heute noch in einem erweiterten Konzept differenzierter Hilfen weitergeführt. So wird die Boys Town National Hotline jährlich von Tausenden von Menschen in Anspruch genommen, die Beratung in pädagogischen Fragen suchen. Boys Town wird täglich von einer großen Zahl Fachleuten und vielen Touristen besucht.

Zeittafel

1886	Edward Josef Flanagan wird als Sohn einer Farmerfamilie in Roscommon in Irland geboren
1904	Auswanderung der Familie in die USA, in Irland herrscht Hungersnot
1906–1912	Theologiestudium in Rom und an der Jesuitenuniversität in Innsbruck, Priesterweihe. Father Flanagan übernimmt die Stelle eines Hilfspastors an der Saint Patrick's Church in Omaha Nebraska
1914	Gründung des Workingmen's Hotel für wohnsitzlose alleinstehende Männer
1917	Kauf eines viktorianischen Herrschaftshauses; Beginn der pädagogischen Arbeit mit fünf Jungen
1918	Umzug in das erheblich größere German-American-House, Beginn der Selbstversorgung, die Zahl der Jungen wächst auf über hundert
1921	Kauf der Overlock Farm
1922	Über 200 Jungen in dieser Jugendstadt
1936	Boys Town wird als eigenständige politische Gemeinde anerkannt
1938	Hollywoodfilm „Boys Town" mit Spencer Tracy und Mickey Rooney
1945	Nach dem Zweiten Weltkrieg bereist Father Flanagan Asien und Europa und hält Vorträge; neue Einrichtungen nach seinem Konzept entstehen
1948	Am 14. Mai stirbt Father Flanagan in Berlin an einem Herzversagen

(Die Zeittafel ist orientiert an Wagner 1957 u. Hane 1983)

Pädagogische Leitideen und Konzept

Father Flanagan war, ähnlich wie Don Bosco in Italien, ein frommer Priester und ein praktisch veranlagter Mensch. Er hat keine geschlossene Erziehungstheorie verfasst, wohl aber eine Erziehungslehre (vgl. Flanagan 1958). Die Not der Jugend seiner Zeit, nicht eine Ideologie oder eine pädagogische Theorie, motivierten ihn zu handeln. Er war überzeugt, dass die gefährdeten und verwahrlosten Jugendlichen nicht schlecht waren, sondern Opfer der schlechten sozialen Lebensbedingungen. „Es gibt keine schlechten Jungen, es gibt nur schlechte Umweltverhältnisse", lautete seine Losung. Die amerikanische Gesellschaft der 1920er-Jahre zeigte wenig Interesse an den vernachlässigten Kindern und Waisen, soziale Hilfsprogramme fehlten.

5.2 Father Edward Joseph Flanagan (1886–1948)

Prägende Erfahrungen

Als junger Mann hatte Edward J. Flanagan das Summerhill College in Sligo als schlechte Form von Heimerziehung kennengelernt, ohne Liebe und Akzeptanz, aber mit einem starren Rahmen, voller Reglementierungen und strenger Vorschriften. Seine Erfahrungen mit erwachsenen Männern im Workingmen's Hotel, einem Haus für heimatlose und alleinstehende Männer, hatten ihn erkennen lassen, dass diese Männer in der Regel in der Kindheit vernachlässigt worden waren. Soziale Hilfen mussten deshalb früher ansetzen.

Achtung der Grundbedürfnisse

Die Sicherstellung der materiellen Grundbedürfnisse, wie Nahrung und Kleidung, stand immer am Beginn der Bemühungen um die jungen Menschen. Flanagan erkannte aber, dass alle Kinder ebenso sehr Liebe, Anerkennung, Geborgenheit und emotionale Sicherheit benötigen.

Vertrauen

Vertrauen und ein partnerschaftlicher Erziehungsstil sollten die Atmosphäre seines Hauses prägen. „Aus jedem verwahrlosten Kind kann man einen brauchbaren, tüchtigen jungen Menschen machen, wenn man ihm nur Vertrauen schenkt und es aus seiner Lebenssituation heraus zu verstehen und zu nehmen weiß", schrieb er. Ausdruck des Vertrauens war, dass das Heim niemals eingezäunt und keine Tür abgeschlossen werden durfte, um den Charakter eines Gefängnisses zu vermeiden. „Ich baue kein Gefängnis, dies ist ein Heim, man zäunt ja auch seine Familienmitglieder nicht ein" (vgl. Boys Town Press, Visitor Information).

Brüderlichkeit und Solidarität

Vor dem Hintergrund seiner positiven Erfahrungen in seiner eigenen Familie, einer Lebens- und Arbeitsgemeinschaft, die gemeinsam eine Farm bewirtschaften musste, realisierte Father Flanagan das *Prinzip der gegenseitigen Hilfe*, um eine Gemeinschaft im familiären Sinn zu bilden. Eine Plastik im Gelände von Boys Town, die auch das Logo des Hilfswerkes prägt, trägt die Inschrift: „He ain't heavy, Father (...) he's my Brother." (Er ist nicht schwierig, Vater (...) er ist mein Bruder).

Religion

Father Flanagan nahm jeden Jungen auf, der Hilfe benötigte, unabhängig von Konfession, Hautfarbe und Nationalität. Dieses Prinzip der Religionsfreiheit und des friedlichen und solidarischen Zusammenlebens löste heftigen Widerstand in der Bevölkerung und Anfeindungen durch den Ku-Klux-Klan aus. Religiosität stellte für ihn ein wesentliches harmonisierendes Element der Erziehung dar. Der christliche Glaube sollte ein wichtiger Baustein in der Entwicklung des jungen Menschen sein, persönlichen Halt und moralisch-sittliche Orientierung bieten. Flanagan war dabei frei von konfessioneller Enge: „Jeder Junge muss lernen zu beten (. . .), wie er betet, bleibt ihm überlassen" (vgl. Boys Town Press, Memories and Dreams).

Musische Betätigung und Sport

In der musischen Betätigung sah Father Flanagan heilende Kräfte. Mannschaftssportarten, wie Baseball oder Football sollten Teamgeist, Fairness und soziales Verhalten fördern. Schon sehr früh ließ er in seiner Einrichtung Sportanlagen bauen. Eine „Father Flanagan's Boys Town Band" entstand 1926. Sie hatte viele öffentliche Auftritte und machte die Jugendstadt bekannt. Eine mit Jugendlichen gegründete Zirkusshow, die „Father Flanagan's Boys Shows – World's Greatest Juvenile Entertainers" zog durch die Lande und erzielte große Publikumserfolge. Der 1941 gegründete „Boys Town Choir" erlangte große Bekanntheit, als er während des Zweiten Weltkrieges Armee-Camps besuchte. Father Flanagan gewann bekannte Sportler und Schauspieler dafür, sich mit ihrem Ansehen für Boys Town einzusetzen. Father Flanagan wird von einigen Interpreten als ein „Vorläufer und Wegbereiter der Erlebnispädagogik" bezeichnet (vgl. Hane 1983; 1986).

Demokratie und Selbstverwaltung

Demokratische Mitwirkungsrechte führte Father Flanagan sofort zu Beginn seiner Erziehungsarbeit in seinen Häusern ein. Die Stadt Boys Town wurde 1936 als unabhängige, eigenständige politische Gemeinde anerkannt. Im gleichen Jahr wurde das erste Stadtparlament eingerichtet; der erste Bürgermeister war einer der Jugendlichen. Die völlige Selbstverwaltung wird bis heute weitergeführt und hat sich bewährt. Edward J. Flanagan war ein begabter Praktiker, der mit einen sicheren Gespür ein heilendes und rehabilitatives Umfeld für junge Menschen schuf, um sie aus ihren chaotischen Lebensbedingungen herauszuführen und für ein sinnvolles Leben auszustatten. Inzwischen ist sein Lebenswerk theoretisch aufgearbeitet. Eine eigene Programm-, Forschungs- und Bewertungsabteilung in Boys Town wertet alle Programmaktivitäten wissenschaftlich aus.

5.2 Father Edward Joseph Flanagan (1886–1948)

Lesetext

Vom Gefühl des Selbstvertrauens

Es gibt eine alte Redensart, dass keiner weiß, was er kann, ehe er es versucht hat. Niemand wird die Richtigkeit dieses Satzes bestreiten. Doch weshalb geben sich nur so wenig Menschen Mühe, ihre Fähigkeiten zu erproben? Die Antwort liegt auf der Hand. Es fehlt ihnen an Selbstvertrauen.

Selbstvertrauen und Einführung in die Gemeinschaft

Selbstvertrauen ist lebenswichtig, wenn ein Mensch sich wirklich in die Gemeinschaft einfügen soll. Das Fehlen echten Vertrauens äußert sich in den vielen geistigen und seelischen Krankheiten, die man bei einem Menschen, der sich nicht in seine Umgebung hineinfinden konnte, feststellen kann. Deshalb ist es bei der Jugenderziehung besonders wichtig, das Selbstvertrauen zu stärken, dem Jungen das Gefühl zu geben, dass er sich auf sich selbst verlassen kann. Die Zeit der frühen Kindheit erfordert einen beträchtlichen Einsatz elterlicher Fürsorge: die Eltern müssen für Nahrung und Kleidung des Kindes aufkommen, es vor Gefahren behüten und in jeder Weise für sein Wohl sorgen. Doch eines Tages wird dieses Kind auch ein Erwachsener sein, und als Vorbereitung für diese Zeit muss es Selbstvertrauen gewinnen und auf seinen eigenen Füssen stehen lernen; es muss lernen, sich immer weniger auf andere und immer mehr auf sich selbst zu stützen. Wer sich auf sich selbst verlassen kann, zeigt, dass er erwachsen ist; solche Selbstständigkeit hebt sich von der Abhängigkeit der Kindheit deutlich ab. Wenn die Eltern sich nicht früh genug darauf einstellen, ihren Jungen zur Verantwortungsbereitschaft zu erziehen – wenn sie ihn statt dessen verwöhnen oder tyrannisieren –, dann ist das ein großer Nachteil, ja ein Unglück für dieses Kind.

Vorgetäuschtes Selbstvertrauen

Zuweilen aber heuchelt ein Junge nur Vertrauen, um zu verdecken, dass er kein Vertrauen hat. Aber man sollte echtes Selbstvertrauen niemals mit übersteigertem Selbstgefühl verwechseln. Ist doch übersteigertes Selbstgefühl oft nichts anderes als der Versuch, ein Minderwertigkeitsgefühl zu verdecken. Ein Junge, der sich selbst vertraut, beträgt sich im großen und ganzen bescheiden; zugleich zeigt er den redlichen Willen, eigene Entscheidungen zu treffen; er ist bereit, zu lernen, doch verbindet er mit seiner Lernbegier den Vorsatz, seine eigenen Rechte zu wahren. So ist der Junge auf gutem Weg zum echten Selbstvertrauen, wenn er so in die Gemeinschaft eingeordnet ist, dass diese Einordnung nicht mehr ein Problem ist, sondern eine Tatsache. Die Not des schüchternen Kindes ist ja gerade, dass es seinen sicheren Wert als Glied seiner Gemeinschaft nicht erkennen lernte. Das Fehlen des Selbstvertrauens wird ihm zur beständigen Qual.

Wie entsteht der Mangel an Selbstvertrauen und wie kann man helfen?

Wie kann man Selbstvertrauen einflößen? Was muss man tun, was darf man nicht tun? Es gibt keine Patentantwort auf diese Frage. Viele Faktoren muss man berücksichtigen, wenn man es mit einem lebendigen Menschen zu tun hat. Niemals gleichen sich zwei Jungen, nie haben zwei dieselben Schwierigkeiten. Darum müssen wird das Problem des Selbstvertrauens in jedem Einzelfall vom Blickpunkt der besonderen Bedürfnisse des einzelnen Jungen zu lösen versuchen.

Verlange nicht zuviel – aber auch nicht zuwenig!

Einem Jungen kann aus verschiedener Ursache das Selbstvertrauen mangeln. Jedoch liegt häufig der Grund darin, dass man zuviel von ihm verlangt. Wir neigen alle dazu, uns nach der Meinung, die andere von uns haben, zu beurteilen. Das gleiche gilt auch für den jungen Menschen. Er wird jede Anstrengung machen, sich an dem zu messen, was man von ihm erwartet. Wenn man aber zuviel von ihm erwartet, so kann er es logischerweise nicht erreichen. Erkennt er dies, so wird sein Vertrauen untergraben, und er wird zu dem Gefühl getrieben, er leiste das nicht, was er sollte. Schroffe Kritik erhöht seine Minderwertigkeitsgefühle und trägt dazu bei, den Rest des Selbstvertrauens vollends zu zerstören. Richtig ist es also, seinen Jungen wissen zu lassen, welche Befriedigung mit dem Erfolg, selbst in kleinen Dingen, verbunden ist. Und bald traut er sich noch mehr zu. Aber man sollte den Jungen schrittweise auf dem Weg zum Selbstvertrauen voranführen und schon dann, wenn er das Gehen lernt, damit anfangen und es durch die Pubertäts- und Jugendzeit hindurch fortsetzen bis zur Reife. Wie sich die Eltern zu dem Jungen stellen, das ist wichtig für das Gefühl, das er von sich selbst besitzt. Man stärkt das Selbstvertrauen des *kleinen* Jungen nicht, wenn man ihn als einen schon halb Erwachsenen behandelt. Und das Selbstvertrauen wird auch nicht stärker, wenn man den *Jugendlichen* noch als ein großes Kind nimmt. Im ersten Fall verlangt man von dem Jungen zuviel – denn er kann die Erwartungen nicht erfüllen und weiß das, aber die Tatsache, dass es von ihm erwartet wird, läßt ihn erst recht versagen. Im zweiten Fall wird nicht genug von dem Jungen verlangt, der in der Periode des Übergangs zum Erwachsenen steht. Wenn er wie ein Kind behandelt wird, so nimmt er das als Zeichen, dass er nicht würdig ist, als ein Reiferer beachtet zu werden. Manchmal lieben Eltern ihre Kinder in so unvernünftiger Weise und vermehren die Abhängigkeit des Kindes noch damit, dass sie ihm das abnehmen wollen, was es doch schon kann und daher auch selbst tun sollte. Sie möchten ihre Kinder nicht erwachsen sehen und weigern sich, die Gegebenheiten ihrer körperlichen und seelischen Bedürfnisse zu sehen.

Nicht zuviel kritisieren – aber auch nicht zuviel loben!

Beständige Kritik – oft mehr aus der Ungeduld der Erwachsenen heraus als der Unzulänglichkeit des Jungen wegen – ist ein anderer negativer Faktor, der die Entwicklung des Selbstvertrauens hemmt. Man muss dem Jungen sagen, wenn er einen Fehler macht, denn sein einziger Weg, zu lernen, führt über Lob und Tadel. Die Kritik aber sollte durch einige Anerkennung gemildert sein. Fast ebenso zerstörend für die Persönlichkeitsentwicklung wie zuviel Kritik ist zuviel Lob. Die Meinung, man könne das Selbstvertrauen damit befeuern, dass man alles, was der Junge tut, überschwänglich lobt, ist falsch. Schon der kleine Junge durchschaut rasch die Unaufrichtigkeit solcher Psychologie. Wenn beständige und herbe Kritik das Selbstvertrauen des Jungen lähmt, so bringt übertriebene Bewunderung es zum Einschlafen. Ein ehrliches Lob ist ein anderes Ding. Nichts kostet so wenig wie ein paar Worte der Anerkennung für eine gute Arbeit; wenn der Junge etwas unternommen hat und dabei erfolgreich war, ohne Rücksicht darauf, wie gering die Sache in den Augen der Erwachsenen scheinen mag, so hilft ein freundschaftlicher Klaps auf den Rücken, seine Zuversicht stärken. Es ist eine gute Regel, wert, befolgt zu werden: „Im Lobe sei ernst und im Tadel sparsam."

Übertrage dem Jungen Verantwortung.

Ein anderer Weg, in dem Jungen Vertrauen zu schaffen, besteht darin, dass man ihm Verantwortung überträgt. Jede solche Verantwortlichkeit trägt zur geistigen und seelischen Reife des Jungen bei. Mutig übernommene und erfolgreich bestandene Verantwortung legt den Grund, auf dem Selbstvertrauen sich aufbauen kann.

Folgerichtigkeit und Beständigkeit der Eltern helfen dem Jungen, Verantwortung zu übernehmen.

Die Eltern sollten auch untereinander sich geeinigt haben, welche Methode sie wählen wollen, den Jungen zur Verantwortung zu führen, sie sollten auch folgerichtig bleiben in ihren Anforderungen. Wir dürften wir erwarten, dass ein Junge seine Verantwortung als ein Glied der Gemeinschaft begreift, wenn seine Eltern sich selbst nicht darüber einig werden können, welche Verantwortung er übernehmen oder wie er ihr gerecht werden soll? Wenn man einmal einem Jungen zu verstehen gegeben hat, was man von ihm erwartet, und er diese Verantwortung auf sich genommen hat, dann sollte man ihm aber auch erlauben, ihr nach besten Kräften zu

> genügen. Verantwortung für sich allein baut noch kein Selbstvertrauen, gründet noch keine Zuversicht in die eigene Kraft; sie ist nur ein Mittel, durch welches man zum Selbstvertrauen gelangt. Der Junge kann sich nur dann vor sich selbst und anderen seiner Aufgabe gewachsen zeigen, wenn er die Arbeit, die er auf sich genommen hat, auch hinter sich bringen kann. Unterbrechungen, die ihn nicht fertigmachen lassen, was er begonnen, vermindern seine Erfolgschancen; so tragen sie eher dazu bei, dass er scheitert als dass er Vertrauen fasst (Flanagan 1958, S. 45ff.).

Impulse für die heutige Erziehungspraxis

Boys Town ist ein modernes, differenziertes und entwickeltes Hilfeprogramm, das in 16 Städten und elf Bundesstaaten der USA angeboten wird. Seit 1979 werden auch Mädchen aufgenommen. Zu den angebotenen Hilfen gehören heute:

(1) ca. 100 Langzeitwohneinrichtungen mit pädagogischer Betreuung,
(2) Notaufnahme und Kurzzeitheime,
(3) Elterntraining, Pflegeelternservice,
(4) Forschungskrankenhaus,
(5) Informations- und Ausbildungszentrum,
(6) Middle School, High School,
(7) Vocational Career Center (Berufsbildungszentrum),
(8) Boys Town National Hotline (Visitor Information, o. J.).

In Village of Boys Town, der Stammeinrichtung, leben heute ca. 500 Kinder und Jugendliche in 76 Wohngruppen. Die durchschnittliche Verweildauer liegt bei 20 Monaten.

Family Teachers

Sechs bis acht Kinder und Jugendliche leben in Gruppen zusammen und werden von sogenannten *Family Teachers* betreut, die 24 Stunden am Tag und sieben Tage in der Woche zur Verfügung stehen, vergleichbar mit deutschen Kinderdörfern. Die Ausbildung der Family Teachers erfolgt in Boys Town. Unterstützt werden diese Ersatzeltern durch sogenannte Assistant Family Teachers, die ledig oder verheiratet sein können, nicht im Haus leben, ca. 45 Stunden pro Woche Erziehungsarbeit leisten und von den Family Teachers supervidiert werden. In regelmäßigen Familienkonferenzen werden die Entwicklung der Jugendlichen, Regeln des Zusammenlebens und aktuelle Probleme reflektiert (Boys Town Press 1994).

Spezielle Betreuung und Therapie

Boys Town hat sich in den 1990er-Jahren auf verschiedene Familienprobleme spezialisiert, so z. B. auf Anorexie (Magersucht), Bulimie (Essstörung

5.2 Father Edward Joseph Flanagan (1886–1948)

mit Heißhungeranfällen und anschließendem selbst herbeigeführten Erbrechen) und Suizidgefährdung von Jugendlichen.

Boys Town National Hotline

Die Boys Town National Hotline steht täglich 24 Stunden rund um die Uhr zur Verfügung und kann von Eltern, Kindern und Jugendlichen in 50 Staaten Amerikas und in Kanada kostenfrei (1-800-448-3000) benutzt werden. Kinder mit psychischen Problemen, Depressionen und Suizidgedanken, Drogenproblemen, Alkoholabhängigkeit oder die weggelaufen sind, von Banden oder von den eigenen Eltern bedroht werden, erhalten telefonisch Hilfe. Eltern oder alleinstehende Elternteile können bei Erziehungsfragen oder in aktuellen Konfliktsituationen anrufen, am Ende der Leitung melden sich professionelle Berater. Spanisch sprechende Berater und spezielle Übersetzungsdienste für mehr als hundert Sprachen stehen zur Verfügung. Bei spezifischen Problemen wird der Kontakt zu örtlichen Fachberatern vermittelt. Informationen von über 1.000 landesweiten Hilfsorganisationen und sozialen Diensten sind in der Hotline-Computerdatenbank gespeichert. Ca. 500.000 Anrufer nutzen die Hotline jährlich, etwa 50 Prozent der Anrufer sind jünger als 18 Jahre, zwei Drittel weiblich. Die Nummer der Hotline wird durch TV- und Radiowerbung, Zeitungsanzeigen, auf Milchtüten und in Comics bekanntgemacht, prominente Schauspieler und Sportler werben für diese Notrufmöglichkeit. Typisch für das amerikanische Wohlfahrtssystem ist die Finanzierung über Sponsoren und durch Spenden. 30 bis 40 Prozent der laufenden Kosten werden durch Spenden und Schenkungen gedeckt, weitere 30 bis 40 Prozent kommen aus Erlösen den Boys Town Fondation Founds und ca. 20 Prozent aus Zuschüssen des Staates und der Gesundheitskassen (Visitor Information, o.J.).

Übungsfragen

1. In welcher gesellschaftspolitischen Situation gründete Father Flanagan sein Boys Town?
2. Welche eigenen Erfahrungen prägten sein pädagogisches Konzept?
3. Welche Leitideen sind in seinem Konzept erkennbar?
4. Welchen Stellenwert hat die Religion bei Father Flanagan? Vergleichen Sie den Ansatz mit dem religiösen Konzept bei Don Bosco.
5. Welche Bedeutung hat in Boys Town die musische Betätigung?

6. Welche erlebnispädagogischen Ziele lassen sich in den pädagogischen Medien Zirkus, Chor, Musikband, Sport erkennen? Vergleichen Sie diese Aktionsformen mit heutigen erlebnispädagogischen Ansätzen.

7. Erklären Sie das Prinzip Brüderlichkeit. Welcher theologische Hintergrund ist hier bei Father Flanagan erkennbar?

8. Welche demokratischen Mitwirkungsrechte bietet Boys Town für junge Menschen? Vergleichen Sie diesen Ansatz mit dem Kindergericht bei Janusz Korczak oder Alexander S. Neill.

9. Welche Impulse kann das Konzept Boys Town heute geben? Erläutern Sie vor allem die Hilfen durch die Boys Town National Hotline.

10. Unterscheiden Sie die Aufgaben der Family Teachers und Assistant Family Teachers. Vergleichen Sie die Rollen mit ähnlichen Ansätzen der Pestalozzi-Kinderdörfer oder SOS-Kinderdörfer in Deutschland.

Literatur

Boys Town Press (1995): Memories and Dreams, (13603 Flanagan Blvd., Boys Town, Nebraska 68010)

dies. (1994): Come Teach our Children. Family-Teachers and Assistant Family-Teachers

dies.: (o.J.): Visitor Information

Eckes, K. (1959): Der Weg aus der Verwahrlosung bei Father Flanagan und A.S. Makarenko, Mainz

Flanagan, E. J. (1958): Verstehe ich meinen Jungen und erziehe ich ihn richtig, Freiburg

Hane, W. (1983): Zur Gegenwartsbedeutung der Flanagan Pädagogik. In: Die Heimstadt (Sonderdruck), Heft 3/4, 1983

ders. (1986): Geschichte der Pädagogik. Orientierungshilfen für die Gegenwart. Zu Father Flanagans 100. Geburtstag. In: Jugendwohl, 7, 1986

ders. (1987): Edward Josef Flanagan. Ein Wegbereiter der modernen Erlebnispädagogik, Lüneburg

Hünermann, W. (1966): Die Stadt der tausend Jungen, Heidelberg

Schranz, H.D. (2004): Flanagans Ansätze zur Verwahrlosung, Diplomarbeit HFS Zizers

Thesing, T. (1999): Boys Town. Eine Jugendstadt in Omaha Nebraska/USA. In: Jugendwohl, Heft 8, 1999, 349–353

Wagner, G. (1957): Father Flanagan und seine Jugendstadt, Wien

Medien

Teufelskerle. Boys Town, 1937, USA, 90 Min, ZDF, Sendungen am 22.4.1973 und 11.7.1986

Webliografie

de.wikipedia.Org/wiki/Edward_Flanagan

www.girlsandboystown.org

5.3 Johann Hinrich Wichern (1808–1881) Die Familienerziehung im Rauhen Haus

Biografie

Johann Hinrich Wichern wurde am 21. April 1808 als ältestes von sieben Kindern des Johann Hinrich Wichern sen. und seiner Ehefrau Caroline Maria Elisabeth, geb. Wittstock, in Hamburg geboren. Wichern gilt als einer der großen evangelischen Sozialreformer des 19. Jahrhunderts. Er gründete das Rauhe Haus bei Hamburg, eine bekannte Jugendhilfeeinrichtung zur Rehabilitation junger verwahrloster Menschen. Sein pädagogisches Konzept wurde zum Vorbild für viele Heime in Deutschland. Auf Wicherns Initiative wurde der „Centralausschuß der Inneren Mission" gegründet, die Vorläuferorganisation des heutigen Diakonischen Werkes in Deutschland.

Johann Hinrich Wichern stammte aus einfachen Verhältnissen. Der Vater arbeitete als Fuhrmann und Mietkutscher, erlernte aber autodidaktisch zehn Sprachen und wurde zum „Kaiserlichen Notar und geschworenen Übersetzer" bestellt. Dieser Fleiß und Leistungswille des Vaters haben Wichern ebenso geprägt wie die erlebte Sparsamkeit einer Großfamilie. So traf es ihn besonders schwer, als der Vater plötzlich an einem Lungenleiden starb. Der 15-jährige musste als Ältester von sieben Kindern zusammen mit der Mutter für den Unterhalt der Familie sorgen (vgl. Heidenreich 1997, S. 2). Der junge Wichern verließ das Gymnasium und trat eine Stelle als Erziehungshelfer an.

Johann Hinrich Wichern wuchs in einer Epoche auf, die geprägt war durch die Napoleonischen Kriege, die beginnende Industrialisierung mit ihren sozialen Folgeerscheinungen der Landflucht und der Entwicklung eines verarmten Stadtproletariats. Tausende von Menschen wanderten nach Amerika aus, da sie in Deutschland keine wirtschaftlichen Überlebensmöglichkeiten fanden. Massen von Bauernsöhnen, Handwerksgesellen, aber auch Handwerksmeister, die aufgrund der industriellen Konkurrenz ihr Gewerbe nicht mehr weiterführen konnten, drängten in die Fabriken. Die traditionellen Strukturen der Großfamilie wurden brüchig, Tausende von arbeitsuchenden Menschen

5.3 Johann Hinrich Wichern (1808–1881)

strömten in die Städte, wo sie oftmals unter elenden Bedingungen leben mussten (vgl. Wehr 1983, S. 6f.).

Wichern lernte die Not der Familien, das Leben in den Elendsquartieren mit ihrer unsäglichen Armut kennen. Viele seiner Aufzeichnungen schildern diese Verhältnisse, vor allem die Verwahrlosung der Kinder, die von ihren Eltern „zum Betteln, Lumpensammeln, Knochenausgraben, Stehlen und zur Prostitution" angeleitet wurden (vgl. Heidenreich 1997, S. 3). Wichern begeisterte sich für die Predigten des Pastors Rautenberg und schloss sich dessen „Männlichem Besuchsverein" an, der sich zur Aufgabe machte, Menschen, die den Weg nicht mehr in die Kirche fanden, in ihrer Not aufzusuchen. Die aufkommende christliche Erweckungsfrömmigkeit, die auch zu einem sozialen Engagement drängte, beeinflusste ihn stark. So nahm er nach seinem Theologiestudium in Göttingen und Berlin im Jahre 1832 – mit 24 Jahren – eine Tätigkeit als Oberlehrer (Leiter) in einer Sonntagsschule Rautenbergs an (vgl. ebd.). In die Sonntagsschule kamen die Kinder aus den Elendsquartieren jedoch nur wenige Stunden pro Woche. Wichern erkannte, dass diesen Menschen umfassender geholfen werden musste und erhob in Kirchenkreisen die Forderung, die Kirche müsse „zu den Leuten gehen". Vor der Seelsorge sei die unverzügliche Leibsorge geboten. Rasche caritative Hilfe tue not, ehe überhaupt christliche Verkündigung und „Seelenrettung" möglich seien (vgl. Wehr 1983, S. 28).

Wichern forderte die Errichtung eines „Rettungshauses" für Kinder. Am 25. Februar 1833 hielt er eine zündende Rede vor etwa 1.000 Gästen und Mitgliedern des Sonntagsschulvereins. Der Hamburger Syndikus Sieveking stellte darauf hin ein kleines strohgedecktes Landhaus am äußeren Ende seiner Besitzung in Horn bei Hamburg zur Verfügung, das nur klein und von schlechter baulicher Substanz war, das Rauhe Haus. Im September 1833 fand die Gründungsversammlung statt.

> „Die neue Einrichtung soll weder ein Waisenhaus, noch eine bloße Kinderbewahranstalt, noch eine Armenschule oder gar eine Jugendstrafanstalt sein, sondern gemäß Satzung – eine Rettungsanstalt. Als solche soll sie ‚verwahrloste Kinder (Jungen und Mädchen) bis zur Konfirmation eine Zuflucht und die Erziehung gewähren', zu der ihre Eltern nicht fähig sind. Die Erziehungsarbeit hat demnach an Eltern statt zu geschehen" (ebd. 1983, S. 35).

Bereits zehn Jahre später lebten etwa 80 Jugendliche im Rauhen Haus, betreut von Brüdern, Lehrern, Ausbildern und deren Familienangehörigen, zusammen rund 130 Personen. Zur Einrichtung gehörten inzwischen weitere Gebäude. Die Arbeit im Rauhen Haus und seine starke publizistische Tätigkeit machten Wichern im evangelischen Deutschland bekannt. Er unternahm zahlreiche Reisen, gründete neue Einrichtungen, entsandte Brüder (sogenannte Sendbrüder), um die sozialen Probleme in anderen Städten anzugehen (vgl. Heidenreich 1997, S. 17). Der Protestantismus in Deutschland war damals zersplittert und zerstritten, viele Pastoren leben in gesicherten Verhältnissen, unberührt von der wachsenden Armut in Deutschland. Auf der allgemeinen Kirchenversammlung 1848 ergriff Wichern vor 500 Kirchenvertretern das Wort und hielt die berühmt gewordene „Kirchentagsrede", die zur Gründung des „Centralausschuß der Inneren Mission" führte. Dieser hatte die „Förderung christlich sozialer Zwecke, Vereine und Anstalten" zum Ziel. Wichern forderte seine Kirche auf, aktiv für das Elend der Menschen einzutreten:

> „Habt Ihr nicht lange genug Euren kleinen privaten Frieden mit Gott gemacht? Habt Ihr etwa nicht gesehen, wie sich Eure Arbeiter mit ihren Weibern und Kindern in Löchern drängen? Habt Ihr nicht gemerkt, dass sie nur noch höhnisch lachen, wenn Ihr ihnen mit Gott, Vaterland und Nächstenliebe daherkommt? Habt Ihr nicht Sonntags Euren Gott gelobt, dass er die Welt für Euch so schön eingerichtet hat und den Rest der Woche habt Ihr den Gott Eures Büros, Eurer Kasse, Eures Warenlagers angebetet" (zit. nach ebd., S. 20).

Es folgten weitere Reisen und Einrichtungsgründungen in Bremen, Berlin, Stettin, Erlangen, Nürnberg und Karlsruhe. 1851 wurde Wichern die Ehrendoktorwürde der theologischen Fakultät der Universität Halle verliehen. Die preußische Regierung betraute ihn mit der Reform des Gefängniswesens. 1857 wurde er zum „Vortragenden Rat" im preußischen Innenministerium berufen und gleichzeitig zum Oberkonsistorialrat im Evang. Oberkirchenrat in Berlin ernannt. 1881 starb Johann Hinrich Wichern nach mehreren Schlaganfällen und langer Krankheit in Hamburg.

5.3 Johann Hinrich Wichern (1808–1881)

Zeittafel

1808	Am 21. April wird Johann Hinrich Wichern in Hamburg als Sohn des Notars Johann Hinrich Wichern sen. und seiner Frau Caroline Maria Elisabeth, geb. Wittstock, als ältestes von sieben Kindern geboren
1814	Besuch einer Privatschule
1818	Aufnahme in die Bürger- und Gelehrtenschule Johanneum (Gymnasium)
1823	Tod des Vaters
1824	Tätigkeit als Erziehungsgehilfe; Beginn einer theologischen Ausbildung am Hamburger Akademischen Gymnasium
1826	Studium der Theologie an der Universität Göttingen.
1830	Studium in Berlin; Vorlesungen bei Schleiermacher und Hegel
1832	Theologisches Examen; Übernahme einer Oberlehrerstelle (Leiter) der Sonntagsschule in der St. Georgsgemeinde unter Pastor Rautenberg
1833	Am 12. September Gründungsversammlung des Rauhen Hauses; am 31. Oktober Einzug in das Rauhe Haus, Aufnahme der ersten drei Kinder
1835	Eheschließung mit Amanda Böhme
1839	Errichtung eines Brüderhauses als „Seminar für die Innere Mission"
1849	Gründung des „Centralausschusses für die Innere Mission der deutschen evangelischen Kirche"
1851	Ehrendoktorwürde der theologischen Fakultät in Halle; Beauftragter der preußischen Regierung für das Gefängniswesen
1857	Ernennung zum „Vortragenden Rat" im preußischen Innenministerium; gleichzeitig Ernennung zum Oberkonsistorialrat im Evang. Oberkirchenrat in Berlin
1858	Gründung des Brüderhauses Johannesstift Berlin Moabit zusammen mit Sendbrüdern des Rauhen Hauses
1872	Rückkehr ins Rauhe Haus
1881	Am 7. April stirbt Johann Hinrich Wichern nach mehreren Schlaganfällen und langem Leiden in Hamburg

(Die Zeittafel ist orientiert an Wehr 1983, S. 90f.)

Pädagogische Leitideen und Konzept

Johann Hinrich Wichern war ein Sozialreformer und praktisch tätiger Erzieher. Seine pädagogischen Vorstellungen entsprangen der konkreten Kenntnis der Armut und des Elends. Er sah es als seine Christenpflicht an, die Not der Menschen zu wenden, vor allem die Chancen der von Verwahrlosung bedrohten Jugend zu verbessern und ihnen eine neue Heimat und Familie zu geben. Die Arbeit an einer besseren Welt, die sich an den Aussagen der Bibel orientiert, war sein zentrales Anliegen. Wicherns „praktische Theorie" beginnt mit der Diagnose der Ursachen:

Ursachen der Verwahrlosung

Während seiner Tätigkeit an der Sonntagsschule und durch die Besuchsdienste in den Elendsvierteln lernte er die Gefahr der Großstädte kennen: das Zerbrechen der traditionellen Familienstrukturen, soziale Entwurzelung und vor allem die schlechten Wohnverhältnisse:

> „Wenn zehn oder mehr Personen, jung und alt gemeinsam einen Raum bewohnen, wenn es keine Scham mehr voreinander gibt und die Kinder von zartesten Alter an in alle Probleme des Lebens Einsicht haben, kann eine normale Entwicklung nicht mehr stattfinden. Das Kind wird gezwungen, auf die Straße zu gehen, wenn es sich der häuslichen Atmosphäre entziehen möchte oder dem natürlichen Triebe zum Alleinsein nachzugeben gewillt ist. Dort aber kommt es wieder mit all den Lastern in Berührung, die Bettelei, Trunksucht, Arbeitsunwilligkeit und so weiter mit sich bringen" (Brief an die Mutter vom 7. April 1830, zit. nach Lemke 1964, S. 23).

Neben der Wohnungsnot sah er in der Armut den Grund für Asozialität:

> „Wo die Kinder nicht mehr wissen, wer ihre Eltern sind, wo die Vormünder sich nicht um ihre Mündel kümmern, wo die Armut so groß wird, dass die Kinder schon vom sechsten Lebensjahr an ihr Brot erwerben müssen oder nicht die notwendigste Kleidung haben, um ohne Anstoß durch die Straßen zu gehen', da hört jede Erziehungsmöglichkeit auf. Die ‚verlassenen Geschöpfe' treten ganz roh und wild aus ihrer Kindheit zu dem Erwachsensein hinüber und der Weg zum Verbrechertum ist nicht mehr weit" (Rauhes Haus, Jahresbericht vom 27.2.1826, zit. nach Lemke 1964, S. 23).

Die wichtigste Voraussetzung für ein gesundes Aufwachsen sah Wichern in der christlichen Atmosphäre einer Familie, die er als Urzelle alles gemeinschaftlichen Lebens betrachtete. Schlechte Lebensverhältnisse, fehlende sittliche Erziehung, Verlust der Familienbindung, Verlust des Glaubens und fehlende Bindung an die Kirche, standen für ihn in einem engen

5.3 Johann Hinrich Wichern (1808–1881)

Zusammenhang. Der gelebte Glaube in einer Familie sollte eine „innere Schutzwehr" gegen die Versuchungen des Bösen bilden. Die Liebe in der Familie hatte für ihn eine zentrale Bedeutung. Unter Liebe verstand Wichern nicht allein die emotionale Zuneigung zwischen den Menschen, sondern die aus Gottes Liebe zum Menschen gespeiste Hinwendung zum Nächsten als Bruder und Schwester.

Das Rettungshaus

Die Erfahrungen der Sonntagsschulen hatten gezeigt, dass tiefsitzende Milieuschädigungen der Kinder nicht durch ein paar Stunden religiöser und sozialer Betreuung in der Woche geändert werden konnten, sondern eine völlige Änderung des Milieus notwendig machten. Die Familie, das christliche Elternhaus standen bei der Errichtung des Rettungshauses Modell:

> „Die Anstalt soll so gestaltet werden, dass die Kinder in ‚Familien' auf dem gleichen Gelände in kleinen einfachen Wohnhäusern zusammen leben, (. . .) die gleich beim ersten Ansehen das Gepräge der Liebe und Freundlichkeit tragen. (. . .) Die einzelnen Häuser sind durch kleine Lustgärten, die den Kindern zur Freude dienen sollen, getrennt. In jedem der Häuser sollen drei bis vier Kinderfamilien, jede höchstens aus zwölf Kindern bestehend, in ebenso vielen von einander getrennten Kammern beisammen wohnen; ihren Mittelpunkt findet jede Familie in einem erwachsenen elterlichen oder geschwisterlichen Freund" (Heidenreich 1997, S.7f.).

Das 1833 gegründete Rauhe Haus wurde nach drei Grundsätzen geführt:
(1) Jeder staatliche Zuschuss wurde abgelehnt. Wichern befürchtete, dass die Annahme staatlicher Mittel mit einer Einmischung des Staates bei Erziehungsfragen, der Hausordnung und Entwicklung des Konzeptes verbunden wäre.
(2) Es sollten nur solche Kinder aufgenommen werden, die schon straffällig geworden waren oder die durch den negativen Einfluss der Eltern so stark dissozial gefährdet waren, dass sie aus dem Elternhaus dringend entfernt werden mussten.
(3) Das Rettungshaus sollte nicht den Charakter bestehender Erziehungskasernen oder einer Strafanstalt haben, da diese nicht die Verwahrlosung als Not der Kinder verstanden. Vielmehr sollte es „die Kinder zu neuem Leben retten", durch Vergebung, und ein Leben nach dem Evangelium sollte die Entwicklung zum Guten verändert werden (vgl. Lemke 1964, S.33f.).

Aufgaben des Rettungshauses

> „Die Aufgabe eines Rettungshauses besteht (. . .) in der Heilung und Rettung gefährdeter und verwahrloster Kinder, wobei unter Rettung die

Bindung des Kindes an Gott zu verstehen zu verstehen ist, durch die es einen Maßstab außerhalb seiner selbst für sein sittliches Handeln und damit die Voraussetzung für die Überwindung der Sünde gewinnt. Sie darf nicht mit der selbstverständlichen Forderung einer leiblichen Fürsorge für ein Kind verwechselt werden. Da Rettung die im Evangelium wurzelnde Liebe voraussetzt, muss in der Rettungsanstalt das Wort Gottes im Mittelpunkt stehen" (Lemke 1964, S. 34).

Ziel der Erziehung war die christliche Persönlichkeit, die durch Bindung an Gott, Fähigkeit zur Selbsterziehung und Herrschaft über die Begierden gekennzeichnet sein sollte. Hier wird die Grundstruktur der Pädagogik Wicherns deutlich: Das Denken, Fühlen und Handeln des Menschen soll im Glauben begründet und mit den Aussagen der Bibel in Übereinstimmung gebracht werden. Letztlich blieb aber der Erfolg aller Erziehung Gabe und Geschenk Gottes.

Zentrale Elemente der Pädagogik Wicherns

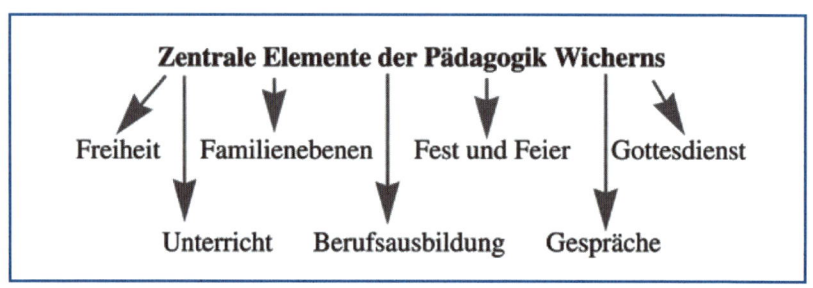

Freiheit | Familienebenen | Fest und Feier | Gottesdienst

Unterricht | Berufsausbildung | Gespräche

Abb. 7: Zentrale Elemente der Pädagogik im Rettungshaus

Anforderungen an den Erzieher

Wichern stellte an seine Mitarbeiter, die er „Brüder" nannte, hohe Anforderungen:

> „Sie arbeiteten und spielten mit den Kindern, waren väterlicher Freund und Berater, Lehrer und Seelsorger in einer Person, eine Hilfe für die Schwachen, gefürchtet von den Bösen und schließlich noch Wächter in der Nacht" (Lemke 1964, S. 37).

Die jungen Männer sollten ledig sein, eine handwerkliche Ausbildung haben und fest im evangelischen Glauben verwurzelt sein.

> „Die Anstalt nimmt nur solche christlich gesinnte Männer als Gehülfen in sich auf, die ein Handwerk oder den Landbau betreiben können oder sonst sich praktisch nützlich zu machen wissen und gewillt sind, aus Liebe gegen ihren Erlöser den früheren Beruf aufzugeben, um sich dem Dienste solcher verwahrloster Kinder zu widmen" (Wichern 1901–1908, Bd. V, S. 526).

5.3 Johann Hinrich Wichern (1808–1881)

Drei Charakterzüge galten als Voraussetzung eines guten Erziehers:

(1) *Echte Demut:* Nur wenn der Erzieher um seine eigenen Fehler und seine Schuld weiß, kann er sich mit dem Kind unter Gott stellen und ihm als Bruder zur Seite stehen.

(2) *Selbstverleugnung:* Wer nicht Ekel überwinden kann, seine Geduld nicht auf härteste Proben zu stellen bereit ist, die Arbeitskleidung und einfache Handarbeit ablehnt und primär auf irdisches Glück hofft, der solle eine solche Tätigkeit im Rettungshaus nicht annehmen.

(3) *Selbsterziehung:* Wer erziehen will, muss selbst erzogen sein und ein entfaltetes Glaubensleben haben, sonst ist jede Erziehung eine Anmaßung (vgl. Lemke 1964, S. 37).

Wichern führte sehr früh für seine „Brüder" eine gründliche Ausbildung ein. Die hohen Anforderungen an die Person führte dazu, dass von 1350 Mitarbeitern, die sich in den ersten fünfzehn Jahren gemeldet hatten, nur 460 in die Brüderschaft eintraten (vgl. ebd., S. 38).

Vergebung als Neuanfang

Wichern gestaltete den Empfang eines neuen Kindes mit großer Sorgfalt, da dieser im Kind einen tiefen, bleibenden Eindruck hinterlassen sollte. Das Kind durfte die körperliche und seelische Verwahrlosung hinter sich lassen, was durch ein Reinigungsbad und durch einen Vergebungsakt versinnbildlicht wurde. Der Vorsteher hatte die Aufgabe, das Kind zur Erkenntnis seiner bisherigen Vergehen zu bringen, ihm aber gleichzeitig den Weg für einen Neuanfang zu zeigen. War das Kind sich seiner Schuld bewusst, nahm Wichern es mit den Worten auf:

> „Mein Kind, dir ist alles vergeben! Sie um dich her, in was für ein Haus du aufgenommen bist! Hier ist keine Mauer, kein Graben, kein Riegel; nur mit einer schweren Kette binden wir dich hier, . . . diese heißt Liebe und ihr Maß ist Geduld" (Wichern 1901–1908, Bd. V, S. 39; vgl auch Lesetext).

Mit der Vergebung forderte Wichern ein völliges Schweigen über die Vergangenheit, sowohl vom Kind, damit es nicht mit früheren Taten prahlte, als auch vom Erzieher, damit das Kind ein neues Lebenskapitel aufschlagen konnte. Dieser Akt des Schuldeingeständnisses und der Vergebung bildete die Grundlage für ein Vertrauensverhältnis der beginnenden pädagogischen Beziehung. Für viele Kinder ein völlig neues Erlebnis, nicht mehr der Versager zu sein, überflüssig und unwert, sondern ein unbeschriebenes Blatt mit offener Zukunft.

Familienleben

Im Gegensatz zu den zeitgenössischen Anstalten mit ihren Großgruppen von 20 bis 30 Kindern und Jugendlichen richtete Wichern Familiengruppen mit maximal 12 Kindern ein, die von je einem Bruder betreut wurden und in einer eigenen Wohnung oder einem eigenen Haus wohnten. Wichern sah ein Hauptübel seiner Zeit im Zerfall der Familienstrukturen. Seine Kinder sollten nach dem Vorbild einer christlichen Familie leben dürfen.

„Der ‚Hauptberuf' der Familie ist, dass sie sich als die von Gott geordnete Stätte beweise, an welcher die Jugend, dies stets sich erneuernde Kleinod der Menschheit, als der teuerste Schatz des Hauses in der Furcht Gottes mit allen Lebenskräften der Liebe, Wahrheit und Erkenntnis durchbildet und von innen und außen gegen die Gefahren des Leibes und der Seele bewahrt und verwahrt werden soll" (ebd., Bd. III, S. 1081).

Drei wesentliche Vorteile sah er in der Organisationsform Familie:
(1) Sie fördert die Bildung von Kindergemeinschaften. Wichern nannte sie Liebesgemeinschaften.
(2) Sie ermöglicht eine enge Beziehung von Kind und Erzieher.
(3) Durch die Vielzahl der Familien kann die geeignete Familie für das entsprechende Kind ausgewählt, der passende Erzieher gesucht, Freundschaften unterstützt, Geschwister in ihren Beziehungen gestützt werden (vgl. Lemke 1964, S. 41).

Das neue Kind wurde zunächst in ein „Noviziat" aufgenommen und beobachtet und erst nach Reinigungsbad, Schuldeingeständnis, Vergebungsakt und Bekenntnis zum Neuanfang in seine neue Familie aufgenommen.

Berufsausbildung

In der Arbeitserziehung zeigte sich die realistische, der gesellschaftlichen Realität zugewandte Haltung Wicherns:

„Weil Müßiggang, Trägheit und Arbeitsscheu mit zu den großen Übeln gehört, die an der Lebenskraft des Volkes nagen, so sollen die Kinder treu und redlich im Schweiße ihres Angesichts arbeiten lernen" (Wichern, Bergedorfer Bote 1833, Nr. 37, zit. nach: Lemke 1964, S. 47f.).

Den Jugendlichen wurden verschiedene, überwiegend handwerkliche Berufsmöglichkeiten angeboten. In den Werkstätten nahmen die Brüder die Funktion der Ausbilder wahr. Die Arbeitszeit umfasste einen großen Teil des Tages. Außer mittwochs und sonntags waren die Jugendlichen neben dem Schulunterricht im Sommer neun Stunden täglich in der Werkstatt oder bei der Landarbeit. Sie sollten eine realistische Vorstellung von den Anforderungen der Arbeitswelt entwickeln und wenig Zeit für „falsche Vergnügungen" haben (vgl. Lemke S. 49). 1836 wurde das Arbeitshaus „Goldener Boden" mit

Ausbildungswerkstätten für Schusterei, Tischlerei, Schneiderei, Drechslerei, Spinnerei, Glaserei, Malerei, Druckerei und Landwirtschaft eingerichtet. Die Jugendlichen sollten herstellen, was sie zum Leben brauchten und so durch ihre praktische Leistung an Selbstachtung gewinnen. Wichern war mit seiner Berufserziehung der gesellschaftlichen Entwicklung um fast ein Jahrhundert voraus. Bildung schloss für ihn bereits das praktische Erfahrungswissen, die produktive Arbeit, die Kenntnis technischer und wirtschaftlicher Abläufe ein. Erst nach der Jahrhundertwende haben Kerschensteiner und Lietz in Deutschland diese Aspekte in einer Arbeits- und Berufspädagogik herausgearbeitet.

Gemütsbildung, Feste und Feiern

Für Wichern waren Freude, Fest und Feier von zentraler Bedeutung, um die Kinder aus ihrer Gefühlsarmut zu befreien. Die Feiern bildeten einen festen Bestandteil des Jahres, der Stiftungstag des Rauhen Hauses, das Arbeitsfest, das Reformationsfest, die Feste des Kirchenjahres und die Gründungsfeier der einzelnen Häuser, zu denen Gäste und Ehemalige eingeladen wurden. Im Gesang und Spiel sah Wichern heilende Kräfte. Auch hier war er seiner Zeit voraus, denn in den Korrekturanstalten, aber auch in den pietistisch geführten Waisenhäusern war kein Platz für Spiel und Feier.

Nachbetreuung

Wichern erkannte, dass eine von Beziehung getragene Betreuung nach der Entlassung aus dem Rettungshaus nicht abbrechen durfte. Er versuchte durch Beratung, familiäre Verhältnisse zu ordnen; die Brüder mussten die Eltern regelmäßig besuchen. Er ermöglichte Eltern-Kind-Kontakte und suchte Meisterfamilien, die eine gute Betreuung in der Lehrstelle versprachen. Die Ehemaligen konnten am Sonntag und zu regelmäßigen Abendtreffen zurückkommen und über ihre Probleme berichten. Eine solche Nachbetreuung war der Heimerziehung seiner Zeit völlig fremd. Wichern wandte sich energisch gegen die Tendenz der damaligen Erziehungsanstalten, Eltern und Kinder zu trennen. Das Eltern-Kind-Verhältnis war für ihn eine „gottgesetzte Ordnung", die es auf jeden Fall zu wahren galt (vgl. ebd., S. 55).

Probleme und Krisen

In Schriften über Wichern werden oftmals nur die positiven Erfolge des Pädagogen dargestellt, Probleme dagegen gerne ausgeblendet. Lemke weist in ihrer Dissertation über Wichern auf Krisen hin, die in den Texten des Rauhen Hauses beschrieben sind: Jugendliche liefen immer wieder fort, trotz Vergebung und Chance des Neuanfangs; Werkstätten wurden von den Jungen angezündet; Gesellen von „Rauhhäuslern" blutig geschlagen. Eine nicht geringe Zahl von Jungen musste wieder entlassen werden, weil sie sich nicht einfügen konnten. Leistungsverweigerung war mit Strafen verbunden, so wurde Essensentzug als Sanktion eingesetzt (vgl. ebd., S. 49). Hier wird die in der Pädagogik bekannte Diskrepanz von Konzept- und Realzielen deutlich. Eine Lebensgemeinschaft von jugendlichen Verwahrlosten kann den Himmel auf Erden, das praktisch gelebte Reich Gottes zum Ziel haben, junge Menschen mit solch dissozialen Erfahrungen geben ihre Schwierigkeiten aber nicht an der Pforte des Heimes ab.

Lesetext

Mein Kind, dir ist alles vergeben

„Es ist Zeit, nicht länger bei der mehr äußeren Gestaltung der Idee (des Rauhen Hauses), die sich noch nicht verwirklicht hat, zu verweilen; vielmehr auf den Geist, aus welchem die Gestaltung hervorgehen soll und in welchem die Anstalt allein bestehen und gedeihen kann, hinzuweisen. . . Das ist aber der Geist des Glaubens an Christus, der durch die Liebe sich tätig, wirksam und geschäftig erweist, der Geist, mit dem der Mensch das Glauben und Lieben weder lassen kann noch lassen will (. . .) Mit diesem Geist und der ebenso freundlich als ernsten, Rettung verheißenden Liebe will die Anstalt jedem einzelnen Kinde sogleich entgegentreten, und wie vermöchte sie dies kräftiger als mit dem freudig und frei machenden Worte:

Mein Kind, dir ist alles vergeben! Sieh um dich her, in was für ein Haus du aufgenommen bist! Hier ist keine Mauer, kein Graben, kein Riegel; nur mit einer schwerem Kette binden wir dich hier, du magst wollen oder nicht; du magst sie zerreißen, wenn du kannst; diese heißt Liebe, und ihr Maß ist die Geduld. Das bieten wir dir; und was wir fordern, ist zugleich das, wozu wir dir verhelfen wollen, nämlich dass du deinen Sinn änderst und fortan dankbare Liebe übst gegen Gott und Menschen!

Von dem Geiste solcher Liebe soll in dem Rettungsdorfe alles zeugen, was dem Kinde irgendwie entgegenkommt, so dass ihm unwillkürlich bewußt werden muss: hier bin ich in einer neuen Welt, die ich geahnt und bisher nicht gefunden habe" (Wichern 1901–1908, Bd. V, S. 39f.).

Hausordnung und Tagesablauf

„Im Sommer um 5 Uhr und früher läutet die große Glocke der Aufsichtsgehilfe, welcher mit mir und meiner Familie zusammen in dem Hauptgebäude wohnt und in demselben die speziellere Aufsicht teils über die neu aufgenommen, teils über die etwa kranken Kinder führt. Alles erhebt sich beim ersten Klange der Glocke vom Schlafe und nach kurzem Gebet der Gehilfen mit den ihnen zugewiesenen Kindern beginnen sogleich die Hausarbeiten, sowohl bei den Knaben als bei den Mädchen. Jedes Kind macht sein Bett selbst, und die Knaben gehen an den Teich, sich zu wachen, worin sie im Sommer früh baden und schwimmen . . .

Die jedesmaligen Wasserträger, Stubenfeger und etliche andere sowie die Viehwärter müssen dann bei der Arbeit bleiben, um 6 Uhr aber fällt 4 mal die Woche eine Unterrichtstunde Lesen und Schreiben (. . .) Die Mädchen sind während dieser Zeit, nachdem sie sich in der Küche des Rauhen Hauses gewaschen haben, ebenso wie die Knaben, aber ohne in diesen Stunden Unterricht zu haben, beschäftigt. Vier derselben verrichten gleich von früh an den Tag hindurch die Dienstbotenarbeiten mit im größern Hause (. . .) Während der Zeit ist es 7 Uhr geworden und das erste Frühstück in der Küche bereitet (dickgekochte Buchweizengrütze mit Milch, am Sonntag aber Brot mit Milch). Zu dem Frühstück mit allem, was dazu gehört, ist eine halbe Stunde angesetzt und genau um 7 ½ Uhr im Sommer wird zur gemeinsamen Hausandacht geläutet. Familienweise kommen dann die Kinder mit ihren Bibeln, die Mädchern von der einen, die Knaben von der andern Seite mit den Gehilfen durch verschiedene Eingänge in den Betsaal. (. . .) Diese Hausandacht währt jedesmal eine Stunde (. . .) Unmittelbar nach dem Morgengebet werden die Hände und Gesichter der Kinder inspiziert (. . .) Danach folgt von 8 ½ bis 9½ eine Unterrichtsstunde, worin biblische Geschichten Alten und Neuen Testaments gelehrt wird (. . .) auch unterriche ich in diesen Stunden die Konfirmanden. (. . .) Nach diesem fällt um 9 ½ das zweite Frühstück, bestehend in einem Stück des von den Kindern selbst gebackenen Hausbrotes (. . .) nun wird die Werkstatt geöffnet und die Arbeitsglocke (im Schweizerhause) geläutet, um welche sich die Knaben versammeln, teils um die Geräte in Empfang zu nehmen, teils sich die Arbeit anweisen zu lassen (. . .) Bis Mittag geht dann die Arbeit und der Verkehr im Hause, in der Werkstatt, im Garten und auf dem Felde ununterbrochen unter steter Mitarbeit der Gehilfen vorwärts. (. . .) Ebenso sind die Mädchen beschäftigt, die kleineren besonders mit Kartoffelschälen u. dgl., die größeren im Hausstande, teils im Mädchenhause, teils im Ökonomiegebäude und besonders bei der Wäsche, beim Waschen selbst, beim Auftrocknen, Rollen, Plätten etc. Wenn die Hände hiermit fertig sind, finden sie allezeit reichliche Arbeit beim Nähen, Flicken, Stricken, zum Sommer auch im Garten vor. Die zwölfte Stunde wird durch Geläute mit der großen Gebetsglocke bezeichnet (. . .) Gegen 1 Uhr aber gibt die Hausmutter mit derselben Glocke das Zeichen, dass die Morgenarbeit ein Ende und alles sich zum Mittag zu rüsten habe. (. . .) Es essen nicht alle Hausgenossen gemeinschaftlich an einem Tisch, in welchem Falle ein Tisch für mehr als 60 Personen gedeckt werden müsste, wozu schon der nötige Raum fehlen würde. (. . .)

> Vielmehr ißt für gewöhnlich jede Kinderfamilie je an einem Tisch, in den verschiedenen Häusern, von einander getrennt, jede unter Aufsicht des zu ihr gehörenden Gehilfen (...) Um 2 Uhr ruft die Arbeitsglocke wieder zur Arbeit bis zur Vesperzeit 4 ½. (...) Von 2 bis 3 hat immer ein Gehilfe (und einzelne Knaben) Musikunterricht (Klavierspiel), was aber den Arbeitsgang des Ganzen nicht unterbricht. (...) Im Winter ist bisher von 5 bis 7 Uhr (...) unterrichtet; im Sommer aber wird, und namentlich in der Saat- und Erntezeit, teils durchgearbeitet, teils von 6 bis 7 Uhr unterrichtet. Von 7 bis 7 ¾ Uhr folgt eine Ruhestunde, in welcher wir im Winter sämtliche Kinder zu Gesprächen oder zum Vorlesen u. dgl. versammeln. (...) Nach dem Abendgebet (von 7 ¾ bis 8 Uhr herum) und dem Abendbrote, das gewöhnlich auf unserer Diele (Betsaal) ausgeteilt und verzehrt wird, gehen die Kinder gegen 8 ¾ zu Bette. (...) Auf dem Schlafboden darf nach dem Gebete von den Kindern nicht weitergesprochen werden" (3. Bericht über die innere Geschichte des Rauhen Hauses im Jahre 1835, zit. nach Klink 1964, S. 70ff.).

Impulse für die heutige Erziehungspraxis

Wicherns pädagogische Ideen waren für die Situation der Mitte des 19. Jahrhunderts revolutionär, vieles davon hat bis heute Spuren hinterlassen. Die Abschaffung der Erziehungs- und Korrekturanstalt als Massenbetrieb mit Gruppen von 25 bis 30 Jugendlichen und die Bildung von Familiengruppen für maximal zehn junge Menschen, die ein eigenes Haus haben, war damals richtungsweisend und ist auch heute noch bedeutsam, obwohl heute noch kleinere Gruppen von drei bis sechs Bewohnern gefordert werden. Die Hochschätzung des Individuums, der Glaube an seine Veränderungskraft und die gleichzeitige Betonung der Gemeinschaftserziehung, heute als Personalisations- und Sozialisationsprozesse bezeichnet, finden wir ebenfalls bis heute in vielen Erziehungskonzepten wieder. Vertrauen und Liebe, Helfen statt Strafen sind ebenfalls moderne Erziehungsprinzipien. Die Wertschätzung des Spiels und seiner heilenden Kräfte gehören inzwischen zu den Grundlagen der Heilpädagogik und haben in den Kanon der musischen Fächer sozialpädagogischer Ausbildungen Eingang gefunden. Ebenso ist die Bedeutung der Arbeitserziehung und Berufsausbildung für junge Menschen bis heute aktuell und hat mit den Berufsbildungswerken und Einrichtungen der Jugendhilfe ihren institutionellen Rahmen erhalten. Wicherns Vorstellungen einer Nachbetreuung nach der Entlassung aus dem Heim gelten heute als unverzichtbar, will man den Erfolg von Heimerziehung sichern.

Wichern hatte sehr früh erkannt, dass für die Konstanz von Beziehungen realistischerweise Berufserzieher notwendig sind, die gut ausgebildet werden müssen und die eine berufliche Perspektive nach ihrem Engagement in der Heimerziehung brauchen. Er gründete eine „Bruderschaft", die heute im Rauhen Haus als „Brüder- und Schwesternschaft" besteht. Hier drängt sich der Vergleich zu Don Bosco in Italien auf, der einen Erzieherorden, die Salesianer, gründete. Ein besonders beachtenswertes Element ist bei Wicherns Konzept der Akt der Vergebung und des Neuanfangs, der aus psychoanalytischer Sicht hoch bewertet wird und ein bedeutsames Gegengewicht gegen Stigmatisierungstendenzen darstellt. Ein solcher Vergebungsakt ist nicht nur in einer christlichen Erziehung sinnvoll, sondern psychologisch auch ohne religiösen Hintergrund bedeutsam. Erzieher/Eltern und Kinder werden oftmals aneinander schuldig. Eine echte Vergebung und ein ehrlicher Neuanfang bergen Chancen für die Fortsetzung einer Beziehung nach einem Konflikt und sind erheblich effektiver, als ein oberflächliches „Schwamm drüber".

Das Rauhe Haus in Hamburg ist heute eine bekannte Einrichtung mit Werkstätten, Wohngruppen, Beratungsstellen und anderen sozialen Einrichtungen. Im Mittelpunkt der Arbeit stehen Kinder und Jugendliche, die Pflege alter und psychisch kranker Menschen sowie die Betreuung von Menschen mit geistiger Behinderung. Darüber hinaus unterhält die Stiftung Rauhes Haus Grund-, Haupt-, Realschulen und ein Gymnasium, eine Hochschule für Soziale Arbeit, eine Fachhochschule für Sozialwesen und eine Altenpflegeschule. Ca. 1.000 MitarbeiterInnen betreuen ca. 1.400 Menschen und unterrichten ca. 2.000 Schüler und Studenten. Über 650 Mitglieder der „Brüder- und Schwesternschaft" arbeiten in Feldern diakonischer oder Sozialer Arbeit und im kirchlichen Dienst (175 Jahre Rauhes Haus Hamburg 2008).

Übungsfragen

1. In welcher gesellschaftspolitischen und historischen Situation lebte Wichern? Welche Bedingungen seiner Zeit beeinflussten seine sozialreformerischen Initiativen?

2. Beschreiben Sie die wirtschaftliche Situation der Mitte des 19. Jahrhunderts. Welche Probleme stellten sich für die Tradition des Handwerks, der Struktur der Familien und für die soziale Entwicklung der Gemeinwesen?

3. Welche Faktoren machte Wichern für die Entwicklung jugendlicher Verwahrlosung verantwortlich?

4. Welches theologische und pädagogische Konzept steht hinter der Idee eines Rettungshauses? Welches Menschenbild ist erkennbar?

5. Welche Erwartungen stellte Wichern an den Beruf des Erziehers, beziehungsweise des Bruders? Nehmen Sie Stellung, ob diese Erwartungen mit dem heutigen Verständnis eines Berufserziehers vereinbar sind.

6. Wichern stellte die Vergebung der Schuld an den Anfang der Erziehung eines jeden neuen Kindes. Welche psychologischen Erklärungen sind für diesen Akt möglich und wie ist er pädagogisch zu beurteilen?

7. Berufsausbildung und Arbeitserziehung waren ein zentralen Anliegen Wicherns. Welche Intentionen verfolgte er für den einzelnen und für die Volksbildung?

8. Welchen Stellenwert hatten Feste und Feiern im Rauhen Haus? Vergleichen Sie die Spiel- und Feierpraxis mit modernen spieltheoretischen Ansätzen.

9. Welche Impulse für die heutige Erziehungspraxis bietet Wicherns pädagogisches Konzept des Rauhen Hauses? Welche Elemente sind heute noch aktuell, welche sind überholt?

10. Vergleichen Sie das Erziehungskonzept Wicherns mit dem Don Boscos. Welche verbindenden und welche trennenden Elemente erkennen Sie?

Literatur

Heidenreich, U. (1997): Mut zur Tat. Johann Hinrich Wichern. Begründer der Inneren Mission, Hamburg

Lemke, H. (1964): Wicherns Bedeutung für die Bekämpfung der Jugendverwahrlosung, Diss. Hamburg

Klink, J. G. (Hg.) (1964): Schriften zur Sozialpädagogik von Johann Hinrich Wichern, Bad Heilbrunn

Rauhes Haus (Hg.) (1997): Mitten im Leben, Hamburg

Schambach, S. (2008): Johann Hinrich Wichern, Reihe Hamburger Köpfe

Schmuhl, H.W. (2008): Senfkorn und Sauerteig – Die Geschichte des Rauhen Hauses zu Hamburg 1833–2008, Hamburg

Wichern, J. H. (1958): Sämtliche Werke. Hg. von Meinhold, P. Berlin/Hamburg

ders. (1962): Ausgewählte Schriften. Hg.von Janssen, K. u. Sieverts, R., 3 Bde, Gütersloh 1956–1962

ders. (1908): Gesammelte Schriften, VI Bde., Hamburg 1901–1908

Wehr, G. (1983 u. 2007): Herausforderungen der Liebe. Johann Hinrich Wichern und die innere Mission, Stuttgart

Medien

Die Liebe gehört mir wie der Glaube. Johann Hinrich Wichern, 1965, (Dia-Reihe, 44 Bilder und Textkarten), Landesmedienstelle Baden Württemberg Stuttgart, Medien-Nr. 100728; oder: Rauhes Haus Hamburg,

Johann Hinrich Wichern, Leben und Werk, DVD, 22 Min., Rauhes Haus

Webliografie

http://www.rauheshaus.de

de.wikipedia.org/Johann_Hinrich_Wichern

de.wikipedia.org/wiki/Rauhes_Haus

5.4 Rudolf Steiner (1861–1925) Anthroposophische Erziehung und Waldorfpädagogik

Biografie

Rudolf Steiner wurde am 27. Februar 1861 als erstes Kind des Bahnbeamten Johann Steiner und seiner Ehefrau Franziska, geb. Blie, in Kraljevec in Ungarn geboren. Er ist Begründer der Anthroposophie und der damit verbundenen Waldorfpädagogik. Obwohl sich die Anthroposophie als nicht jedem Menschen verständliche „Geheimwissenschaft" versteht, ist sie vielen Menschen zumindest vom Namen bekannt. Zahlreiche Eltern schicken ihre Kinder in Waldorfkindergärten oder -schulen, in denen nach den Grundsätzen Steiners erzogen wird. Waldorfschulen gelten für viele Eltern als besonders kinderfreundlich, da dort keine Noten erteilt werden, es keine Versetzung und somit auch keine Wiederholungspflicht gibt und ein Lehrer seine Klasse acht Jahre lang in allen Fächern unterrichtet. Anthroposophische Erziehung wirkt auf viele Menschen interessant und reizvoll, obwohl die wenigsten differenzierten Kenntnisse der Philosophie Steiners besitzen und oftmals die anthroposophische Erziehung auf Stressfreiheit, verstärkte musische Bildung und Schonraum für das Kind reduziert wird.

Rudolf Steiner glaubte während seines Studiums an der Technischen Hochschule in Wien bei sich eine stark entwickelte Fähigkeit zu entdecken, eine vermeintlich übersinnliche, geistige Welt zu erfassen. Durch intensives Studium der Schriften Goethes gewann er nach eigenen Angaben „Zugang zu jenem Bereich des verborgenen, geheimen oder esoterischen Wissens, der unter der Oberfläche unseres allgemeinen, geistigen und kulturellen Lebens steht" (Reimer, zit. aus: König: Anthroposophie und Rudolf Steiner. In: Beckers/Kohle, S. 196).

Für Steiners Denken wurde vor allem eine Geistesströmung prägend, in der sich religiöse Lehren aus Indien, gnostische Traditionen und späthellenistische

Mysterienreligionen zur sogenannten Theosophie vermischten (Theosophie, griech.: Gottesweisheit). Die Theosophie ist ein weltanschauliches System, das an die Entwicklung alles Seienden vom Rein-Geist in den Stoff und wieder zurück in den Geist glaubt und der Wiedergeburt (Reinkarnation) eine zentrale Rolle zuspricht.

1913 gründete Steiner die Anthroposophische Gesellschaft mit Sitz in Dornach bei Basel. Sie zählt heute ca. 15.000 Mitglieder und eine großen Zahl von Sympathisanten. Das Goetheanum in Basel wurde zum Sitz für Ausbildung und Studium der Anthroposophie. Die Anthroposophen haben eine eigene Kultusgemeinschaft, die „Christengemeinschaft", die 1922 in Dornach durch Steiner zusammen mit einigen evangelischen Pastoren ins Leben gerufen wurde. Geleitet werden die Gemeinden von ca. 150 Priestern, die im Zentrum der Christengemeinschaft in Stuttgart und Hamburg in eigenen Priesterseminaren ausgebildet werden. An ihrer Spitze steht ein siebenköpfiges Leitungsgremium mit sechs sogenannten „Lenkern" und einem „Erzoberlenker" (vgl. Linderberg 2011 u. Zander 2011).

Zeittafel

1861	Rudolf Steiner wird am 27.2.1861 als erstes Kind des Bahntelegrafenbeamten Johann Steiner und seiner Ehefrau Franziska, geb. Blie, in Kraljevec Ungarn (heute Kroatien) geboren
1863–1872	Übersiedlung nach Pottschach in Niederösterreich; der Vater wird dort Stationsvorsteher; später Versetzung des Vaters nach Neudörfl (heute Burgenland); Besuch der Dorfschule
1872	Besuch des naturwissenschaftlichen Realgymnasiums in der Wiener Neustadt
1877	Beschäftigung mit dem Werk Immanuel Kants
1879	Abiturprüfung mit Auszeichnung; Beginn des Studiums der Mathematik, Naturwissenschaft, Philosophie an der Technischen Hochschule Wien
1882	Tätigkeit als Privatlehrer; Herausgeber von Goethes naturwissenschaftlichen Schriften in der Sammlung „Deutsche National Literatur"
1886–1897	Veröffentlichung: „Grundlinien der Erkenntnistheorie der Goetheschen Weltanschauung"; Redakteur der Deutschen Wochenschrift in Wien; Freier Mitarbeiter am Goethe- und Schillerarchiv in Weimar
1898	Promotion zum Dr. phil. in Rostock, Thema: „Grundlage der Erkenntnistheorie mit besonderer Rücksicht auf Fichtes Wissenschaftslehre"; in den Folgejahren zahlreiche Veröffentlichungen

1899–1904	Referent an der Berliner Arbeiterbildungsschule; Heirat mit Anna Eunike; Veröffentlichungen: „Welt- und Lebensanschauung im 19. Jahrhundert"; „Die Mystik im Aufgange des neuzeitlichen Geistesleben"; „Das Christentum als mystische Tatsache und die Mysterien des Altertums"; Eintritt in die Theosophische Gesellschaft
1910	Veröffentlichung: „Die geistige Führung des Menschen und der Menschheit"
1913	Austritt aus der Theosophischen Gesellschaft; Gründung der Anthroposophischen Gesellschaft; Grundsteinlegung des Goetheanum in Dornach bei Basel; Schwerpunktverlagerung der Arbeit nach Dornach
1919	Gründung der Freien Waldorfschule in Stuttgart; Beginn der Freien Anthroposophischen Hochschule am Goetheanum; Kurse für Pädagogen, Ärzte, Künstler, Unternehmer
1922	Gründung der Christengemeinschaft. Gründung Anthroposophischer Gesellschaften in Norwegen, England, Österreich
1923	Zerstörung des Goetheanum durch Brandstiftung; Wiederaufbau
1924	Begründung der biologisch-dynamischen Landwirtschaft; Einrichtung sogenannter „Heilpädagogischer Kurse" und Entwicklung der „Eurythmie"; Ausbildung von Priestern der Christengemeinschaft
1925	Am 30. März stirbt Rudolf Steiner im Alter von 64 Jahren in seinem Atelier am Goetheanum

(Die Zeittafel ist orientiert an Lindenberg 1997, S.148ff.)

Pädagogische Leitideen und Konzept

Rudolf Steiner war nicht in erster Linie Pädagoge, sondern ein Philosoph und theologischer Denker der von ihm begründeten Anthroposophie. Diese weltanschauliche Bewegung will ein Erkenntnisweg sein, der den Menschen durch eine „Geisteswissenschaft" zur Schau geistiger Mächte und zur Vervollkommnung des Menschseins führt. Steiner hat, nach eigener Aussage, seine Erkenntnisse aus der sogenannten „Akasha-Chronik", einem Weltgedächtnis aus geiststofflicher Substanz in okkulter (geheimer oder verborgener) Schau empfangen. Einige Anhänger glauben, dass nur er diese Schau hatte und er daher der einzige ist, der diese Chronik lesen und interpretieren kann. Die „Akasha-Chronik" soll eine Art Weltbiografie sein, welche die menschlichen Epochen in einen Gesamtzusammenhang einzuordnen versucht.

Nach dieser Lehre stand am Anfang der kosmischen Entwicklung das „Rein-Geistige". Der Planet Erde durchläuft, wie auch der Mensch,

5.4 Rudolf Steiner (1861–1925)

verschiedene Reinkarnationen (Wiedergeburt) (vgl. König o.J., S. 119). Gott wird als eine Art kosmisches Ich gesehen, aus dem der Mensch stammen soll.

Wenn sich die Anthroposophie als Weisheit über den Menschen versteht, ist zu fragen, welches Menschenbild sie hat. Rudolf Steiner verwendet Begriffe, die der heutigen wissenschaftlichen Anthropologie und naturwissenschaftlich orientierten Psychologie fremd sind.

Menschenbild

Nach Steiner besteht der Mensch aus vier Wesensgliedern:
(1) dem physischen Leib (dem Mineralreich zugehörig, stofflich, wie die unbelebte Welt),
(2) dem Ätherleib (dem Pflanzenreich zugehörig; besteht aus wirkenden Kräften),
(3) dem Astralleib (dem Tierreich zugehörig; Träger von Empfindungen, Lust, Freude, Schmerz, Leidenschaft),
(4) dem Ich-Leib (Träger der höheren Menschenseele).

Der physische Leib, der Ätherleib und der Astralleib sind leiblicher Art. Empfindungsseele, Verstandesseele und Bewusstseinsseele sind seelischer Art. Geistselbst, Lebensgeist, Geistesmensch sind geistiger Art. Nach der anthroposophischen Lehre wirkten im sogenannten „Luzifer-Ereignis", der biblischen Revolte der geistigen Wesen (Engel) gegen Gott, diese Wesen auf den noch unfertigen menschlichen Astralleib ein (vgl. ebd., S. 119).

Das noch labile Ich verlor seine Orientierung am Ursprung, geriet immer mehr in den Bannkreis der Materie und erlebte als Folge die Verstrickung in Leidenschaften, Geschlechtertrennung, Krankheit und Tod. Somit wurde die Reinkarnation notwendig, um wieder zum Urzustand zu gelangen. Nach dem Tod wird der Mensch neu aufgebaut. Das Ich bekommt durch den Kontakt mit den geistigen Wesen Einsicht in das vergangene Leben, kann bereuen und wird geläutert, bevor es erneut inkarniert wird. Im Weltzeitalter von 2160 Jahren wird der Mensch nach anthroposophischer Lehre zweimal geboren, einmal als Mann und einmal als Frau. Die Reinkarnation dient der Höherentwicklung des Menschen. Bevor das Ich nach dem Tode in einem neuen Körper Aufnahme findet – die Geistwesen begleiten das Ich zu einem neuen Elternpaar –, werden die seelischen Organe neu aufgebaut. Sie ziehen Astralmaterie an und gestalten den zukünftigen Astralleib. Kurz vor dem Eintauchen in den physischen Leib hat der Mensch Gelegenheit, einen Ausblick auf das kommende Leben (Karma) zu erhalten (vgl. ebd., S. 119).

Ein Mensch mit einer geistigen Behinderung ist nach der – allen Erkenntnissen der Medizin und Psychologie widersprechenden – Auffassung der Anthroposophie ein Wesen, welches nach der Geburt durch die Vorschau auf sein zukünftiges Leben einen Schock erhalten hat und sich weigert, den physischen Leib ganz anzunehmen. Die Folge ist die fehlende Übereinstimmung zwischen Geist und Gehirn. Geistige Behinderung bedarf daher, so die Lehre Steiners, nicht der Rehabilitation, sondern der Seelenpflege. Den entsprechenden Menschen muss geholfen werden, höhere geistige Erfahrungen zu machen, damit er im späteren Leben den Mut zur Höherentwicklung hat. In diesem Verständnis ist es deshalb sinnvoll, Menschen mit geistiger Behinderung mit Gedichten, anspruchsvollen Literaturtexten und Musik zu konfrontieren. Diese Medien sprechen eben nicht nur den Verstand an, sondern wirken auch auf das Seelenleben.

Kindliche Entwicklung

Die Anthroposophie greift nicht auf die Erkenntnisse der Entwicklungspsychologie zurück, sondern nimmt an, dass jeder Mensch im Abstand von jeweils sieben Jahren mehrere Geburten durchlebt. Diese „Jahrsiebte" bilden keine Entwicklungsstufen, die aufeinander folgen, ebenso wenig sind sie als Schalen zu verstehen, die jeweils eine neue Schicht freilegen, sondern sie stellen Metamorphosen dar. Die Jahrsiebte kennzeichnen typische Dispositionen des Kindes zum Lernen, sie machen auf spezifische Lernformen des Kindes aufmerksam und zeigen darum, welches Verhalten der Erwachsene diesen Dispositionen und Lernbereitschaften am besten entgegenkommt (vgl. Lindenberg 1997, S. 177). In der physischen Geburt verlässt der Mensch die Mutterhülle und stellt sich der materiellen Welt. Obwohl er inkarniert ist, hat der Mensch das kosmische Bewusstsein und die Erinnerung daran verloren und passt sich wieder den Erdenbedingungen an. Dies ist die Zeit des Vorbildes und der Nachahmung. Aufgabe des Erziehers ist die Umgebung des Kindes angenehm, anregend, vorbildlich und nachahmenswert zu gestalten. Zu früh erlebte Probleme und Krisen stören diese Phase und gefährden den jungen Menschen.

Im zweiten Jahrsiebt findet der Zahnwechsel statt, der Ätherleib streift die Ätherhülle ab. Es ist die Zeit der Autorität und der Nachfolge. Gewohnheiten, Charakter, Temperament und Gewissen werden gebildet. Vordringliche Aufgabe des Erziehers ist es, Vorbild zu sein, die Gesetze des Lebens durch gute Geschichten, Gleichnisse, Symbole, Handlungen und Autorität erleben zu lassen. Liebe, Verehrung und Vertrauen sind die Medien, durch welche der Lehrer das schulreife Kind mit der Welt vertraut machen soll (vgl. ebd., S. 177).

Das dritte Jahrsiebt ist die Zeit der Geschlechtsreife. Die Reife des Verstandes bildet sich aus, abstraktes und philosophisches Denken werden möglich, der Erzieher wird Gesprächspartner und Bezugsperson. Der junge Mensch beginnt sich von der vorgesetzten Autorität zu befreien und selbstgewählten Idealen zu folgen.

5.4 Rudolf Steiner (1861–1925)

Im vierten Jahrsiebt gründet der Mensch Familie und gestaltet die Welt.

Die Waldorfpädagogik

1919 beauftragte Emil Nolt, Direktor der Zigarettenfabrik Waldorf Astoria in Stuttgart, Rudolf Steiner mit der Einrichtung einer Schule für die Kinder seiner Arbeiter. Die Waldorfschule zeigte gleich zu Beginn eine Reihe von revolutionären Neuerungen, die weitgehend bis heute erhalten sind:
(1) Koedukation der Geschlechter,
(2) soziale Koedukation verschiedener Volksschichten,
(3) ein Klassenlehrer, der die Schüler von der ersten bis zur achten Klasse führt,
(4) Epochenunterricht, d. h. ein Jahresthema statt eines Stoffplans,
(5) keine Zensuren, sondern Verbalbeurteilungen,
(6) kein Sitzenbleiben,
(7) künstlerisches Arbeiten und Handwerk in allen Altersstufen (Handarbeit, Malen, Musik, Rezitation, Eurythmie, Weben, Spinnen, Theaterspiel und Gartenbau)

(vgl. Lindenberg 1997, S. 175f.).

Anthroposophische Erziehung und Waldorfpädagogik sind nach Rudolf Steiner nicht Sozialisationshilfe, sondern Inkarnationshilfe. Der Schüler, das Kind ist eine ewige Individualität, die sich über mehrere Inkarnationsstufen und Weltsysteme hinweg vervollkommnet. König (o.J., S. 124) spitzt in einem kritischen Aufsatz über die Anthroposophie die Aufgabe des Lehrers zu: „So kommt aus anthroposophischer Sicht dem Lehrer die Rolle eines Priesters zu, und Unterricht gerät zum Gottesdienst, zum Dienst an der Seele des Kindes und an der Entfaltung des Göttlichen im Kinde."

Die erste Waldorfschule in Stuttgart wurde ein großer Erfolg. Die Schülerzahl stieg von 256 im Gründungsjahr 1919 auf 784 im Jahre 1924. Heute gibt es in Deutschland rund 70 Waldorfschulen mit ca. 30.000 Schülern. Weltweit existieren etwa 200 Waldorfschulen. Die anthroposophische Bewegung hat aber auch auf andere Lebensbereiche Einfluss genommen. So gibt es heute Waldorfkindergärten, anthroposophische Lebensgemeinschaften behinderter und nichtbehinderter Menschen, anthroposophische Krankenhäuser, Reformhausprodukte aus biologisch-dynamischen Landbau und Arzneimittelfabriken für Alternativmedikamente. Mit der Christengemeinschaft hat sich die Anthroposophie eine eigene Religion mit Priestern und einem Priesterseminar in Stuttgart geschaffen.

Lesetext

Ein Vortrag über Pädagogik

Die Gegenwart ist die Zeit des Intellektualismus. Der Intellekt ist diejenige Seelenkraft, bei deren Betätigung der Mensch am wenigsten mit den Innern seines Wesens beteiligt ist. Man spricht nicht zu Unrecht von dem kalten intellektuellen Wesen. Man braucht nur daran zu denken, wie der Intellekt auf die künstlerische Anschauung und Betätigung wirkt. Er vertreibt oder beeinträchtigt sie. Künstler fürchten sich auch davor, dass ihre Schöpfungen von der Intelligenz begrifflich oder symbolisch erklärt werden. In dieser Klarheit verschwindet die Seelenwärme, die im Schaffen den Werken das Leben gegeben hat. Der Künstler möchte sein Werk von den Gefühlen, nicht von dem Verstande, ergriffen wissen. Denn dann geht die Wärme, in derer es erlebt hat, in den Betrachter über. Von der intellektuellen Erklärung aber wird diese Wärme zurückgestoßen.

Im sozialen Leben ist es so, dass der Intellektualismus die Menschen voneinander absondert. Sie können in der Gemeinschaft nur recht wirken, wenn sie ihre Handlungen, die stets auch Wohl und Wehe der Mitmenschen bedeuten, etwas von ihrer Seele mitgeben können. Ein Mensch muss an dem andern nicht nur dessen Betätigung erleben, sondern etwas von dessen Seele. In einer Handlung aber, die dem Intellektualismus entspringt, hält der Mensch sein Seelisches zurück. Er läßt es nicht in den andern Menschen hinüberfließen.

Man spricht schon lange davon, dass in Unterricht und Erziehung der Intellektualismus lähmend wirkt. Man denkt dabei zunächst nur an die Intelligenz des Kindes, nicht an die des Erziehenden. Man will die Erziehungs- und Unterrichtsmethoden so gestalten, dass in dem Kinde nicht bloß der kalte Verstand in Wirksamkeit tritt und zur Entwicklung kommt, sondern dass in ihm auch die Wärme des Herzens entfaltet wird.

Die anthroposophische Weltanschauung ist damit vollkommen einverstanden. Sie anerkennt im vollsten Maße die vorzüglichen Erziehungsmaximen, welche durch diese Forderung Leben gewonnen haben. Aber sie ist sich klar darüber, dass die Seele nur von einer Seele mit Wärme erfüllt werden kann. Deshalb meint sie, dass vor allem die Pädagogik selbst und dadurch die ganze pädagogische Tätigkeit der Erziehenden beseelt werden müsse. In die Unterrichts- und Erziehungsmethoden ist im Laufe der neueren Zeit stark der Intellektualismus eingezogen. Es ist ihm dieses auf dem Umwege durch das moderne wissenschaftliche Leben gelungen. Die Eltern lassen sich von der Wissenschaft sagen, was dem Leiblichen, Seelischen und Geistigen des Kindes gut ist. Die Lehrer empfangen in ihrer eigenen

5.4 Rudolf Steiner (1861–1925)

Ausbildung von der Wissenschaft den Geist ihrer Erziehungsmethoden.

Aber diese Wissenschaft ist zu ihren Triumphen eben durch den Intellektualismus gekommen. Sie will ihre Gedanken gar nicht etwa von dem eigenen Seelenleben des Menschen mitgeben. Sie will ihnen alles geben lassen von der sinnlichen Beobachtung und dem Experiment.

Eine solche Wissenschaft kann die ausgezeichnete Naturerkenntnis ausbilden, die in der neuen Zeit entstanden ist. Sie kann aber nicht eine wahre Pädagogik begründen. Eine solche muss aber auf einem Wissen ruhen, das den Menschen nach Leib, Seele und Geist umfasst. Der Intellektualismus umfasst den Menschen nur nach dem Leibe. Denn der Beobachtung und dem Experiment offenbart sich nur das Leibliche.

Es ist erst die wahre Menschenkenntnis notwendig, bevor eine wahre Pädagogik begründet werden kann. Und eine wahre Menschenkenntnis möchte die Anthroposophie erringen.

Man kann den Menschen nicht so erkennen, dass man erst seine leibliche Wesenheit durch eine bloß auf das sinnliche Erfaßbare begründete Wissenschaft in der Vorstellung aufbaut und dann frägt, ob diese Wesenheit auch beseelt ist, und ob in ihr ein Geistiges tätig ist.

Für die Behandlung eines Kindes ist eine solche Stellung zur Menschenerkenntnis schädlich. Denn weit mehr als beim Erwachsenen sind im Kinde Leib, Seele und Geist eine Lebenseinheit. Man kann nicht erst nach Gesichtspunkten einer bloßen Sinneswissenschaft für die Gesundheit des Kindes sorgen, und dann dem gesunden Organismus das beibringen wollen, was man für es seelisch und geistig angemessen hält. In jedem Einzelnen, das man seelischgeistig an dem Kinde und mit dem Kinde vollbringt, greift man gesundend oder schädlich in sein Leibesleben ein. Seele und Geist wirken sich im Erdendasein des Menschen leiblich aus. Der leibliche Vorgang ist eine Offenbarung des Seelischen und Geistigen. (. . .) Durch Sinneswissenschaft kann die Pädagogik nicht gedeihen; also begründe man sie nicht aus dieser Wissenschaft, sondern aus den Erziehungsinstinkten heraus die pädagogischen Methoden.

Das wäre in der Theorie anzuerkennen. Aber in der Praxis führt es zu nichts. Denn die moderne Menschheit hat die Ursprünglichkeit des Instinktlebens verloren. Es bleibt ein Tappen im Dunklen, wenn man aus heute nicht mehr elementar im Menschen vorhandenen Instinkten eine instinktive Pädagogik aufbauen will.

Das wird durch die anthroposophische Erkenntnis eingesehen. Durch sie kann man wissen, dass die intellektualistische Orientierung in der Wissenschaft einer notwendigen Phase in der Entwicklung der Menschheit ihr

Dasein verdankt. Die Menschheit der neueren Zeit ist aus der Periode des Instinktlebens herausgetreten. Der Intellekt hat seine hervorragende Bedeutung erhalten. Die Menschheit braucht ihn, um auf ihrer Entwicklungsbahn in der rechten Weise fortzuschreiten. Er führt sie zu demjenigen Grade der Bewußtheit, den sie in einem gewissen Zeitalter erklimmen muss, wie der einzelne Mensch in einem Lebensalter gewisse Fähigkeiten erringen muss. Aber unter dem Einflusse des Intellektes werden die Instinkte gelähmt. Man kann nicht, ohne gegen die Entwicklung der Menschheit zu arbeiten, zu dem Instinktleben wieder zurückkehren wollen. Man muss die Bedeutung der Vollbewußtheit anerkennen, die durch den Intellektualismus errungen worden ist. Und man muss dem Menschen in dieser Vollbewußtheit auch vollbewußt wieder geben, was ihm kein Instinktleben heute mehr zu geben vermag.

Dazu braucht man eine Erkenntnis des Geistigen und Seelischen, die ebenso auf Wirklichkeit begründet ist wie die im Intellektualismus begründete Sozialwissenschaft. Eine solche strebt die Anthroposophie an. Dies anzuerkennen, davor schrecken viele Menschen heute noch zurück. Sie lernen die Art kennen, wie die moderne Wissenschaft den Menschen verstehen will. Sie fühlen, so kann man ihn nicht erkennen. Dass aber eine neue Art weiter ausgebildet werden könne, um in ebensolcher Bewußtheit zu Seele und Geist vorzudringen wie zum Körperhaften, dazu will man sich nicht bekennen. Deshalb will man für die Erfassung und erzieherische Behandlung des Menschlichen wieder zu den Instinkten zurückkehren.

Aber man muss vorwärts gehen; und dazu hilft nichts als zu der Anthropologie eine Anthroposophie, zu der Sinneserkenntnis von Menschen eine Geisteserkenntnis hinzuzugewinnen. Das völlige Umlernen und Umdenken, das dazu nötig ist, erschreckt die Menschen. Und aus einem unbewußten Schreck heraus klagen sie die Anthroposophie als phantastisch an, während sie nur auf dem Geistgebiete so besonnen vorgehen will wie die Sinneswissenschaft auf dem physischen.

Man sehe auf das Kind hin. Es entwickelt um das siebente Lebensjahr herum seine zweiten Zähne. Diese Entwickelung ist nicht bloß das Werk des Zeitabschnittes um das siebente Jahr herum. Sie ist ein Geschehen, das mit der Embryonalentwickelung beginnt und im zweiten Zahnen nur den Abschluß findet. Es waren immer schon Kräfte in dem kindlichen Organismus tätig, welche auf einer gewissen Stufe der Entwickelung die zweiten Zähne zur Entwickelung bringen. Diese Kräfte offenbaren sich in dieser Art in den folgenden Lebensabschnitten nicht mehr. Weitere Zahnbildungen finden nicht mehr statt. Aber die entsprechenden Kräfte haben sich nicht etwa verloren; sie wirken weiter; sie haben sich bloß umgewandelt. Sie

5.4 Rudolf Steiner (1861–1925)

haben eine Metamorphose durchgemacht. Es findet sich noch andere Kräfte im kindlichen Organismus, die in ähnlicher Art eine Metamorphose durchmachen.

Betrachtet man in dieser Art den kindlichen Organismus in seiner Entfaltung, so kommt man darauf, dass die Kräfte, um die es sich da handelt, vor dem Zahnwechsel in dem physischen Organismus tätig sind. Sie sind untergetaucht in die Ernährungs- und Wachstumsprozesse. Sie leben in ungetrennter Einheit mit dem Körperlichen. Um das siebente Lebensjahr herum machen sie sich von dem Körper unabhängig. Sie leben als seelische Kräfte weiter. Wir finden sie in dem älteren Kinde tätig im Fühlen, im Denken.

Die Anthroposophie zeigt, wie dem physischen Organismus des Menschen ein ätherischer eingegliedert ist. Dieser ätherische Organismus ist bis zum siebenten Lebensjahr in seiner ganzen Ausdehnung im physischen Organismus tätig. In diesem Lebensabschnitte wird ein Teil des ätherischen Organismus frei von der unmittelbaren Betätigung am physischen Organismus. Er erlangt eine gewisse Selbstständigkeit. Mit dieser wird er auch ein selbstständiger, von dem physischen Organismus relativ unabhängiger Träger seelischen Lebens.

Da sich aber das seelische Erleben nur mit Hilfe dieses ätherischen Organismus im Erdendasein entfalten kann, so steckt das Seelische vor dem siebenten Lebensjahr ganz in dem Körperlichen darinnen. Soll in diesem Lebensalter Seelisches wirkam werden, so muss die Wirksamkeit sich körperlich offenbaren. Das Kind kann nur mit der Außenwelt in ein Verhältnis kommen, wenn dieses Verhältnis einen Reiz darstellt, der körperlich sich ausleben kann. Das ist nur der Fall, wenn das Kind nachahmt. Vor dem Zahnwechsel ist das Kind ein rein nachahmendes Wesen im umfassenden Sinne. Seine Erziehung kann nur darinnen bestehen, dass die Menschen seiner Umgebung ihm das vormachen, was es nachahmen soll.

Der Erzieher soll in sich selbst erleben, wie der menschliche physische Organismus ist, wenn dieser noch seinen ganzen ätherischen Organismus in sich hat. Das gibt die Menschenkenntnis des Kindes. Mit dem abstrakten Prinzip allein ist nichts anzufangen. Für die Erziehungspraxis ist notwendig, dass sie eine anthroposophische Erziehungskunst im einzelnen entwickelt, wie sich der Mensch als Kind offenbart.

Zwischen dem Zahnwechsel und der Geschlechtsreife steckt nun im physischen und im ätherischen Organismus ein seelischer Organismus darinnen – der von der Anthroposophie astralisch genannt – wie bis zum Zahnwechsel der ätherische im physischen.

Das bedingt, dass für dieses Lebensalter das Kind ein Leben entwickelt, das

> sich nicht mehr in der Nachahmung erschöpft. Aber es kann auch noch nicht nach vollbewußten, vom intellektuellen Urteil geregelten Gedanken sein Verhältnis zu andern Menschen bestimmen. Das ist erst möglich, wenn ein Teil des Seelenorganismus mit der Geschlechtsreife sich von dem entsprechenden Teile des ätherischen Organismus zur Selbstständigkeit loslöst. Vom siebten bis zum vierzehnten oder fünfzehnten Lebensjahre ist das Bestimmende für das Kind nicht diejenige Orientierung an den Menschen seiner Umgebung, die durch die Urteilskraft, sonder diejenige, die durch die Autorität bewirkt wird.
>
> Das hat aber zur Folge, dass die Erziehung für dieses Lebensjahr ganz im Sinne der Entwickelung einer selbstverständlichen Autorität gestaltet werden muss. Man kann nicht auf die Verstandesbeurteilung des Kindes bauen, sondern man muss durchschauen, wie das Kind annehmen will, was ihm wahr, gut, schön entgegentritt, weil es sieht, dass sein vorbildlicher Erzieher dies für wahr, gut, schön hält. Dazu muss dieser Erzieher so wirken, dass er gewissermaßen das Wahre, Gute und Schöne dem Kinde nicht bloß darstellt, sondern es ist. Was er ist, geht auf das Kind über, nicht, was er ihm lehrt. Alle Lehre muss wesenhaft, im Vorbilde vor das Kind hingestellt werden. Das Lehren selbst muss ein Kunstwerk, kein theoretischer Inhalt sein (Vortrag, gehalten am 16.9.1922 im Goetheanum, zit. nach Kindler 1977, S. 11ff.).

Impulse für die heutige Erziehungspraxis

Die Anthroposophie ist zweifelsfrei eine der interessantesten geistigen Bewegungen der Gegenwart. Sie begegnet dem heutigen Menschen auf vielen Gebieten: Anthroposophische Krankenhäuser, Alternativmedizin, Waldorfkindergärten und Schulen, eine eigene Genossenschaftsbank, Verlage, Tagungsstätten, Freie Kunstakademien und Freie Hochschule, biodynamische Landwirtschaft, eigene Arzneimittelfabriken und anderes mehr. Das Interesse von Eltern ist sehr hoch, es fasziniert, dass ein Kind nicht sitzenbleiben kann, keine Noten erhält und mit den Kindern viel künstlerisch gearbeitet wird. Angehende Pädagogen fragen in den Vorlesungen und Seminaren nach der Waldorfpädagogik, signalisiert sie doch eine Alternative zur herkömmlichen Schule; sie steht für Entlastung, Stressfreiheit und geheimnisvolle, romantische und geschützte Lebensräume. Auffallend ist, wie wenig konkretes Wissen aber über die Anthroposophie vorhanden ist, und das Interesse sinkt rasch, sobald sich jemand durch die in vieler Hinsicht obskur anmutenden Elemente der Lehren Steiners durchzuarbeiten versucht. Pierott stellt in ihrer Analyse der Anthroposophie heute fest, dass sich ein *Pragmatismus* der „Verbraucher" breit gemacht hat:

5.4 Rudolf Steiner (1861–1925)

„Sie scheren sich meist keinen Deut um den geistigen Hintergrund ihrer giftfreien Mohrrüben oder ungespritzten Kartoffeln. Sie sind vollständig zufrieden, wenn sie statt der allopathischen Kanonen ein nebenwirkungsfreies Medikament bekommen, das auch hilft. Am glücklichsten sind sie, wenn sie ihre Kinder vor dem Streß der Regelschule gerettet wissen und einen Platz in den überfüllten Waldorfschulen ergattert haben. Ins Detail der dahinterstehenden Ideen vertieft man sich zuallererst nicht. Eines Tages kommt man allerdings nicht mehr darum herum, zur Kenntnis zu nehmen, dass das Kind Vorstellungen nach Hause bringt, die fremd bis seltsam anmuten" (Pierott 1986, S. 10f.).

Eine verantwortungsvolle Erziehung kann jedoch den geistigen Überbeziehungsweise Unterbau eines pädagogischen Konzepts nicht ausklammern; ein Glaubens- und Wertemix aus ein bisschen Christentum, ein wenig Anthroposophie und etwas ökologischer Lebensweise kann nicht die Grundlage einer reflektierten Pädagogik sein.

Je stärker der ökonomische Druck in der Gesellschaft wächst, je mehr Menschen den Stress nicht mehr ertragen können beziehungsweise für ihre Kinder fürchten, wird das Interesse an dieser Bewegung vorhanden sein und wachsen, wie wachsende Schülerzahlen und Neugründungen von Schulen zeigen (vgl. Lindenberg 1979, S. 181).

Übungsfragen

1. In welcher geschichtlichen Epoche lebte Rudolf Steiner und welche geistigen Strömungen beeinflussten sein Denken und die von ihm begründete Anthroposophie?

2. Welches Gottes- und Weltbild hat Steiner?

3. Welches Menschenbild steht hinter der Anthroposophie? Beschreiben Sie die sogenannten „Wesensglieder" des Menschen.

4. Welches Bild vom Kind und welche Entwicklungslehre hat die anthroposophische Erziehung? Gehen Sie besonders auf die Metamorphosenlehre ein.

5. Welche Bedeutung haben die sogenannten „Jahrsiebte", und welche pädagogischen Grundhaltungen sind ihnen zugeordnet?

6. Nennen Sie die verschiedenen Konzeptionsmerkmale der Waldorfschulen und diskutieren Sie die Vor- und Nachteile für die heutige Erziehung.

7. Beschreiben Sie das Konzept eines Waldorfkindergartens. Wie unterscheidet er sich vom Regelkindergarten mit einem Situationsansatz?

8. Begründen oder widerlegen Sie die These: Waldorfpädagogik ist keine Sozialisationshilfe, sondern eine „Inkarnationshilfe".

9. Lesen Sie kritisch den Lesetext „Ein Vortrag über Pädagogik". Welches Wissenschaftsverständnis ist erkennbar? Welche Struktur einer wissenschaftlichen Pädagogik empfiehlt Steiner?

10. Pierott spricht vom sogenannten „Pragmatismus des Verbrauchers" bezüglich der Anthroposophie. Begründen Sie, ob ein sogenannter „Ideologiemix" sinnvoll sein kann und wo die Grenzen eines eklektizistischen Denkens liegen.

Literatur

Beckers, H.J./Kohle, H. (Hg.) (1998): Kulte, Sekten, Religionen. Von Astrologie bis Zeugen Jehovas, Augsburg

Frielingsdorf, V. (Hg.) (2012): Waldorfspädagogik kontrovers. Ein Reader, Weinheim/Basel

Rudolf Steiner (1977): Aspekte der Waldorf-Pädagogik. Beiträge zur anthroposophischen Erziehungslehre, 2. Aufl., München

König, G.: Botschaften aus der Geist-Welt. Die Anthroposophie Rudolf Steiners. In: (Hg.) Bistum Aachen: Neue Kulturbewegungen und Weltanschauungen 2, Arbeitshilfen für die Gemeinden, Aachen

Kugler, W. (2010): Rudolf Steiner und die Anthroposophie. Eine Einführung in seine Lebensweise, Köln

Lindenberg, C. (1979): Rudolf Steiner. In: (Hg.): Scheuerl, H.: Klassiker der Pädagogik, Bd.2, München, 170–182

ders. (2007): Rudolf Steiner, 11. Aufl., Reinbek b. Hamburg (rororo-Monographie Nr. 50500)

ders. (2011): Rudolf Steiner. Eine Biographie, Stuttgart

Mötteli, E./Wiesberger, H. (1985): Bibliographische Übersicht. Das literarische und künstlerische Werk von Rudolf Steiner, Dornach

Pierott, V. (1986): Anthroposophie. Eine Alternative? 3. Aufl., Neuhausen/Stuttgart

Reimers, Lt. J. (1998): Schemata für neue Kulturbewegungen, In: Beckers, a.a.O.

Steiner, R.: Gesamtausgabe (ca. 340 Bände), Dornach, 1956ff.

Zander, H. (2011): Rudolf Steiner. Die Biographie, München

Medien

Rudolf Steiner. Recherchen auf dem Anthroposophenhügel, 1976, 45 Min., Südwest 3, Sendung am 27.1.1991

Ich lobe das Wort. Mythos und Wirklichkeit der Waldorfschule, 1994, 51 Min, VHS-Kassette, Landesmedienstellen

Waldorfpädagogik. Ausblicke in die Zukunft (Internationale Waldorfprojekte), 137 Min., Freunde der Erziehungskunst Rudolf Steiners e.V., Dornach b. Basel

Das Lernen lieben. Waldorfschulen heute, 1998, VHS-Kassette, 75 Min., Verlag Freies Geistesleben, Dornach b. Basel

Lust am Lernen – Lust am Leben. Aus der Arbeit der Waldorfschulen, 1973, Verlag Freies Geistesleben, Dornach b. Basel

Die sanfte Revolution. Beispiele anthroposophischer Arbeit, 1981, VHS-Kassette, 44 Min., Hessischer Rundfunk und ARD

Webliografie

www.rudolf-steiner.de

www.waldorfschule.de

www.goetheanum.ch

de.wikipedia.org/wiki/Rudolf_Steiner

6 Bildung

Das Thema Bildung hat seit den veröffentlichten Ergebnissen der PISA-Kommission (2002) in Deutschland eine neue hohe Bedeutung erhalten, gleichzeitig ist aber die Unsicherheit gewachsen zu definieren, was Bildung nun eigentlich ist. Der Begriff Bildung geht etymologisch (sprachgeschichtlich) auf die indogermanische Silbe „bil" zurück und bedeutete: spalten, behauen (z. B. eine Skulptur aus einem Holzstamm hauen). Im Althochdeutschen bedeutete „bildunga": Herausbilden, Formen, Gestalten und bezog sich auf den Prozess des „sich bilden" und „gebildet werden". In der christlichen Tradition bezog sich Bildung auf die Formung des Menschen als Abbild Gottes. Eine weitgehende Übertragung des Bildungsbegriffs in die pädagogische Fachsprache erfolgte erst im 18. Jahrhundert, im Zeitalter der Aufklärung, hier wird Bildung zum Schlüsselwort für die Lehre von Erziehung und Unterricht (Handbuch pädagogischer Grundbegriffe S.136). Die Aufklärung sieht den Menschen als mit Vernunft begabt und bildungsfähig, Bildung wird verstanden als Aneignung von Welt und ein Sich-Bilden.

Bereits 1638 hatte Johann Amos Comenius (1592–1670) sein zentrales Werk, die Didactica Magna (Große Didaktik) veröffentlicht, in der er forderte, dass eine umfassende Bildung für alle Menschen, unabhängig von Geschlecht, Stand und Herkunft ermöglicht werden sollte. Vor dem Hintergrund, dass die niederen Stände keine Schulen besuchten und nicht lesen konnten, sollte die Erziehung „allen Menschen alles lehren". Die Forderung war revolutionär und fand nicht nur Zustimmung, sondern auch heftige Gegenwehr durch Adel und Bürgertum. Seine Ideen wurden von vielen Persönlichkeiten seiner Zeit als Denkmodell aufgenommen, doch die Umsetzung in die Praxis der Schulen für das Volk kam nur schleppend voran. Wichtig ist festzuhalten, dass Comenius bereits einen umfassenden Bildungsbegriff hatte und Bildung als langjährigen Prozess von der Mutterschule (0–6 Jahre) bis zu Akademie (ca. 23 Jahre) ansah (siehe Kapitel 6. 1).

Als bedeutende bildungsreformerische Persönlichkeit ist Wilhelm von Humboldt (1767–1835) zu nennen, der in die Bildungsdiskussion des 18. Jahrhunderts einen Bildungsbegriff einführte, der eine Trennung von Erziehung und Bildung vorsah. Bildung war für Humboldt: „die Anregung aller Kräfte des Menschen, damit diese sich über die Aneignung von Welt in wechselseitiger Ver- und Beschränkung harmonisch-proportionierlich entfalten und zu einer sich selbst bestimmenden Individualität oder Persönlichkeit führen, die in ihrer Identität und Einzigartigkeit die Menschheit bereichere" (vgl. Zusammenfassung der Brockhaus Enzyklopädie 1987 durch von Hentig 1996, S. 40). Humboldts Bildungsvorstellung hat die Entwicklung deutscher Gymnasien bis in die heutige Zeit maßgeblich beeinflusst, ebenso die Struktur der deutschen Universitäten, die in Freiheit und Selbstverwaltung ihren Bildungsauftrag eigenständig verwirklichen sollen (siehe Kapitel 6. 2).

Im 20. Jahrhundert ragt Professor Wolfgang Klafki als Bildungstheoretiker heraus, der durch seine Bildungstheoretische Didaktik versuchte die formalen und materialen Bildungskonzepte zu überwinden und das Konzept der kategorialen Bildung erweiterte durch eine didaktische Analyse der Lernstoffe. Klafki hat vor allem darauf hingewiesen, dass Lernstoffe beziehungsweise Lerninhalte bezüglich ihrer Gegenwarts- und Zukunftsbedeutung für das konkrete Kind, aber auch für die konkrete Gesellschaft, legitimiert werden müssen. Lerninhalte müssen exemplarisch für den Lernenden ausgewählt werden, damit dieser darauf aufbauend komplexere Aufgaben bewältigen kann. Klafkis wissenschaftliche Arbeit hat Bedeutung bis in die gegenwärtige Diskussion hinein behalten (siehe Kapitel 6. 3).

In der heutigen Wissensgesellschaft wird eine erneute Diskussion geführt über die Frage, ob der Mensch eine breite Allgemeinbildung oder verstärkt Schlüsselqualifikationen erwerben muss, damit er den Anforderungen einer sich rasch wandelnden und global agierenden Welt gewachsen ist. Damit steht natürlich auch der Bildungsbegriff erneut zu Disposition, besonders auch angeheizt durch die Ergebnisse der PISA-Studien für Deutschland (vgl. Thesing 2005). Für den Erziehungswissenschaftler Dieter Lenzen ist Bildung in der heutigen Zeit zu einem „Containerwort" geworden, das verschiedene gesellschaftliche Gruppen (Wirtschaft, Kirchen, Politik, Wissenschaft) versuchen, in ihrem Sinn mit unterschiedlichen Inhalten zu füllen (vgl. Lenzen 1997, S. 950).

Literatur

Hentig v. H. (1996): Bildung, München/Wien

Klafki, W. (1993/2010): Studien zur Bildungstheorie und Didaktik, Weinheim/Basel

Lenzen, D. (1997): Lösen die Begriffe Selbstorganisation, Autopoiesis und Emergenz den Bildungsbegriff ab? In: Zeitschrift für Pädagogik, 6/1997

Thesing, T. (2005): Bildung in Feldern der Sozialpädagogik. Eine Einführung für Soziale Berufe, Freiburg

6.1 Johann Amos Comenius (1592–1670)
Große Didaktik – allen Menschen alles lehren

Biografie

Johann Amos Comenius wurde am 28. März 1592 unter dem Namen Jan Komenský als Sohn des Martin Komenský und dessen Frau Anna in Nivnice, Ostmähren geboren. Erst im Erwachsenenalter (1627) vollzog er die lateinische Namensänderung. Comenius zählt zu den Klassikern der Pädagogik, besonders als Begründer einer Systematischen Pädagogik. Er gilt als engagierter Schulreformer und Verfasser einer allgemeinen Didaktik der *Didactica Magna*.

„Der größte Teil seines Lebens fiel in das Zeitalter der Glaubenskämpfe (Mitte des 16. bis Mitte des 17. Jahrhunderts). In dieser Phase der frühen Neuzeit zerbrachen alte Ordnungen, neue begannen zu entstehen. Diesen Umbau begleiteten aggressive Auseinandersetzungen, die sich in maßloser Gewalt entluden, in Kämpfen, die im Dreißigjährigen Krieg ihren grausamen Höhepunkt fanden, und in der Inquisition, die gegen Andersgläubige, Frauen und gegen die aufkommende Naturwissenschaft zu Felde zog" (Dieterich 2005, S. 9).

Im Alter von zehn Jahren verlor er seinen Vater, mit elf die Mutter und zwei seiner Schwestern. Eine Tante nahm ihn als Waisenkind in ihr Haus in Strazenice im südlichen Mähren auf.

Als Jan dreizehn Jahre alt ist, wird der Ort niedergebrannt, er kehrt zurück an den Ort seiner Geburt, lernt bei einem Vormund das bäuerliche und handwerkliche Leben kennen. Erst im Jahre 1608, inzwischen sechzehn Jahre alt, besucht er für drei Jahre die Schule und kann, begünstigt durch seine hohe Begabung, ab 1611 an der calvinistischen Universität Herborn und später in Heidelberg Theologie studieren (vgl. ebd., S. 18). Bereits der Vater war Mitglied der Gemeinde der Böhmischen Brüder, einer evangelisch freikirchlichen Gemeinschaft gewesen und hatte prägend auf den Sohn eingewirkt. Im Jahr 1616 wird Comenius Lehrer, später Rektor an der Brüderschule in Prerau und 1616 als Pfarrer der Brüdergemeinde eingesetzt. Er wirkt dort bis 1621. In dieser Zeit befasst er sich, neben seiner seelsorgerischen

Aufgaben, bereits mit ersten Entwürfen zu sprachpädagogischen, theologischen und enzyklopädischen Schriften (vgl. ebd., S. 24). Die Zeiten sind politisch schwierig. Die böhmischen Stände rebellieren gegen die gegenreformatorische Politik des Kaisers (Prager Fenstersturz 1618) und wählen einen reformierten Landesherren, Friedrich V., den die Böhmischen Brüder unterstützen. Die Katholische Liga schlägt die aufständischen Böhmen am 8. November 1620 in der Schlacht am Weißen Berg vernichtend. Die führenden Männer des Aufstandes werden hingerichtet, gegen Comenius und andere Prediger wird ein Arrestmandat erlassen, Comenius muss flüchten und sich in den Wäldern verstecken (vgl. ebd., S. 32). Während dieser Zeit kommen seine erste Frau und seine zwei Kinder durch die Pest ums Leben. Die Mitglieder der Unität flüchten ins Exil ins polnische Lissa. Comenius wird dort Lehrer, unterrichtet die Kleinkinder und wird 1636 Rektor, gleichzeitig wirkt er als Prediger und wird Bischof der Brüdergemeinde. Inzwischen hat er ein zweites Mal geheiratet und ist Vater von vier Kindern (vgl. ebd., S. 50).

In den Jahren ab 1833 arbeitet er an seinem zentralen Werk der Großen Didaktik (Didactica Magna). 1641 geht Comenius auf Einladung nach England, um dort an der Kirchen-, Schul- und Gesellschaftsreform mitzuwirken. 1641 tritt er in den Dienst des schwedischen Staates, verfasst im Rahmen der schwedischen Schulreform zahlreiche Schulbücher (vgl. Schaller 2003, S. 47). 1650 wird er nach Saros Patak berufen, um im Auftrag des Fürsten die Lateinschule zu reformieren, kehrt später nach Lissa zurück. Dort fallen bei einem Brandanschlag viele seiner Bücher und Manuskripte dem Feuer zum Opfer, er flieht nach Amsterdam. 1657 erschien seine Opera Didactica Magna (sämtliche didaktische Werke). Am 15. November 1670 stirbt Comenius in Amsterdam.

Zeittafel

1592	am 28. März geboren als Jan Komenský in Nivnice Ostmähren
1602/1603	Tod des Vaters und der Mutter, Besuch der Brüderschule
1608–1611	Lateinschule Prerau
1611–1614	Studium in Herborn und Heidelberg
1614–1618	Lehrer und Rektor an der Lateinschule Prerau
1615	Priester der Brüderunität
1618–1621	Prediger und Lehrer in Fulnek
1621	Prager Blutgericht. Verfolgung der Protestanten, wechselnder Aufenthalt an geheimen Orten
1628	Auswanderung nach Lissa in Polen; Lehrer an der Höheren Brüderschule; Wahl zum Senior der Gemeinde
1628–1632	*Böhmische Didaktik (Didactica)*
1629–1631	*Die geöffnete Sprachtür (Janua linguarum reservata)*
1629–1632	*Informatorium der Mutterschul*
1630–1632	*Gesamtschau der Physik (physicae Synopsis)*
1633–1638	*Große Didaktik (Didactica Magna)*
1641–1642	Reisen nach London, Holland und Schweden
1642–1647	Schulschriften: *Die neue Sprachmethode* Elbing, im Dienst Schwedens
1648	Westfälischer Friede; Wahl zum leitenden Bischof der Unität
1656	Brand in Lissa; Flucht nach Amsterdam
1657	*Sämtliche didaktischen Werke (Opera didactica omnia)*
1670	15. November: gestorben in Amsterdam; Begräbnis in Naarden bei Amsterdam

(Zeittafel orientiert an Dieterich 2005, S. 141/142 und Arnhardt 1996, S. 137/138)

Pädagogische Leitideen und Konzept

Johann Amos Comenius hat sich als Gelehrter und großer Geist seiner Zeit zu vielfältigen Fragen des Lebens und der Wissenschaft geäußert. Seine Sicht als Theologe und Geistlicher der evangelisch freikirchlichen Brüdergemeinde ist in seinen pädagogischen Schriften deutlich erkennbar. Seine Bedeutung als Pädagoge erlangte er durch die Entwicklung einer grundlegenden Didaktik und als Schulreformer. Das zentrale Werk ist die Große Didaktik (Didactica Magna) mit der Forderung der Bildung für alle Menschen, unabhängig vom gesellschaftlichen Stand, denn für die niederen Stände gab es keine geordnete Bildung und der größte Teil der Bevölkerung konnte nicht lesen. Die Erziehung soll „allen Menschen alles lehren".

6.1 Johann Amos Comenius (1592–1670)

„Nicht nur die Kinder der Reichen und Vornehmen sollen zum Schulbesuch angehalten werden, sondern alle in gleicher Weise, Adelige und Nichtadelige, Reiche und Arme, Knaben und Mädchen aus allen Städten, Flecken, Dörfern und Gehöften" (Comenius 1985, S. 55).

Den Bildungsanspruch für alle begründete der als Theologe mit der Schöpfungstheologie, nach der alle Menschen von Gott erschaffen und sein Ebenbild sind. Diese Bildungsforderung war für seine Zeit revolutionierend und fand nicht nur Zuspruch, sondern zum Teil heftige Ablehnung. Die Forderung, alles zu lehren, meinte nicht eine Vermittlung einer beliebigen Fülle von Informationen über die Welt, sondern die Kinder sollen die Sinnzusammenhänge der Welt verstehen lernen.

Schulreform

Comenius kritisierte die damaligen Schulen mit ihren schlecht ausgebildeten Lehrern als Kinderschreck und Geistesfolter, die den Kindern Zwang antue. Er forderte dringend eine Schulreform mit allgemeiner Bildungspflicht. Für die Bildung sollten 25 Lebensjahre vorbehalten sein, die Schulbildung in vier Stufen und Entwicklungsstufen altersgemäß erfolgen:
1. die Mutterschule (0–6 Jahre)
2. die Volksschule (6–12 Jahre)
3. die Lateinschule (bis 18 Jahre)
4. die Akademie und drei Jahre Aufenthalt in der Fremde

„Die erste Schule wird in jedem Hause, dem Gott Kinder schenkt, die zweite in jeder Gemeinde, jeder Stadt, Kleinstadt und jedem Dorfe sein; die dritte in jeder Kreisstadt. Bei der vierten, nämlich der Akademie, wird es genügen, wenn in jedem Lande, und zwar der Hauptstadt, eine ist" (Arnhardt/Reinert 1996, S. 372).

Fachbereiche

Eine Forderung seiner Didaktik war, die Schule in fünf Fachbereiche zu gliedern:
1. Wissenschaften
2. Künste
3. Sprachen
4. Sittenlehre
5. Frömmigkeit

Die Bildung der Frömmigkeit stellte bei Comenius nicht ein Nebenbereich dar, ein religiöser Beigeschmack einer Schule, sondern gilt als sein zentrales Anliegen. Die Ausrichtung des Menschen auf Gott hin war für ihn die Grundlage des gesamten Bildungsbemühens. Comenius verfasste zahlreiche Sprachlehrbücher für verschiedene Altersstufen, die ihn weltberühmt machten.

Didaktische Prinzipien

Die von Comenius kritisierte Schule betonte den Verbalismus, Kinder mussten vorgesprochene Texte gemeinsam laut wiederholen, unabhängig von ihrem Verständnis des Inhalts. Comenius forderte eine Orientierung an naturgemäßen Methoden, d. h. die Erziehung und Bildung sollte sich an den konkreten Vorgängen der Natur orientieren (vgl. Dieterich S. 57):
1. Prinzip der Naturgemäßheit,
2. Prinzip der Anschauung,
3. Prinzip der Selbsttätigkeit.

Comenius hatte erkannt, dass die Natur selbst die Beispiele und Beweise liefere, um Wissen mathematisch beziehungsweise physikalisch zu begründen, z. B. Wasser fließt erkennbar den Berg hinunter und nicht hinauf (siehe Lesetext).

Sein Wissen und seine theoretischen Erkenntnissen fanden Niederschlag in zahlreichen Lehrbüchern. Seine wichtigsten Werke sind die *Sprachentür (Janua)*, die *Physik* und vor allem *Die sichtbare Welt in Bildern* (Orbis pictus) (ebd., S. 125ff.).

Lesetext

Prinzip der Anschauung

„Die Menschen müssen soviel wie möglich ihre Weisheit nicht aus Büchern schöpfen, sondern aus Himmel und Erde, Eichen und Buchen, d. h., sie müssen die Dinge selbst kennen und erforschen und nicht nur auf fremde Beobachtungen und Zeugnisse darüber ... Daher die goldene Regel für alle Lehrenden: Alles soll wo immer möglich den Sinnen vorgeführt werden, was sichtbar dem Gesicht, was hörbar dem Gehör, was riechbar dem Geruch, was schmeckbar dem Geschmack, was fühlbar dem Tastsinn" (Große Didaktik, in: Dieterich 2005, S. 58).

Aufgaben der Sinne, des Verstandes, der Zunge, der Hand

„Wissen heißt, etwas nachbilden können, sei es mit dem Verstand, der Hand oder der Sprache. Denn alles entsteht durch Nachbilden oder Abbilden, das heißt, durch das Schaffen von Abbildern oder Bildnissen der wirklichen Dinge. Wenn ich nämlich ein Ding mit Hilfe der Sinne auffasse, drückt sich sein Abbild dem Gehirn ein. Wenn ich ein ähnliches Ding hervorbringe, drücke ich sein Abbild dem Stoff ein. Sobald ich aber das, was ich denke oder schaffe, mit Hilfe der Sprache benenne, drücke ich sein Abbild der Luft ein und vermittels der Luft dem Ohr, dem Gehirn und dem Verstand eines anderen" (ebd., S. 58).

> **Notwendigkeit bewusster und geplanter Erziehung**
> „Es soll aber niemand denken, dass die Kinder von sich selbst zur Frömmigkeit, Ehrbarkeit und Kunst gelangen mögen ohne fleißige und unnachlässige Mühe und Arbeit, so an sie muss gewendet werden. Denn so ein Bäumlein, wenn es wachsen soll, gepflanzet, begossen, unterstützt, verzäunet, beschnitzelt und sonsten gewartet werden muss (...) so der Mensch selbst sich äußerlicher Arbeit gewöhnen muss, wenn er essen, trinken, gehen, reden, etwas in die Hand nehmen lernet, wie sollte es immer möglich sein, dass diese höheren Sachen, nämlich Glauben, Tugend, freie Künste ohne Übung erlangt werden können? Lauter unmöglich Sachen sind das, dass jemand solches von sich selber lernen können..." (Deutsch: Informatorium zur Mutterschul, in: Dieterich 2005, S. 59–61).

Impulse für die heutige Erziehungspraxis

Die Philosophie des Johann Amos Comenius im 17. Jahrhundert verstand sich als allerfassend, als Pansophie (lat. Pansophia = Allweisheit, eine religiös-philosophische Lehre, die eine Aufhebung der Trennung von Glaube und Wissen beinhaltet). Einen Gegensatz zwischen Theologie und Philosophie kannte Comenius nicht. Sein Glaube war ungebrochen, unberührt von den Zweifeln der anbrechenden Neuzeit (ebd., S.128). Die in der Neuzeit erfolgte Trennung der Wissenschaftsbereiche in Philosophie, Pädagogik, Theologie, Medizin u. a. ist bei ihm nicht zu finden, er stellt als Theologe die Erziehung in den Auftrag des Heilgeschehens Gottes. Die Auffassung ist für die heutige empirisch forschende Erziehungswissenschaft fremd. Bedeutsam ist aber bei Comenius die frühe Betonung der Suche nach sicheren (empirischen) Erkenntnissen und Ergebnissen in der Pädagogik, die Bedeutung der sinnlichen Wahrnehmung für das Lernen und das verstandesmäßige Erfassen von Vorgängen (ebd., 128). Comenius hat sehr früh die Ganzheitlichkeit in Bildung und Erziehung erkannt, die heute wieder stark betont wird. Die moderne Wissenschaft fragt nach dem Machbaren, also was getan werden kann. Sie vernachlässigt dabei oft das Sittliche, was getan werden darf oder muss. Gerade in Medizin und Technik stoßen Forschung und Entwicklung an ethische Grenzen, z. B. bei der Frage, wann darf ein lebenserhaltendes Gerät abgeschaltet werden oder wann darf die Förderung eines schwer mehrfach behinderten Kindes eingestellt werden. Hier liegt eine Stärke der Theorie bei Comenius, der die Frage nach dem Sinn in den Vordergrund stellt und nach der Verantwortung des Menschen für sein Handeln. Seine Forderungen vor ca. 400 Jahren klingen auch heute in vielen Bereichen noch modern und haben eine große Aktualität. So belegen heutige Forschungen, dass es in Deutschland einen belegbaren Zusammenhang zwischen der sozialen und ethnischen Herkunft und den Bildungschancen gibt. Comenius forderte:

- eine grundlegende, das Wesentliche umfassende Allgemeinbildung,
- Chancengleichheit für alle Menschen, speziell für Mädchen, Kinder in problematischen Lebensverhältnissen und Kinder mit Behinderungen,
- die Prinzipien der Anschauung, Selbsttätigkeit, Praxisnähe,
- Lernen, die eigene Vernunft zu gebrauchen und verantwortlich ethisch zu handeln,
- eine lebensnahe und freundliche Schule, ohne Zwang,
- Erziehung ohne Gewalt und Erziehung zum Frieden,
- Erziehung des Menschen zur Menschlichkeit und Solidarität (ebd., S. 131).

Übungsfragen

1. Beschreiben Sie die historische Situation des Zeitalters Comenius'. Wie gestalteten sich Bildung und Erziehung und wer hatte Zugang zur Bildung?

2. Beschreiben Sie die Weltvorstellung der Pansophie. Wie unterscheidet sich diese Auffassung von der modernen Wissenschaftsauffassung?

3. Was kritisierte Comenius an der vorherrschenden Schule und welche Vorschläge zur Schulreform machte er? Unterscheiden Sie die vier Schultypen und ihre Schwerpunktaufgaben.

4. Was verstand Comenius unter Mutterschule? Welche entwicklungspsychologischen Grundlagen hatte die Mutterschule?

5. Kennzeichnen Sie das Konzept der Großen Didaktik. Umreißen Sie in pädagogischen Schlagworten die darin enthaltene Bildungsvorstellung?

6. Beschreiben Sie drei didaktische Prinzipien bei Comenius und zeigen Sie an Bespielen die Aktualität für die heutige Erziehungspraxis auf.

Literatur

Arnhardt, G./Reinert, G.B.(Hg.) (1996): Jan Amos Comenius, Bd I/II, Donauwörth

Dieterich, V.J. (2005): Johann Amos Comenius, (rororo-Monographie), 4. Aufl., Reinbek b. Hamburg

Schaller, K. (2003): Johann Amos Comenius. In: Tenorth, H.E. (Hg.): Klassiker der Pädagogik 1, München, 45–59

Webliografie

www.deutsche-comenius-gesellschaft.de/comenius

de.wikipedia.org/wiki/Johann_Amos_Comenius

6.2 Wilhelm von Humboldt (1767–1835) Humanistische Bildung als Selbsterfüllung

Biografie

Friedrich Wilhelm Christian Carl Ferdinand Freiherr von Humboldt wurde am 22. Juni 1767 in Potsdam als Sohn des Alexander Georg von Humboldt und seiner Ehefrau Elisabeth, geb. Colomb geboren. Die Familie väterlicherseits stammt aus Pommern, der Großvater war hoher preußischer Offizier und wurde für seine Verdienste in den Adelstand erhoben. Der Vater bekleidete den Titel des Großen Kammerherrn bei der Frau des Thronfolgers Friedrichs des Großen. Die Mutter, hugenottischer Abstammung, besaß das Schloss Tegel. Wilhelm und sein Bruder Alexander wurden durch bedeutende Hauslehrer erzogen, so etwa durch Heinrich Campe. Die Vorbereitung auf das Universitätsstudium erfolgte durch Privatvorlesungen in Nationalökonomie, Naturrecht und Philosophie (vgl. Berglar 2003, S.20). An den Universitäten Frankfurt a.d.O. und in Göttingen studierte er Philosophie und Jura, sowie alte Sprachen. Humboldt gilt als ein bedeutender Gelehrter, Staatsmann und Diplomat, der zahlreiche Studien zu Bildungsfragen, der Staatstheorie, Kulturgeschichte und Sprachwissenschaft veröffentlicht hat. Für den Bereich der Pädagogik ist vor allem sein Wirken als bedeutender Schulreformer, Begründer der humanistischen Gymnasialbildung in Deutschland und Gründer der Universität Berlin von Bedeutung. Wilhelm von Humboldt bekleidete bedeutende Posten als Preußischer Resident beim Heiligen Stuhl in Rom, Staatsminister und Gesandter in Wien, Minister für Ständische Angelegenheiten und Staatsgesandter in England. Für die Bildungsgeschichte besonders bedeutsam ist seine Tätigkeit als Direktor der Sektion für Kultus und Unterricht, die zwar nur eineinhalb Jahre dauerte, in der er aber eine grundlegenden Reform des preußischen Schulwesens und der Hochschulbildung durchführte. Humboldt unterhielt Kontakte und Freundschaften zu Johann Wolfgang von Goethe, Friedrich Schiller und vielen anderen bedeutenden Persönlichkeiten seiner Zeit, die seine Ideen und sein Wirken beeinflusst haben. 1835 stirbt Wilhelm von Humboldt auf dem Schloss seiner Familie in Tegel. Seine Reformen prägen das Schulwesen und die Arbeit der Hochschulen in Deutschland entscheidend bis in das 20. Jahrhundert hinein (vgl. ebd. 2003).

Zeittafel

1767	geboren am 22. Juni als Friedrich Wilhelm Christian Carl Ferdinand von Humboldt, als Sohn des Alexander Georg von Humboldt und seiner Ehefrau Elisabeth, geb. Colomb; Erziehung durch bedeutende Hauslehrer
1779	Tod des Vaters
1787	Studium an der Universität Frankfurt a.d.O.
1788	Wechsel an die Universität Göttingen
1789	Reisen nach Paris und in die Schweiz; Besuche bei Friedrich Schiller und Lavater
1790	Referendar am Kammergericht zu Berlin; Heirat mit Carolin von Dacheröden
1792	Landleben auf den thüringischen Gütern des Schwiegervaters; Freundschaft mit Schiller; Veröffentlichungen: „Ideen über die Staatsverfassung"; „Ideen zu einem Versuch die Grenzen der Wirklichkeit des Staates zu bestimmen"
1794	Übersiedlung nach Jena; Tod der Mutter
1797	Übersiedlung nach Paris; Reisen nach Spanien und Amerika
1802–1808	Preußischer Resident beim Päpstlichen Stuhl in Rom
1809	Ernennung zum Direktor der Sektion für Kultus und Unterricht im Ministerium des Innern in Preußen
1810	Ernennung zum Staatsminister und Gesandten in Wien
1813	Preußischer Unterhändler auf dem Prager Kongress
1817	Staatsgesandter in England
1819	Minister für Ständische Angelegenheiten
1829	Tod der Ehefrau
1830	Wiedereinsetzung als Staatsrat
1835	Wilhelm von Humboldt stirbt in Tegel

(Zeittafel orientiert an Berglar 2003, S. 158–161)

Pädagogische Leitideen und Konzept

Das bildungspolitische Wirken Wilhelm von Humboldts ist sehr stark verknüpft mit seinen staatsphilosophischen und staatspolitischen Ideen. Kennzeichnend für ihn war zudem seine enorme Entschlusskraft und bezüglich seiner Reformen ein ungeheurer Durchsetzungswille. Auf Vorschlag des Freiherrn von Stein berief ihn 1809 König Friedrich Wilhelm III zum geheimen Staatsrat und Direktor der Sektion für Kultus und Unterricht, um das Schulwesen in Preußen grundlegend zu reformieren. Diese Aufgabe ist im

Kontext der politischen Situation zu sehen. Preußen war durch Napoleon besiegt, der Zwangsfriede mit Gebietsverlusten und Entwaffnung verbunden, Preußen sollte den Status eines Vasallenstaates bekommen. Diese Situation, aber auch die Auswirkungen der französischen Revolution, führten zu einer Bedrohung der nationalen Identität und eine Neuordnung des Nationalstaates wurde notwendig. Die von Freiherr von Stein, Hardenberg und Humboldt eingeleiteten Reformen sollten völlig neue gesellschaftliche Bedingungen schaffen:

> „Bürgerfreiheit, Selbst- und Gemeinverantwortung, föderativer Verwaltungsaufbau, Volks- und Gemeinschaftsbildung mit dem Ziel, den sozial kommunizierenden Staatsbürger zu schaffen . . ." (Berglar 2003, S. 82).

Diese Reformen waren weitgreifend und blieben aber vielfach in Ansätzen stecken, denn sie stellten enorme Anforderungen an Menschen, Institutionen und Verwaltungsstrukturen. Viele dieser Ideen stammten nicht von Humboldt selbst, die Elementarpädagogik war bereits von Pestalozzi entwickelt worden, Schelling hatte Konzepte der wissenschaftlichen Bildung vorgelegt, Fichte und Schleiermacher als Hochschulprofessoren, neue Strukturen für eine moderne Universität entworfen. Humboldts Verdienst ist es, diese Entwicklungen früh erkannt und aufgenommen und die Konzepte mit eiserner Hand durchgeführt zu haben, was ihm die kritische Bezeichnung „Bildungsdiktator" eintrug (vgl. ebd., S. 79).

Umfassender Bildungsbegriff

Humboldt führte einen neuen Bildungsbegriff ein, der eine Trennung von Erziehung und Bildung vorsah. Die angelsächsischen Länder machen bis heute diese Unterscheidung nicht, sie kennzeichnen diese Fragenkomplexe mit „education". Ebenso wurde allgemeine Bildung und berufliche Bildung getrennt.

Definition

Bildung sei „die Anregung aller Kräfte des Menschen, damit diese sich über die Aneignung der Welt in wechselseitiger Ver- und Beschränkung harmonisch-proportionierlich entfalten und zu einer sich selbst bestimmenden Individualität oder Persönlichkeit führen, die in ihrer Identität und Einzigartigkeit die Menschheit bereichere" (Zusammenfassung der Brockhaus Enzyklopädie von 1987 durch Hartmut von Hentig 1996, S. 40).

Humboldt orientierte sich an den Ideen der griechischen Antike und ihrer individuellen Bildungsauffassung, die Bildung von ihrer Beziehung zur Tätigkeit, zur Arbeit, zur gesellschaftlichen Praxis des Menschen löste und in der Steigerung der Selbsterfüllung sein Ziel fand. Diese Bildungsvorstellungen wurden von vielen zeitgenössischen Intellektuellen als realitätsfern kritisiert, da sie die Gruppe der Bauern, Arbeiter, Handwerker, Techniker nur ungenügend einbezog. Die von Humboldt gewollte Individualbildung des Menschen, die unabhängig vom Zweck, ihrem Gebrauch für den Broterwerb zu verstehen war, reduzierte sich in der Praxis der gymnasialen Bildung vielfach auf eine Summe von Kenntnissen (formale Bildung). Bildung wurde zu: „Was man wissen sollte".

Formale Bildung und ihre Kritik

In der Theorie der formalen Bildung lautete die pädagogische Frage: Durch welche Inhalte lassen sich in exemplarischer Weise die Kräfte des Ichs allseitig ausbilden, und an der Erarbeitung welcher Stoffe lassen sich Methoden erlernen, die nicht für die Erfassung dieser Stoffe, sondern der Erfassung aller möglichen Stoffe überhaupt anwendbar sind (vgl. Handbuch pädagogischer Grundbegriffe 1970, S. 159). Die Mensch-Welt-Relation wurde auf die Kraftbildung des Ichs reduziert. Bildung wurde mit (gymnasialer) Wissensvermittlung gleichgesetzt, wurde zum Standesetikett des Bürgertums, einem hohen Gut, das aber nur einer schmalen Bildungselite vorbehalten und gleichbedeutend mit bürgerlicher Kultur war. Allgemeinbildung wurde gleichgestellt mit Bescheidwissen über Kunst, Kultur, alte Sprachen, aber weniger über Wirtschaft, Technik, Arbeitswelt und Gesellschaft.

Bildungsreform

Die von Humboldt durchgeführte Bildungsreform beinhaltete eine Neugestaltung der Schule in drei Stufen:
- Elementarunterricht
- Schulunterricht
- Universitätsstudium

Die Priorität der Schule lag für Humboldt bei der höheren Schule, dem humanistischen Gymnasium, das auf die Universität vorbereitete. Die griechische Sprache erschien ihm als ein zentraler Weg, das Bildungsideal der Antike zu vermitteln, den allseits harmonisch gebildeten Menschen. Aber auch die anderen Schulen sollten reformiert werden. So forderte er die Abschaffung der sogenannten Winkelschulen (hier taten oftmals ausgediente Soldaten ihren Dienst, die selbst wenig Bildung besaßen und selbst kaum lesen und schreiben konnten), die verpflichtende Ausbildung der Lehrkräfte und ihre Kontrolle durch Unterrichtsbesuche, die Einführung von Schuljahren, die Begrenzung auf 36 Schulstunden pro Woche und eine Arbeitszeit von 24 Stunden für die Lehrkräfte (vgl. Berglar 2003, S. 90).

Gründung der Universität Berlin

In seiner kurzen Amtszeit als Direktor der Sektion für Kultus und Unterricht gründete Wilhelm von Humboldt 1809 die Universität Berlin. Die

grundlegenden Ideen waren bereits von Schelling, Fichte und Schleiermacher entwickelt. Die Universität sollte der Ort der reinen Suche nach der Wahrheit sein, unabhängig von politischen Einflüssen, gesellschaftlicher Zweckmäßigkeit oder dem Zeitgeist. Wesentlich war die Autonomie (Selbstverwaltung) der Universität, ihre Unabhängigkeit vom Staat:
- Einheit von Forschung und Lehre,
- Freiheit der Wissenschaft in Forschung und Lehre.

Lesetext

Einheit der Bildung

„Der Begriff der höheren wissenschaftlichen Anstalten, als des Gipfels, auf dem alles, was unmittelbar für die moralische Kultur der Nation geschieht, zusammenkommt, beruht darauf, dass dieselben bestimmt sind, die Wissenschaft im tiefsten und weitesten Sinne des Wortes zu bearbeiten und als einen nicht absichtlich, aber von selbst zweckmäßig vorbereiteten Stoff der geistigen und sittlichen Bildung zu seiner Benutzung hingeben. Ihr Wesen besteht daher darin, innerlich die objektive Wissenschaft mit der subjektiven Bildung, äußerlich den vollendeten Schulunterricht mit dem beginnenden Studium unter eigener Leitung zu verknüpfen, oder vielmehr den Übergang von dem einen zum anderen zu bewirken. Allein der Hauptgesichtspunkt bleibt die Wissenschaft. Denn sowie diese rein dasteht, wird sie von selbst und im ganzen, wenn auch einzelne Abschweifungen vorkommen, richtig ergriffen... Sobald man aufhört, eigentlich Wissenschaft zu suchen, oder sich einbildet, sie brauche nicht aus der Tiefe des Geistes heraus geschaffen, sondern könne durch Sammeln extensiv aneinandergereiht werden, so ist alles unwiederbringlich und auf ewig verloren; verloren für die Wissenschaft, die, wenn dies lange fortgesetzt wird, dergestalt entflieht, dass sie selbst die Sprache wie eine leere Hülse zurückläßt, und verloren für den Staat. Denn nur die Wissenschaft, die aus dem Innern stammt und ins Innere gepflanzt werden kann, bildet auch den Charakter um, und dem Staat ist ebenso wenig als der Menschheit um Wissen und Reden, sondern um Charakter und Handeln zu tun" (Die Idee der deutschen Universität, in: Anrich 1964, S. 379ff.).

Allgemeinbildung

„Es gibt schlechterdings gewisse Kenntnisse, die allgemein sein müssen, und noch mehr eine gewisse Bildung der Gesinnung und des Charakters, die keinem fehlen darf. Jeder ist offenbar nur dann guter Handwerker, Kaufmann, Soldat und Geschäftsmann, wenn er an sich und ohne Hinsicht auf seinen besonderen Beruf ein guter anständiger, seinem Stande nach aufgeklärter Mensch und Bürger ist. Gibt ihm der Schulunterricht, was hierfür erforderlich ist, so erwirbt er die besondere Fähigkeit seines Berufes nachher so leicht und behält immer die Freiheit, wie im Leben so oft geschieht, von einem zum anderen überzugehen" (Rechenschaftsbericht an den König, Dezember 1809, in: Berglar 2003, S. 87).

Aufgaben des Schulwesens

„Alle Schulen aber, deren sich nicht ein einzelner Stand, sondern die ganze Nation oder der Staat für diese annimmt, müssen die allgemeine Menschenbildung bezwecken. Was das Bedürfnis des Lebens oder eines einzelnen seiner Gewerbe erheischt, muss abgesondert und nach vollendetem allgemeinem Unterricht erworben werden. Wird beides vermischt, so wird die Bildung unrein, und man erhält weder vollständige Menschen noch vollständige Bürger einzelner Klassen. Denn beide Bildungen – die allgemeine und die spezielle – werden durch verschiedene Grundsätze geleitet. Durch die allgemeine sollen die Kräfte, das heißt, der Mensch selbst gestärkt, geläutert und geregelt werden; durch die spezielle soll er nur Fertigkeiten zur Anwendung erhalten (...) Ein Hauptzweck der allgemeinen Bildung ist, so vorzubereiten, dass nur für wenige Gewerbe noch unverstandene und also nie auf den Menschen zurückwirkende Fertigkeit übrigbleibt" (Flitner/Giel 1960, S. 188).

Impulse für die heutige Erziehungspraxis

Wilhelm von Humboldt war kein praktisch tätiger Erzieher, hat niemals eine öffentliche Schule besucht und ist auch nicht während seines Universitätsstudiums als ordentlicher Student aufgetreten. Seine Bildung erhielt er, entsprechend seiner aristokratischen Herkunft, durch hochrangige Hauslehrer, in exklusiven Gesprächskreisen, individuellen Vorlesungen und vielfältigen Kontakten zu den Intellektuellen seiner Zeit. Trotz dieses Praxismangels hat er die Schulbildung in Deutschland revolutioniert, die heutige Gestalt des Gymnasiums und die deutsche Hochschullandschaft entscheidend geprägt. In der aktuellen Bildungsdiskussion (PISA-Debatte) und der Suche nach Antworten auf die Frage, wohin die Bildung in Zukunft gehen soll, stößt man immer wieder auf Humboldt. Soll Bildung eine möglichst genaue Anpassung an die global agierende Produktionswelt leisten, d. h. relativ schnell Informationen und Techniken vermitteln, damit ein Mensch als Arbeitnehmer funktionieren kann? Oder brauchen wir eine Menschenbildung, in der sittliche, moralische und soziale Fähigkeiten vermittelt werden? Hier wird Wilhelm von Humboldt bemüht in der Forderung nach einer umfassenden Allgemeinbildung, die Persönlichkeitsbildung in den Vordergrund stellt, auch die

Beschäftigung mit Kunst, (moderner) Literatur, Musik beinhaltet und nicht nur die Vorbereitung auf das stringente Management. Die Bildungsvorstellungen Humboldts, die nur einer schmalen Bildungselite zu Gute kamen, sind sicher überholt und können kein Modell der gleichen Bildungschancen für alle Menschen und auch nicht für den Betrieb einer Massenuniversität sein. Humboldt hatte auch kein Bildungssystem der heutigen Zeit im Blick, in dem es Berufliche Bildung, Fachschulen, Fachhochschulen und Berufsakademien mit einem hohen Praxisanteil während der Ausbildungszeit gibt. Die Vermittlung alter Sprachen ist heute nur begrenzt tauglich, die Aneignung von Welt und die (globale) Bewährung in dieser Welt zu stützen. Die Betonung der Freiheit des Menschen, die Bildung der Persönlichkeit und Bildung als umfassendes Geschehen, sind ein unauslöschlicher Beitrag durch Humboldt. Bei Versuchen der Politik, auf die Hochschulen Einfluss zu nehmen, reagieren diese mit einem Verweis auf Humboldts Prinzip der Freiheit von Forschung und Lehre, die auch eine Selbstverwaltung erfordert.

Übungsfragen

1. In welcher gesellschaftlichen Situation wuchs Wilhelm von Humboldt auf und wie prägten seine eigenen Bildungserfahrungen seine Reformideen?

2. Definieren Sie den Bildungsbegriff bei Humboldt. Wie unterscheidet sich dieser von modernen Auffassungen?

3. Humboldt orientierte sich am Bildungsideal der griechischen Antike. Kennzeichnen Sie das darin enthaltene Menschenbild.

4. Beschreiben Sie das Bild eines gebildeten Menschen im Sinne Humboldts.

5. Welche Ziele hatte die gymnasiale Bildung bei Humboldt? An welchen Inhalten sollte wie gebildet werden?

6. Was verstehen Sie unter formaler Bildung? Welche Probleme zeigten sich in der Umsetzung in der schulischen Praxis?

7. Begründen Sie die Prinzipien: Einheit der Bildung und Freiheit von Forschung und Lehre? Wo erkennen Sie Grenzen?

Literatur 📖

Anrich, E.(Hg) (1964): Die Ideen der deutschen Universität. Fünf Grundschriften aus der Zeit der Neubegründung durch Klassischen Idealismus und romantischen Realismus. Darmstadt

Benner, D. (2003): Wilhelm v. Humboldts Bildungstheorie, 3. Aufl., Weinheim

Berglar, P. (2003): Wilhelm von Humboldt, (rororo-Monographie), 9. Aufl., Reinbek b. Hamburg

Flitner, A./Giel, K. (1960): Wilhelm von Humboldt. Werke in fünf Bänden, Darmstadt

Hentig, von H. (2004): Bildung, 5. Aufl., München/Wien

Humboldt, W. (2002): Werke in fünf Bänden, Darmstadt

Schaffstein, F. (1952): Wilhelm von Humboldt. Ein Lebensbild, Frankfurt/M.

Speck, J., Wehle, G. (1970): Handbuch pädagogischer Grundbegriffe, München

Webliografie 💻

de.wikipedia.org/wiki/Wilhelm_von_Humboldt

www.humboldt-gesellschaft.org

6.3 Wolfgang Klafki (*1927) Bildungstheoretische Didaktik

Biografie

Wolfgang Klafki ist einer der bedeutenden Erziehungswissenschaftler des 20. Jahrhunderts. Er gilt als der Begründer der Bildungstheoretischen Didaktik.
Wolfgang Klafki wurde am 1. September 1927 in Angerburg Ostpreußen geboren. Von 1946 bis 1948 studierte er an der Pädagogischen Hochschule Hannover und wurde von 1948–1952 als Volksschullehrer in Lindhorst und Lüdersfeld bei Hannover tätig.
Schon früh beschäftigte er sich mit der Reformpädagogik. Von 1952–1957 absolvierte er ein zweites Studium in Pädagogik, Philosophie und Germanistik bei den bedeutenden Hochschullehrern Erich Weniger (Göttingen) und Theodor Litt (Bonn). 1963 wurde er zum ordentlichen Professor an der Philipps-Universität in Marburg ernannt und lehrte dort bis zu seiner Emeritierung 1992. Während der Zeit der Bildungsreform der großen Koalition in Deutschland (1970er-Jahre) war er ein gefragter Experte in der bildungspolitischen Diskussion. In den 1990er- Jahren wurde er Leiter der Schulreformkommission in Bremen und Mitglied in der Bildungskommission in Nordrhein-Westfalen. Sein Konzept der Bildungstheorie, das er Anfang der 1960er-Jahre entwickelte, beeinflusste das Bildungswesen und die Ausbildung von Lehrern in hohem Maße und hat Bedeutung bis in die Gegenwart hinein. Das sogenannte „Klafki Bildungstheoretische Modell" machte ihn in der Fachwelt bekannt und anerkannt, ebenso seine Tätigkeit als Mitherausgeber der Zeitschrift „Pädagogik". Klafki war über viele Jahre hinweg Mitglied und Vorsitzender der Deutschen Gesellschaft für Erziehungswissenschaft, einer Vereinigung von Hochschullehrern. Wesentliche Impulse für die Ausbildung von Lehrern, Sozialarbeitern, Sozialpädagogen und Erziehern setzte er mit dem Funkkolleg Erziehungswissenschaft (1970), in dem er erziehungswissenschaftliche Grundlagen und Forschungsergebnisse über das Medium Rundfunk einem breiten Publikum zugänglich machte. Wolfgang Klafki hat über 400 wissenschaftliche Publikationen erstellt und wurde mehrfach als Ehrendoktor durch verschiedene Universitäten ausgezeichnet. Als letzte Auszeichnung erhielt er am 5. Mai 2004, zusammen mit Prof. Hartmut von Hentig, die Ehrendoktorwürde der Universität Kassel.

6.3 Wolfgang Klafki (*1927)

Zeittafel

1927	am 1. September 1927 in Angersburg Ostpreußen geboren
1945	Kriegsteilnehmer im Volkssturm, Verwundung
1946–1948	Studium an der Pädagogischen Hochschule Hannover
1948–1952	Lehrtätigkeit an Volksschulen
1952–1957	Studium der Pädagogik, Philosophie und Germanistik in Göttingen (bei Erich Weniger) und Bonn (Theodor Litt)
1958–1963	Wissenschaftlicher Assistent in Münster und Hannover
1963	Professur an der Philipps-Universität Marburg (bis 1992)
1970	Wissenschaftliche Begleitung von Gesamtschulprojekten; Mitglied in Bildungskommissionen der Länder Bremen und Nordrhein-Westfalen
1972	Leitung des Marburger Grundschulprojekts
1980	Weiterentwicklung des Konzepts einer Bildungsorientierten Didaktik zur Kritisch-konstruktiven Erziehungswissenschaft
1990	Mitglied im Wissenschaftlichen Beirat der Bielefelder Laborschule von Hartmut von Hentig
1992	Emeritierung
2004	Ehrendoktorwürde der Universität Kassel

(Biografie und Zeittafel sind orientiert an: Krause-Vilmar, D., 2005 und de.wikipedia.org/wiki/Wolfgang_Klafki)

Pädagogische Leitideen und Konzept

Wolfgang Klafki ist ein Erziehungswissenschaftler des 20. Jahrhunderts, der sich mit Fragen der Bildungstheorie, der Reform der Schulen, der didaktischen Systembildung und, in späteren Jahren seines Wirkens, mit der Entwicklung einer Kritisch-konstruktiven Erziehungswissenschaft beschäftig hat. Es würde an dieser Stelle den Rahmen sprengen, alle Themen anzusprechen, sondern es soll versucht werden, einen Überblick über seine Bildungstheorie zu geben, die bis in die heutige Zeit die Ausbildung von Lehrerinnen und Lehrern geprägt hat. Klafki stellt die Frage: Was sollen Kinder in der Schule lernen? Mit welchen Lerninhalten sollen Sie sich auseinandersetzen? Welche Inhalte sind überhaupt sinnvoll und bereiten die Kinder auf die Zukunft vor? Wie lässt sich die Auswahl der Lerninhalte legitimieren?

Klafki orientiert sich zunächst an den Bildungsvorstellungen der geisteswissenschaftlichen Pädagogik, die sich seit dem 18. Jahrhundert gebildet haben und entwickelt diese weiter. Er unterscheidet zwischen materialen und formalen Bildungstheorien. Materiale Theorien sehen ihren Schwerpunkt im

Stoff, im Bildungsinhalt, im Fach, während formale Theorien den Lernenden, Sich-Bildenden in den Blick nehmen:

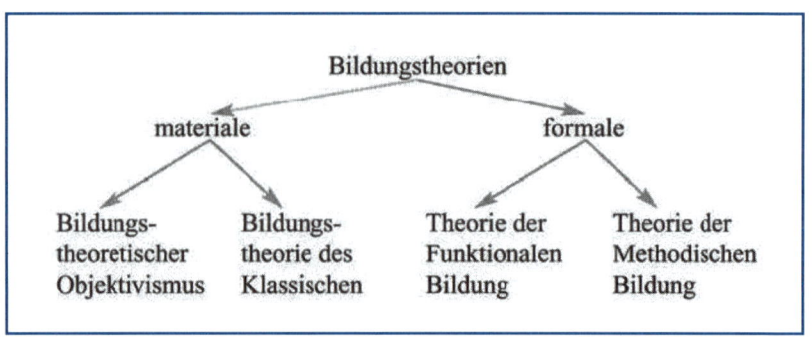

```
                        Bildungstheorien
                    ↙                    ↘
              materiale                  formale
             ↙         ↘              ↙         ↘
      Bildungs-    Bildungs-    Theorie der    Theorie der
      theoretischer theorie des Funktionalen   Methodischen
      Objektivismus Klassischen  Bildung       Bildung
```

Abb. 8: Bildungstheorien

Aus der Sicht des Bildungstheoretischen Objektivismus besteht die Bedeutung der Bildung darin, dass gegebene Kulturgüter (sittliche Werte, ästhetische Gehalte, wissenschaftliche Erkenntnisse) vom Menschen aufgenommen werden. Das Kind (der Mensch) ist in diesem Sinne vergleichbar mit einem Gefäß, das bereit ist zur Aufnahme von Wissen (Klafki 1975, S.28). Klafki kritisiert, dass es in dieser Theorie keine ausreichend legitimierten Kriterien für die Auswahl von Inhalten gibt. Gebildet ist, wer möglichst viel Wissen angehäuft hat (Gefahr des Enzyklopädismus).

In der Bildungstheorie des Klassischen ist es nicht sinnvoll jeden Kulturinhalt zu vermitteln, sondern nur das Klassische. Als klassisch gelten nur solche Inhalte, die den Menschen auf das höhere geistige Leben vorbereiten, ihm Sinngebung, Werte und Leitbilder einer Kultur und eine Orientierung an Idealen vermitteln (ebd., S.30ff). Auch die klassische Bildung, die sich an einer vergangenen Kultur der Antike orientiert, bietet keine ausreichende Lösung für die Gegenwarts- und Zukunftsbewältigung.

In der Theorie der Funktionalen Bildung ist „das Wesen der Bildung nicht die Aufnahme und Aneignung von Inhalten, sondern Formung, Entwicklung, Reifung von körperlichen, seelischen und geistigen Kräften" (ebd., S.33). Die humanistische Gymnasialbildung in Deutschland sah das Erlernen von alten Sprachen und die Beschäftigung mit Mathematik dafür als besonders förderlich an.

Die Theorie der Methodischen Bildung geht davon aus, dass die Fülle der Kulturinhalte so enorm ist, dass sie von einem Menschen im Regelfall nicht in einem Bildungsprozess erworben werden kann (vgl. Allgemeine Schulpflicht und Berufsbildung) und die Lernenden Fähigkeiten entwickeln müssen, sich die Inhalte selbst anzueignen. Bildung bedeutet hier nicht, Wissen nach

6.3 Wolfgang Klafki (*1927)

materiellen oder funktionalen Kriterien anzueignen, sondern Techniken zu erwerben: Lernen lernen, Selbststudium, Lernstrategien entwickeln, selbstständige Inhaltssuche usw.

Kategoriale Bildung

Wolfgang Klafki versucht, die Einseitigkeit und Begrenzung der überlieferten Bildungstheorien zu überwinden durch das Konzept der Kategorialen Bildung, die zwar materiale und funktionale Elemente berücksichtigt, aber keine Synthese darstellt. Kategorial bedeutet, dass die Komplexität beziehungsweise Ganzheit von Weltphänomenen durch die Erfassung von Kategorien erschlossen wird. Kategorien wären z. B. das Exemplarische, Typische, Repräsentative, Elementare (Klafki 1975, S.39). Bei Klafki ist Bildung ein Phänomen der doppelseitigen Erschließung von Welt und Kultur. Der Lernende soll sich in kategorialer Weise Kulturinhalte erschließen, aber auch der Lernende wird durch diese Inhalten aufgeschlossen. Kultur wird vom Menschen aufgenommen, er wird dadurch aber auch zum Bestandteil dieser Kultur. Die Sozialisationstheorie bezeichnet diese Prozesse als Entkulturation und Personalisation. Bildung soll dabei den ganzen Menschen bilden, wie dies bereits Wilhelm von Humboldt gefordert hatte. Bildungsziele und -inhalte müssen nach diesem Konzept auf ihre Bedeutung für den Lernenden und für seine Welt geprüft und legitimiert werden.

```
                  Legitimation der Bildungsinhalte
         ┌──────────┬──────────┼──────────┬──────────┐
   Exemplarische  Gegenwarts-  Zukunfts-   Struktur   Zugäng-
     Bedeutung    bedeutung    bedeutung  des Inhalts  lichkeit
```

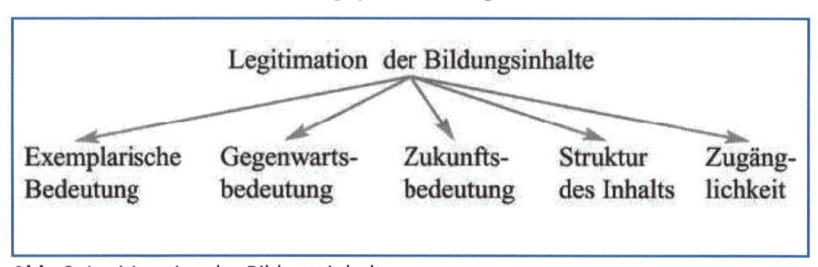

Abb. 9: Legitimation der Bildungsinhalte

Die didaktische Analyse

Nach Klafki kann sich ein Lehrer nicht auf einen traditionellen, herkömmlichen Stoffplan verlassen, sondern muss die Unterrichtsinhalte im Rahmen einer didaktischen Analyse prüfen und legitimieren (begründen). Er muss fünf didaktische Grundfragen stellen:

1. Welchen größeren beziehungsweise allgemeinen Sinn- oder Sachzusammenhang vertritt und erschließt dieser Inhalt? Welches Urphänomen oder Grundprinzip, welches Gesetz, Kriterium, Problem, welche Methode, Technik oder Haltung lässt sich in der Auseinandersetzung mit ihm „exemplarisch" erfassen. Beispiel: Erlernen von Grundrechenarten, die ein

Verständnis für Mathematik und spätere komplexe Rechenoperationen vermitteln)

2. Welche Bedeutung hat der betreffende Inhalt beziehungsweise die an diesem Thema zu gewinnende Erfahrung, Erkenntnis, Fähigkeit oder Fertigkeit bereits im geistigen Leben der Kinder in meiner Klasse, welche Bedeutung sollte er – vom pädagogischen Gesichtspunkt aus gesehen – darin haben? Beispiel: Beruf des Vaters /der Mutter als bekanntes Berufsfeld für die Erarbeitung des Themas „Ökonomische Lebensgrundlagen und Berufswelt")

3. Worin liegt die Bedeutung des Themas für die Zukunft der Kinder? Beispiel: Welche Sprache ist als erste Fremdsprache besser geeignet, auf globales Wirtschaften vorzubereiten, Englisch oder Russisch?)

4. Welches ist die Struktur des (durch die Fragen I, II und III in die spezifische Sicht gerückten) Inhalts? Beispiel: Ist das Unterrichtsprojekt so aufgebaut, dass es dort ansetzt, wo das Kind steht (Gegenwartsbedeutung? Ist es so aktuell, dass es eine Zukunftskompetenz vermitteln kann? Ist das Thema so elementar ausgewählt, dass ein höherer Abstraktionsgrad beziehungsweise ein höherer Schwierigkeitsgrad aufgebaut werden kann?)

5. Welches sind die besonderen Fälle, Phänomene, Situationen, Versuche, Personen, Ereignisse, Formelemente, in oder an denen die Struktur des jeweiligen Inhaltes den Kindern dieser Bildungsstufe, dieser Klasse interessant, fragwürdig, zugänglich, begreiflich, „anschaulich" werden kann? Beispiel: Projekt Schulgarten, in dem verschiedene Phasen der Bodenbereitung, Aussaat, Düngung, Pflege; Ernte in der biologischen Nahrungsproduktion erfahren werden können (Klafki 1975, S. 135–142).

Allgemeinbildung

Wolfgang Klafki hat dieses Konzept der Bildungstheoretischen Didaktik, die zunächst keine unterrichtsmethodische Anleitung im strengen Sinne darstellt, sondern bildungstheoretische Entscheidungen fundieren soll, weiterentwickelt zur Kritisch-konstruktiven Erziehungswissenschaft. Kritisch bedeutet ideologiekritisch, d. h. die (zum Teil verdeckten) gesellschaftlichen Machtinteressen in der Bildung zu reflektieren und aufzudecken. Beispiel: Benachteiligung von Mädchen oder Kindern ausländischer Herkunft im öffentlichen Schulsystem oder die Aussonderung von Kindern mit Lernproblemen. Konstruktiv meint, die Erziehungswissenschaft darf nicht bei der Kritik stehen bleiben, sondern muss aktiv konstruktive Entwürfe und Konzepte entwickeln, um die Lebenssituation von benachteiligten Kindern konkret zu verbessern. Dazu gehört verpflichtend die wissenschaftliche Fundierung durch empirische Sozialforschung.

6.3 Wolfgang Klafki (*1927)

Klafki knüpft bei seiner Bildungsvorstellung an Comenius an, „allen alles zu lehren." Allgemeinbildung ist in diesem Sinn „Bildung für alle", d. h. für alle Menschen und alle Schichten, mit oder ohne Behinderung, unabhängig von Nationalität, Glaube oder Geschlecht. Bildung bedeutet „allseitige Bildung", d. h. nicht nur kognitives, sondern auch soziales, ethisches, emotionales, politisches und ästhetisches Lernen. Der dritte Aspekt Klafkis Auffassung von Allgemeinbildung lässt sich als „epochaltypische Schlüsselprobleme der kulturellen, gesellschaftlichen, politischen, individuellen Existenz" des Menschen verstehen (ebd., S.56; siehe auch nachfolgenden Lesetext).

Lesetext

Schlüsselprobleme

„Allgemeinbildung bedeutet (...) ein geschichtlich vermitteltes Bewusstsein von zentralen Problemen der Gegenwart und – soweit vorhersehbar – der Zukunft zu gewinnen, Einsicht in die Mitverantwortlichkeit aller angesichts solcher Probleme und Bereitschaft, an ihrer Bewältigung mitzuwirken. Abkürzend kann man von der Konzentration auf epochaltypische Schlüsselprobleme unserer Gegenwart und der vermutlichen Zukunft sprechen" (Klafki 1993, S. 56).

Frieden

„Als erstes Schlüsselproblem nenne ich die Friedensfrage angesichts der ungeheuren Vernichtungspotentiale der ABC-Waffen. Hier sind nun bekanntlich gerade in den letzten Jahren (Anmerkung des Verfassers: der Artikel erschien 1985) weltpolitisch neue Möglichkeiten aufgebrochen, Chancen für den Einstieg in einen Abrüstungsprozess im großen Stile. Jedoch hat uns vor allem der Golfkrieg mit seinen furchtbaren Folgen erneut vor Augen geführt, wie weit wir nach wie vor von der Herstellung einer Weltfriedensordnung entfernt sind. Friedenserziehung wird also als kritische Bewusstseinsbildung und als Anbahnung entsprechender Entscheidungs- und Handlungsfähigkeit eine langfristige pädagogische Aufgabe bleiben" (ebd., S. 56f).

Umwelt

„Ein zweites Problem ist die Umweltfrage, d. h. die im globalen Maßstab zu durchdenkende Frage nach Zerstörung oder Erhaltung der natürlichen Grundlagen menschlicher Existenz und damit nach der Verantwortlichkeit und Kontrollierbarkeit der wissenschaftlich-technologischen Entwicklung" (ebd., S.58).

> **Gesellschaftliche Ungleichheit**
>
> „Ein drittes, nach wie vor unbewältigtes Zentralproblem stellt die gesellschaftlich produzierte Ungleichheit dar, und zwar zum einen innerhalb unserer und anderer Gesellschaften als Ungleichheit
> - zwischen sozialen Klassen und Schichten,
> - zwischen Männern und Frauen,
> - zwischen behinderten und nicht-behinderten Menschen,
> - zwischen Menschen, die einen Arbeitsplatz haben und denen, für die das nicht gilt,
> - zwischen Ausländern in Gastländern und der einheimischen Bevölkerung, aber auch zwischen verschiedenen Volksgruppen einer Nation; positiv formuliert lautet die Aufgabe: multikulturelle Erziehung,
>
> zum anderen geht es um die Ungleichheit in internationaler Perspektive (...), das Macht- und Wohlstands- Ungleichgewicht zwischen so genannten entwickelten und wenig entwickelten Ländern" (ebd., S. 59).
>
> **Kommunikationsmedien**
>
> „Ein viertes Schlüsselproblem sind die Gefahren und die Möglichkeiten der neuen technischen Steuerungs-, Informations- und Kommunikationsmedien im Hinblick auf die Weiterentwicklung des Produktionssystems, der Arbeitsteilung oder aber ihrer schrittweisen Zurücknahme, der möglichen Vernichtung von Arbeitsplätzen durch eine ausschließlich ökonomisch-technisch verstandene „Rationalisierung", der Folgen für veränderte Anforderungen an Basis- und Spezialqualifikation, für die Veränderung des Freizeitsbereichs und der zwischenmenschlichen Kommunikationsbeziehungen" (ebd., S. 59).
>
> **Ich-Du-Beziehungen**
>
> „Schließlich nenne ich ein fünftes Schlüsselproblem, bei dem die Subjektivität des einzelnen und das Phänomen der Ich-Du-Beziehung ins Zentrum der Betrachtung rücken: die Erfahrung der Liebe, der menschlichen Sexualität, des Verhältnisses zwischen den Geschlechtern oder aber gleichgeschlechtlicher Beziehungen – jeweils in der Spannung zwischen individuellem Glücksanspruch, zwischenmenschlicher Verantwortung und der Anerkennung des bzw. der jeweils Anderen" (ebd., S. 60).

Impulse für die heutige Erziehungspraxis

Klafkis Bildungstheoretische Didaktik hat die Bildungsdiskussion der 1970er- und 1980er-Jahre maßgeblich beeinflusst, wirkt aber bis in das 21. Jahrhundert hinein. Viele Didaktikexperten beziehen sich auf Klafki und entwickeln ihre Konzepte in enger Anlehnung an seine Theorien. Sein wichtiger Verdienst ist, die Didaktik der Schule so modifiziert zu haben, dass durch die didaktische Analyse die Lerninhalte sowohl für das Kind, seine Lebenswelt, die gesellschaftliche aktuelle Realität und bezüglich der Zukunftstauglichkeit legitimiert werden müssen. Klafkis Auffassung von Allgemeinbildung zeigt deutlich politische Aspekte. Bildung muss es für alle Menschen geben, Chancenungleichheiten sind gezielt zu beseitigen. Die Aktualität dieser Forderung wurde nach der Veröffentlichung der Pisa-Studie (1999) deutlich. Sie belegt, dass Hauptschüler und Jugendliche ausländischer Herkunft in Deutschland erkennbar schlechtere Bildungschancen haben, der Bildungserfolg an die Zugehörigkeit zu mittleren und höheren gesellschaftlichen Schichten gekoppelt ist. Die Aktualität der Bildungstheorie Klafkis ist auch erkennbar in der Forderung der Analyse „epochaltypischer Schlüsselprobleme der kulturellen, gesellschaftlichen, politischen und individuellen Existenz" der Menschen. Diese Aufgabe kann nicht allein bei der Schule liegen, sondern ist eine gesellschaftliche und politische Aufgabe aller Verantwortlichen. Die von Klafki geforderte Entwicklung der Kompetenzen der Selbstbestimmungs-, Mitbestimmungs- und Solidaritätsfähigkeit haben in der heutigen gesellschaftlichen Situation hohe aktuelle Bedeutung bei der Bewältigung von zeittypischen Jugendproblemen, wie Null-Bock-Mentalität, Bewältigung von Zukunftsängsten, einen Ausbildungsplatz und anschließenden Arbeitsplatz zu bekommen und Befürchtungen, im Zuge der wirtschaftlichen Globalisierung auf der Strecke zu bleiben.

Übungsfragen

1. Unterscheiden Sie in wesentlichen Punkten materiale und formale Bildungstheorien.

Begründen Sie die Vor- und Nachteile dieser Theorieansätze.

2. Beschreiben Sie die Theorie der Kategorialen Bildung. In welchem Verhältnis stehen hier Mensch und Welt?

3. Klafki entwickelte das Konzept der Didaktischen Analyse. Welche Aspekte werden analysiert? Nennen Sie die fünf Kriterien und belegen Sie Ihre Aussage durch ein Beispiel aus der schulischen Praxis.

4. Beschreiben Sie Klafkis neuen Ansatz, die Kritisch-konstruktive Erziehungswissenschaft. Was meint er mit kritisch und mit konstruktiv?

5. Erläutern sie den Begriff „epochaltypische Schlüsselprobleme der kulturellen, gesellschaftlichen, politischen, individuellen Existenz des Menschen".

6. Erläutern Sie die Bedeutung der Bildungstheorie bei Klafki für die Problemstellungen der heutigen und zukünftigen Zeit?

Literatur

Klafki, W. (1993 u. 2010): Aspekte kritisch-konstruktiver Erziehungswissenschaft, Weinheim/Basel

ders. (1970): Funkkolleg Erziehungswissenschaft, 3. Bd., Weinheim/Basel

ders. (1975 u. 2010): Studien zur Bildungstheorie und Didaktik., Weinheim/Basel

ders. (2007): Neue Studien zur Bildungstheorie und Didaktik. 6. Aufl., Weinheim/Basel

Krause-Vilmar, D.: Laudatio auf Wolfgang Klafki. In: Kassler Universitätsreden, 5. Mai 2004

Meyer, M.A. u. H. (2007): Wolfgang Klafki. Eine Didaktik für das 21. Jahrhundert, Weinheim/Basel

Medien

Filmportrait bedeutender Pädagogen der Gegenwart „Prof. Dr. Dr. mult. h. c. Wolfgang Klafki", Bezug: Unterrichtsmitschau der LMU München, Hg. Dr. Norbert Neuß u. Prof. Dr. Ewald Kiel

Webliografie

de.wikipedia.org/wiki/Wolfgang_Klafki

7 Menschsein mit Behinderung

Menschen mit Behinderungen wurden im Laufe der Geschichte häufig mit ausgrenzenden und diskriminierenden Bezeichnungen wie Krüppel, Geistesschwache, Idioten, Kretine, Nichtbildbare usw. belegt und in der Gesellschaft faktisch ausgegrenzt. Dies ist durch Forschungsergebnisse der Behindertenpädagogik ausreichend belegt. Erst im 20. Jahrhundert wurde der Begriff „Behinderung" beziehungsweise „Behinderter" in den Bereich der Heil- und Sonderpädagogik eingeführt, die Bezeichnung Krüppel aber erst in den 1950er-Jahren durch „Körperbehinderter" ersetzt. Vor allem die Elternvereinigung Lebenshilfe für das geistig behinderte Kind kämpfte in den frühen 1960er-Jahren für neutralere Bezeichnungen, wie „Geistigbehinderte" statt Schwachsinnige. Mit der Entwicklung der Heil- und Sonderpädagogik erfolgte ein ähnlicher Begriffswandel für Seh-, Sprach- und Hörbehinderte. Das heutige Verständnis von Behinderung geht vor allem von einer „Lebenserschwernis" aus, die durch eine körperliche, geistige, seelische oder Sinnesschädigung ausgelöst wird.

> „Als behindert gelten Personen, die infolge einer Schädigung ihrer körperlichen, seelischen oder geistigen Funktionen soweit beeinträchtigt sind, dass ihre unmittelbare Lebensverrichtung oder ihre Teilnahme am Leben der Gesellschaft *erschwert* werden. Behinderung hat damit eine individuelle und eine soziale Seite. Persönliche *Lebenserschwernisse* liegen etwa dann vor, wenn der Körperbehinderte sich durch die Einschränkung seiner Bewegungsfähigkeit nicht frei bewegen kann und auf Hilfe angewiesen ist; der Gehörlose akustische Signale nicht wahrnimmt und im Straßenverkehr dadurch gefährdet ist; der Blinde sich optisch nicht zu orientieren vermag. Ebenso folgenreich sind die Erschwerungen, die der Behinderte im sozialen Feld erfährt, und die seine Eingliederung in das öffentliche Leben, in die Bildungsinstitutionen, in die Berufs- und Arbeitswelt und in die Familie erschweren" (Bleidick 1994, S. 650).

Der Fachwelt der Heil- und Sonderpädagogik heute ist bewusst, dass gut gemeinte fachliche Bezeichnungen und Begriffe auch stigmatisierende Wirkungen haben können, d. h. körperliche oder geistige Schädigungen zwar fachlich gut sortiert erscheinen, aber ausgrenzenden Wirkungen für den betroffenen Menschen auslösen können. Deshalb bemüht man sich, den Menschen in den Vordergrund zu stellen und von Menschen mit Sprachbehinderungen beziehungsweise von Menschen mit einem Handicap zu sprechen.

In der Entwicklung der Hilfen für Menschen mit Behinderungen heben sich einige bedeutende Persönlichkeiten heraus, die sich engagiert an die Seite der betroffenen Menschen gestellt haben und, oft gegen den Widerstand der sozialen Umwelt, Lösungen für das Behinderungsproblem gesucht und eine Notwende eingeleitet haben. Exemplarisch sind hier die taubblinde Helen Keller (1880–1968) und ihre Lehrerin Anne Sullivan Macy (1866–1936) zu nennen. Helen Keller erblindete im Alter von 19 Monaten an Meningitis und verlor in Folge der Krankheit ihr Seh- und Hörvermögen. In Verzweiflung reagierte sie aggressiv und chaotisch, verweigerte jegliche Form der Kommunikation und wurde als geistesschwach eingestuft. Im Alter von sieben Jahren stellten ihre Eltern eine junge Lehrerin ein, die selbst an einer Augenerkrankung litt und in einem Spezialinstitut für Sehbehinderte und Blinde das Fingeralphabet für Gehörlose erlernt hatte. Diese junge Lehrerin schaffte es, zu Helen eine pädagogische Beziehung aufzubauen und ihr über das Fingeralphabet einen neuen Zugang zur Welt zu verschaffen. Der ungeheure Erfolg dieser pädagogischen Arbeit machte beide, sowohl Helen Keller, wie auch ihre Lehrerin Anne Sullivan, international bekannt. Helen konnte eine Schule besuchen, die Universität mit einer Promotion abschließen und als Schriftstellerin weltberühmt werden.

Für den Bereich der Heilpädagogik im deutschsprachigen Raum ist besonders Professor Paul Moor hervorzuheben, der die Grundlagen für die Ausbildung von Generationen von Heilpädagoginnen und Heilpädagogen gelegt hat. Paul Moors Verdienst ist es, die Hilfen für entwicklungsverzögerte oder behinderte Kinder als pädagogische Arbeit definiert zu haben. Moor sah auf dem Hintergrund seines wertgeleiteten Menschenbildes das Kind, den Menschen als ein wertvolles (mit Würde ausgestattetes) Subjekt und nicht als ein Objekt von Therapie durch Spezialisten. Von großer Bedeutung war für Moor der Aufbau des „Inneren Halts" beim Kind, was auch als Charakter, oder als die Fähigkeit selbstverantwortlich zu leben, verstanden werden kann. Nicht gegen die (störenden) Symptome und Verhaltensweisen zu arbeiten, sondern für das Kind erzieherisch etwas tun, war seine Forderung. Behinderung wurde so im Sinne seiner Heilpädagogik kein endgültiger Zustand, sondern eine Entwicklungsgefahr, die erzieherisch-heilpädagogisch angegangen werden kann. Heilpädagogik wurde so zu einer zuversichtlichen, sinngebenden und evtl. heilenden Erziehungsarbeit.

Literatur

Bleidick, U. (1994): Einführung in die Behindertenpädagogik I, Allg. Theorie der Behindertenpädagogik, 4. Aufl., Stuttgart

ders. (1994): Informationen über die sonderpädagogische Förderung in der Bundesrepublik Deutschland. In: Zeitschrift für Heilpädagogik, 10/1994, 650–657

7.1 Helen Keller (1880–1968) Anne Sullivan Macy (1866–1936) Wege aus dem Dunkel

Biografie

Die Entwicklung der taubblinden Helen Keller ist untrennbar mit der pädagogischen Arbeit der Lehrerin Anne Sullivan verbunden. Aus diesem Grund werden beide Biografien vorgestellt.

Helen Keller wurde am 27. Juni 1880 in Tuscumbia, Alabama, als Tochter des Arthur Keller, einem ehemaligen Offizier der Konförderierten Armee und seiner Frau Kate geboren. Captain Keller, wie er auch später genannt wurde, war ein einflussreicher Grundbesitzer, Viehzüchter, sowie Herausgeber der Zeitung „North Alabamian" und Polizeipräsident seiner Region. Im Alter von 19 Monaten erkrankte Helen an Meningitis und verlor in Folge der Krankheit ihr Hör- und Sehvermögen. Das bisher fröhliche Kind entwickelte sich zu einem aggressiven Mädchen, das aus Verzweiflung über seine veränderte Situation mit heftigen Wutausbrüchen reagierte und die Familie in hohem Maße verunsicherte. Ein Wendepunkte in der Entwicklung stellt das Jahr 1887 dar, als Anne Sullivan als Lehrerin ins Haus kam, die im berühmten Perkins-Institut für Blinde ausgebildet worden war. Anne Sullivan unterrichtete Helen im Fingeralphabet und wurde zu ihrer persönlichen Lehrerin, zur engsten Bezugsperson und zum Tor zur Welt. Helen Keller erwies sich als ein hochintelligentes Kind, das erstaunliche Fortschritte machte, 1894 die Wright-Humason-Sprachschule für Gehörlose besuchte und 1896 in die Cambridge School for Young Ladies aufgenommen werden konnte. Helen studierte danach an der Universität Radcliffe College, erlernte mehrere Sprachen, darunter auch Französisch und Deutsch. 1904 erlangte sie einen Universitätsabschluss mit cum laude, in späteren Jahren erhielt sie mehrfach die Ehren-Doktorwürde. 1903 erschien das Buch „The Story of My Life", 1908 das Werk „The World I Live In" und sie wurde durch Vortragsreisen in den USA und Europa zu einer berühmten Persönlichkeit. Sie setzte sich für die Verbreitung der Ausbildungsmethoden für Taubblinde ein und weckte Verständnis für die Förderungsfähigkeit dieser Menschen. Anne

Sullivan begleitete sie auf diesen Reisen und war ihre Dolmetscherin. 1954 wurde über ihr Leben ein Dokumentarfilm mit dem Titel „Helen Keller in Her Story" produziert und 1955 schrieb sie zu Ehren ihrer Lehrerin das Buch " Teacher: Anne Sullivan Macy". Am 1. Juni 1968 starb Helen Keller in Westport, Connecticut.

Anne Sullivan (Johanna Mansfield Sullivan Macy) wurde am 14. April 1866 in Feeding Hills, Massachusetts als Tochter des Thomas Sullivan und seiner Ehefrau Alice Cloesy geboren. Ihre Eltern waren aus Irland eingewanderte Landwirte und lebten in ärmlichen Verhältnissen. Vom Vater, der dem Alkohol stark zusprach, wurde sie häufig geschlagen, die Mutter starb an Tuberkulose, als Anne acht Jahre alt war. Anne wuchs zusammen mit ihrem jüngeren behinderten Bruder in einem Waisenhaus auf. Bereits im Alter von drei Jahren erkrankte sie an einem Trachom, einer infektiösen Bindehautentzündung, einer sogenannten Armenkrankheit, die ihre Augen stark schädigten. Mehrere Operationen hatten keinen ausreichenden Erfolg. Sie begann 1880 eine Ausbildung am Perkins-Institut, erlernte dort das Fingeralphabet für Gehörlose. Sie machte in dieser Schule die Bekanntschaft von Laura Bridgman, die seit früher Kindheit taub und blind war, aber sich in dieser Sprache ausdrücken konnte und als Handarbeitslehrerin arbeitete. Anne erlernte Gegenstände zu erfühlen und gleichzeitig das Wort auf die Handfläche zu buchstabieren. Diese Erfahrung war von hoher Bedeutung für die späteren sensationellen Erfolge als Lehrerin von Helen Keller. Mit 21 Jahren, im Jahre 1887, wurde sie als Privatlehrerin für Helen eingestellt. 1905 heiratete sie den Harvardprofessor John A. Macy, diese Ehe wurde 1913 wieder geschieden. Anne blieb weiter die Dolmetscherin, Begleiterin und Freundin für Helen und begleitete sie auf ihren Vortragsreisen. 1935 erblindete Anne Sullivan vollständig und starb 1936 in New York. (Die Biografie ist orientiert an: Behrens, 2010.)

Zeittafel

Helen Keller	
1880	am 27. Juni in Tuscumbia, Alabama, geboren; Eltern: Arthur Keller und Kate, geb. Adams
1882	Erkrankung an Meningitis; als Folge völlige Taubheit und Erblindung
1887	Beginn der Förderung durch die Privatlehrerin Anne Sullivan
1894	Besuch des Wright – Humaso – Sprachschule für Gehörlose
1896	Eintritt in die Cambridge School for Young Ladies
1900	Besuch des Radcliffe College
1903	*The Story of My Life* erscheint
1904	Universitätsabschluss Bachelor of Arts mit der Note cum laude
1908	*The World I Live In* erscheint
1930	*Midstream: My Later Life* erscheint; Europareisen
1936	Anne Sullivan Macy stirbt
1955	*Teacher: Anne Sullivan Macy* erscheint
1961	Schlaganfall; Rückzug aus der Öffentlichkeitsarbeit für Blinde und Gehörlose
1968	Helen Keller stirbt in Westport, Connecticut
Anne Sullivan Macy	
1866	im April in Feeding Hills, Massachusetts geboren; Eltern waren 1847 aus Irland eingewandert
1869	Augenerkrankung; in den Folgejahren mehrere Operationen
1874	Aufnahme in ein Waisenhaus zusammen mit ihrem jüngeren Bruder Jimmie
1880	Aufnahme in das Perkins-Institut für Gehörlose und Blinde; Erlernen des Fingeralphabets; Kontakte zu Laura Bridgman; Förderung durch Dr. Howe
1887	Einstellung als Privatlehrerin im Hause Keller; Förderung des Mädchens nach der Methode von Dr. Howe
1888	Förderung von Helen im Perkins-Institut; danach Begleitung und persönliche Assistenz im Cambridge School for Young Ladies und während des Universitätsstudiums
1905	Heirat mit dem Harvardprofessor John A. Macy
1913	Scheidung; Begleitung von Helen auf Vortragsreisen
1935	völlige Erblindung
1936	Anne Sullivan Macy stirbt in New York

(Zeittafel orientiert an: Behrens, K. 2010, S, 179/180)

Pädagogische Leitideen und Konzept

Die pädagogische Arbeit der Lehrerin für Blinde Anne Sullivan kann sinnvoll nur im Zusammenhang mit der Entwicklung und Persönlichkeit ihrer berühmten Schülerin Helen Keller dargestellt werden. Zwei starke Persönlichkeiten, ihr Ehrgeiz und ihre Anstrengungsbereitschaft und ihre besondere pädagogische Beziehung dürften der Schlüssel zur Erklärung des Entwicklungsphänomens sein. Helen verliert mit 19 Monaten ihr Augenlicht und wird völlig gehörlos. Sie stellt eine sprachliche Kommunikation völlig ein, versucht die neue Lebenssituation mit Wutausbrüchen und Zerstörungswut zu kompensieren und terrorisiert ihre Familie bis zur Verzweiflung. Sie sagt später von sich selbst, sie sei „ein wildes, zerstörerisches kleines Tier" gewesen (vgl. Behrens 2010, S. 12). Der 21-jährigen Anne Sullivan gelingt es, eine Beziehung aufzubauen, durch Strenge und mithilfe des Fingeralphabets einen Zugang zu diesem Mädchen zu finden. Helen erlernt in wenigen Monaten das Alphabet, beginnt, sich mit Menschen zu verständigen, lernt Rad fahren, macht einen Schulabschluss und kann die Universität mit Erfolg absolvieren.

Welche Faktoren sind für diese erstaunliche Entwicklung bestimmend? Als wesentliche Punkte lassen sich benennen:
- die Art der pädagogischen Beziehung
- die starken Persönlichkeiten der Schülerin und der Lehrerin
- die Welterschließung durch Sprache; unterstützt durch das Fingeralphabet

Die Beziehung

Der Aufbau der Beziehung erweist sich am Anfang als sehr schwierig. Als Anne und Helen zusammentreffen, befindet sich das Mädchen in einen Zustand der Regellosigkeit und pädagogischen Verwahrlosung. Ihre Familie setzt keine Grenzen, da sie aggressive Ausbrüche fürchtet. Helen beschreibt später ihre Situation als ein Ständig-ins-Leere-Stoßen,, keine Orientierung finden, Verzweiflung und Wut. Ihre Lehrerin beginnt, Grenzen zu setzen, alle Gegenstände mit dem Fingeralphabet zu buchstabieren und konsequent nur dann etwas zu gewähren, wenn Helen die Kommunikation aufnimmt und selbst Buchstaben formt. Dabei leistete das Mädchen heftigen Widerstand und warf Gegenstände auf den Boden.

„Im Hause Keller ging vieles zu Bruch. Es tat dem Kind gut, Sachen hinzuwerfen, das erleichterte, und das Wissen um die Scherben am Boden verschaffte ihr eine grimmige Befriedigung" (Behrens 2010, S. 49). Der Aufbau der Beziehung wurde begleitet vom Setzen klarer Grenzen, Signale der Akzeptanz der Person des Kindes und Konsequenz in der sprachlichen Bezeichnung aller Gegenstände durch Buchstaben. Dieser Beziehungsaufbau nahm Formen des Kampfes an. „Helen kämpfte so hemmungslos, dass sie Annie wenige Tage nach der Ankunft einen Zahn ausschlug" (Behrens 2001, S. 50). So war Helen es gewohnt, mit den Händen Essen vom Tisch zu holen, ohne dass jemand aus der Familie reagierte.

> „Ich zeigte ihr (. . .) dass ich aß, ließ sie aber nicht in meinen Teller fassen. Sie kniff mich, und ich ohrfeigte sie jedes Mal, wenn sie mich kniff (. . .) Nach ein paar Minuten kam sie an ihren Platz zurück und fing an, mit den Fingern zu essen. Ich gab ihr einen Löffel, den sie auf den Boden warf. Ich zerrte sie von ihrem Stuhl und zwang sie, ihn aufzuheben. Schließlich setzte ich sie wieder hin, drückte ihr den Löffel in die Hand und zwang sie, damit zu essen. Nach einer Weile fügte sie sich und aß ruhig auf. Dann hatten wir eine weitere Balgerei, weil sie ihre Serviette nicht zusammenfalten wollte. Sie warf sie auf den Boden, nachdem sie aufgegessen hatte, und lief zur Tür. Als sie merkte, dass abgeschlossen war, fing sie wieder an, um sich zu treten und zu schreien. Es dauerte eine Stunde, bis die Serviette gefaltet war. Dann ließ ich sie in den warmen Sonnenschein hinaus und ging in mein Zimmer hinauf und warf mich erschöpft aufs Bett" (Behrens 2001, S. 52).

Die Schilderung der Situation scheint manchen Pädagogen sehr von Gehorsam, Zwang und Brechung des Willens geprägt zu sein. Helen Keller beschrieb die Entwicklung dieser für sie lebenswichtigen Beziehung: Beginn mit der Umarmung, Erfahrung von Grenzen, Befreiung aus dem Gefängnis des Nichtverstandenseins.

Nach einem Monat gemeinsamer Arbeit kannte Helen bereits 20 Wörter. Die Lernfähigkeit stieg sprunghaft, nach wenigen weiteren Wochen lernte sie 30–40 Wörter in ein bis zwei Stunden. Der nächste Schritt war das Buchstabieren ganzer Sätze. Helen lernte im Zusammenhang und aus dem Zusammenhang und konnte sich Worte aneignen, die fast unmöglich zu erklären waren (vgl. Behrens 2001, S. 68). Die Sprache wurde zur Brücke zu anderen Menschen und zum Verständnis der Welt, wobei Anne Sullivan zu einem unentbehrlichen Menschen in diesem Prozess wurde. „Nachdem Helen die Sprache entdeckt oder wiederentdeckt hatte, wurde Annie mehr und mehr zu einem Teil von ihr, ihrem Ohr, ihrem Auge, sie begann für zwei zu sehen" (Behrens 2001, S. 70). Anne Sullivan brachte ihrer Schülerin vier verschiedene Alphabetformen bei. Das Fingeralphabet, die Quadratschrift, die Boston Line Type und das Braille-System.

Exkurs: Taubblinden-Alphabet (Lormen)

Anne Sullivan Macy verwendete in der Kommunikation mit Helen Keller das Taubblinden-Alphabet, nicht zu verwechseln mit dem Fingeralphabet oder mit der Gebärdensprache. Beim Taubblinden-Alphabet werden die einzelnen Buchstaben durch punktuelle Berührungen der Finger und der Handinnenseite übertragen. Das Kommunikationssystem wird auch als *Lormen* bezeichnet. Hieronymus Lorm hat als erster das Tast-Alphabet in den deutschsprachigen Bereich eingeführt (vgl. www.taubblindenwerk.de/lormen, 1/2007).

A = Punkt auf die Daumenspitze
E = Punkt auf dieZeigerfingerspitze
I = Punkt auf die Mittelfingerspitze
O = Punkt auf die Ringfingerspitze
U = Punkt auf die Kleinfingerspitze
Ä = zwei Punkte auf die Daumenspitze
Ö = zwei Punkte auf die Ringfingerspitze
Ü = zwei Punkte auf die Kleinfingerspitze
J = zwei Punkte auf die Mittelfingerspitze
B = kurzer Abstrich auf der Mitte des Zeigefingers
D = das Gleiche am Mittelfinger
G = das Gleiche am Ringfinger
H = das Gleiche am Kleinfinger
T = das Gleiche am Daumen
F = leichtes Zusammendrücken der Spitzen von Zeige- und Mittelfinger
P = langer Aufstrich an der Außenseite des Zeigefingers
K = Punkt mit vier Fingerspitzen auf den Handteller
L = langer Abstrich von den Fingerspitzen zum Handgelenk
M = Punkt auf die Kleinfingerwurzel
N = Punkt auf die Zeigerfingerwurzel
R = leichtes Trommeln der Finger auf den Handteller
S = Kreis auf den Handteller
Z = Schrägstrich vom Daumenballen zur Kleinfingerwurzel
V = Punkt auf den Daumenballen, etwas von außen
W = zwei Punkte auf den Daumenballen, etwas von außen
CH = schräges Kreuz auf den Handteller
SCH = leichtes Umfassen der vier langen Finger
St = langer Aufstrich an der Außenseite des Daumens
C = Punkt auf das Handgelenk
X = Querstrich über das Handgelenk
Q = langer Aufstrich am Außenrand der Hand (Kleinfingerseite)
Y = Querstrich über die Finger in der Mitte

(Quelle: Behrens, K.: Alles Sehen kommt von der Seele, Weinheim/Basel, 2010, S. 183–185)

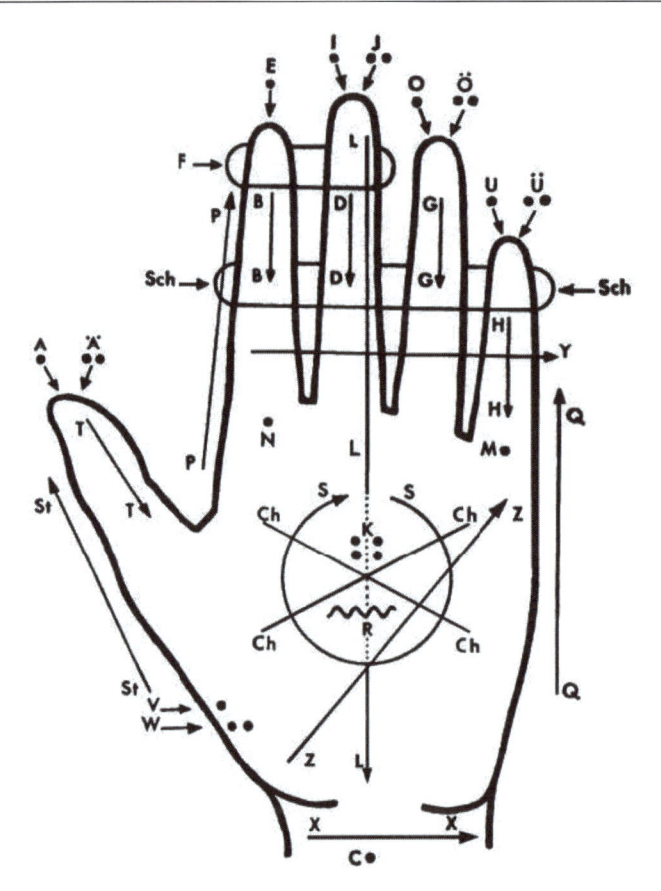

Abb. 10: Taubblinden-Alphabet

(Quelle: Behrens 2001, S. 183–185, Abdruck mit freundlicher Genehmigung Deutsches Taubblindenwerk gGmbH, Hannover)

Exkurs: Internationales Einhand-Fingeralphabet

Das Fingeralphabet, auch als Fingersprache oder Daktylogie bezeichnet, dient dazu, die Schreibweise eines Wortes mit Hilfe der Finger und Handform zu buchstabieren. Im Gegensatz zum Lormen ist die Sehfähigkeit für diese Kommunikationsform Voraussetzung. Das Fingeralphabet wird bei Hörgeschädigten (Gehörlose bzw. Schwerhörige) benutzt, um innerhalb einer gebärdensprachlichen Kommunikation insbesondere Namen, Fremdwörter, Abkürzungen sowie Wörter zu buchstabieren, für die bisher noch keine Gebärden vorliegen.

7.1 Helen Keller (1880–1968)

Einige Nachrichtensendungen des Fernsehens oder Vorträge bei internationalen Kongressen werden inzwischen durch das Einhand-Fingeralphabet kommentiert.

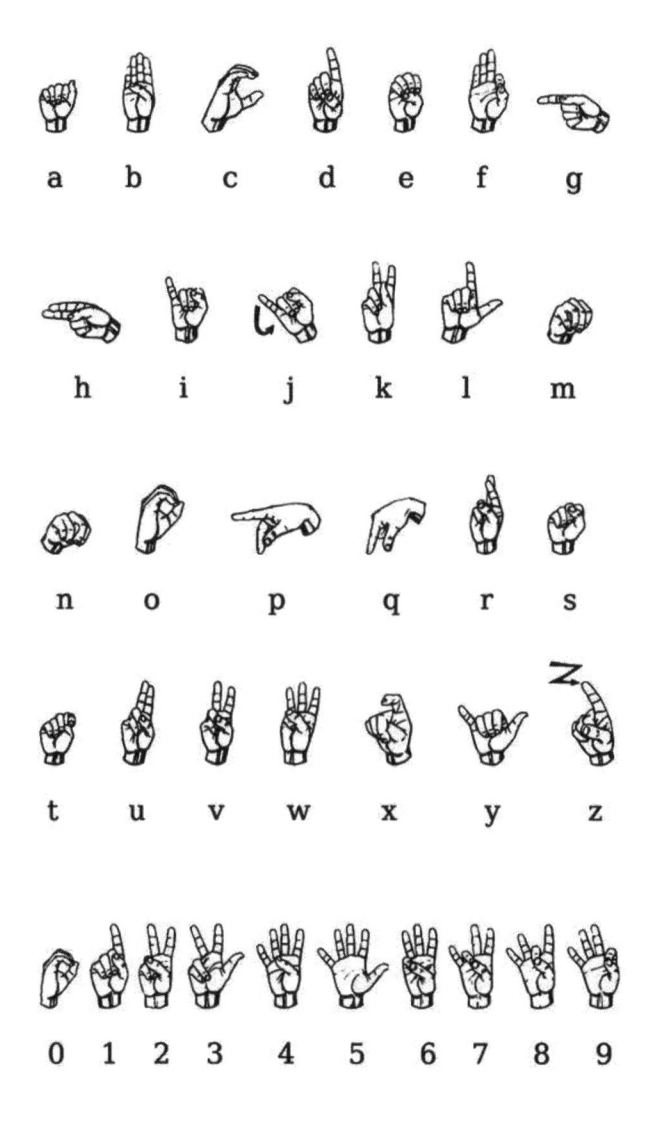

Abb. 11: Internationales Einhandfinger – Alphabet
(Quelle: www.wikipedia.org/wiki/Fingeralphabet, 1/2007)

Menschsein mit Behinderung

Exkurs: Blindenschrift (Braille)

Die Blindenschrift wurde 1820 vom Franzosen Louis Braille entwickelt. Diese Schriftform verwendet Punktmuster, die in Papier oder Karton gestanzt werden und deren Erhöhungen (ca. 6mm) mit den Fingerspitzen ertastet werden. Das System besteht aus sechs Punkten, es können drei in der Höhe und zwei in der Breite angeordnet werden. Die verschiedene Anordnung der sechs Punkte ergibt ca. 64 Kombinationsmöglichkeiten. Man unterscheidet verschiedene Notationsmöglichkeiten:

a) Normalschrift
b) Basisschrift
c) Vollschrift
d) Kurzschrift

Blinde können mit entsprechender Übung die Kurzschrift so schnell lesen, wie Sehende die Schwarzschrift (vgl. www.wikipedia.org/wiki/ brailleschrift 1/2007).

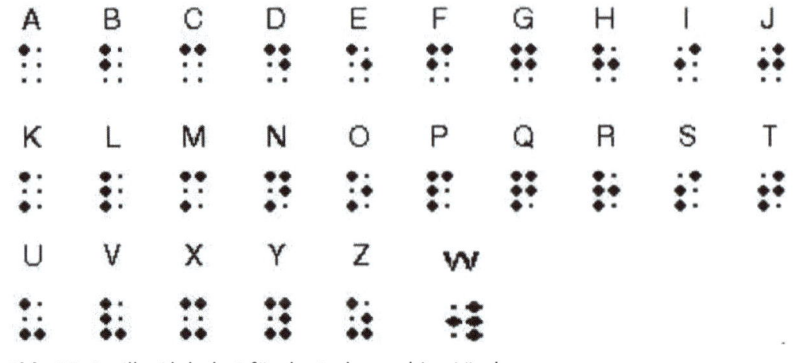

Abb. 12: Braille-Alphabet für deutschsprachige Länder
(Quelle: www.behinderung.org/balphad.htm , 5.1.2007)

7.1 Helen Keller (1880–1968)

Lesetext

Lernergebnis nach vier Wochen Training

„Wir gingen zum Brunnenhäuschen, wo ich Helen den Becher unter das Rohr halten ließ, während ich pumpte. Als das kalte Wasser herausschoss und den Becher füllte, buchstabierte ich ihr *w-a-t-e-r* in die freie Hand. Das Wort, das so unmittelbar auf die Empfindung des kalten, über ihre Hand strömenden Wassers folgte, schien sie aufzuschrecken. Sie ließ den Becher fallen und stand wie gebannt. Ihr Gesicht leuchtete auf. Sie buchstabierte mehrere Male hintereinander *water*. Dann hockte sie auf den Boden und fragte, wie man den nennt und zeigte auf die Pumpe und das Spalier, und plötzlich drehte sie sich um und fragte nach meinem Namen. Ich buchstabierte *teacher* (Lehrerin). In diesem Augenblick brachte die Kinderfrau Helens kleine Schwester in das Brunnenhäuschen, und Helen buchstabierte *baby* und deutete auf die Kinderfrau. Als wir ins Haus zurückgingen, war sie ungeheuer aufgeregt und lernte die Bezeichnung von jedem Gegenstand, den sie berührte, so dass sie ihren Wortschatz innerhalb weniger Stunden um dreißig neue Worte bereichert hatte" (Anne Sullivan in: Behrens 2010, S. 46).

Schlüsselerlebnis

„Mit einem Mal durchzuckte mich eine nebelhafte Erinnerung (. . .) und das Geheimnis der Sprache lag plötzlich offen vor mir. Ich wusste jetzt, dass *Wasser* jenes wundervolle, kühle Etwas bedeutete, das über meine Hand strömte. Dieses lebendige Wort erweckte meine Seele zum Leben, spendete Licht, Hoffnung, Freude, befreite sie von ihren Fesseln (. . .) Ich verließ den Brunnen voller Lernbegier. Jedes Ding hatte einen Namen und jeder Name weckte einen neuen Gedanken. Als wir nach Hause zurückkehrten, schien mir jeder Gegenstand von verhaltenem Leben zu zittern" (Helen Keller in: ebd., S. 65).

Welterfahrung

„Ich beginne allen ausgeklügelten pädagogischen Systemen zu misstrauen. Sie scheinen mir auf der Voraussetzung aufgebaut zu sein, dass jedes Kind so etwas wie ein Idiot ist und im Denken unterwiesen werden muss, während es, wenn es sich selbst überlassen bleibt, mehr und besser denken wird (. . .) Lasst es kommen und gehen, wie es will, lasst es wirkliche Dinge anfassen und sich selbst einen Reim darauf machen, anstatt dass es im Zimmer an einem runden Tischchen sitzt und eine Lehrerin ihm zuflötet, ob es nicht eine Steinmauer aus seinen Holzklötzchen bauen wolle (. . .) Ein solcher Unterricht stopft den Kopf mit künstlichen Assoziationen voll, die das Kind erst wieder loswerden muss, wenn es sich ein eigenes Bild von der Welt machen will" (Anne Sullivan in: ebd., S.69/70).

Helens erster Brief nach 12 Wochen

„helen schreibt anna george gibt helen apfel simpson schießt vogel jack gibt helen zuckerstängel doktor gibt mildred medizin mutter macht mildred neues kleid" (ohne Unterschrift)

Helen schreibt nach sechs Monaten einen Brief an eine Schülerin des Perkins-Institut

„Helen schreibt kleinen blinden Mädchen einen brief Helen und lehrerin kommen kleine blinde mädchen zu besuchen Helen und lehrerin fahren mit dampfwagen nach boston Helen wird mit blinden mädchen spielen blinde mädchen können mit finger reden Helen wird mr. Anagnos besuchen und mr. Anagnos wird Helen lieben und küssen Helen wird mit blinden mädchen zur schule gehen Helen kann lesen und zählen und buchstabieren und schreiben wie blinde mädchen mildred fährt nicht nach boston Mildred weint prince und jumbo fahren nach boston papa schießt enten mit gewehr und enten fallen ins wasser und jumbo und mamie schwimmen im wasser und bringen enten in maul zu papa Helen spielt mit hunden Helen reitet mit lehrerin Helen gibt handee gras mit hand lehrerin gibt handee peitsche damit schnell geht Helen ist blind helen steckt brief in umschlag für blinde mädchen aufwiedersehen HelenKeller" (Helen Keller in: ebd., S. 89/90)

Impulse für die heutige Erziehungspraxis

Die Arbeit der Anne Sullivan Macy mit der taubblinden Helen Keller ist ein hervorragendes Beispiel heilpädagogischer Arbeit. Die intensive (heilende) Beziehung dieser beiden Frauen stützt sich auf eine Eins zu eins-Betreuung beziehungsweise exklusive Unterrichtung und eine völlige Hingabe an die Arbeit durch diese Lehrerin. Anne Sullivan stellte sehr schnell fest, dass Helen nicht geistig behindert war und erkannte nach wenigen Wochen das Intelligenzniveau des Mädchens und seine überdurchschnittliche Auffassungsgabe. Ihre eigene körperliche Situation (Augenerkrankung in früher Kindheit, drohende Erblindung) machte sie sensibel und empathisch für die Situation und den Seelenzustand des Kindes. Sie erkannte sehr schnell die Verwöhnungssituation, in der Helen lebte und die daraus resultierende pädagogische Verwahrlosung, die das soziale Umfeld lähmte und das Kind in seiner Entwicklung blockierte. Anne Sullivan begann von Anfang an das Kind zu erziehen, ihm Forderungen zu stellen und konsequent zu handeln. Die dabei

7.1 Helen Keller (1880–1968)

realisierte autoritäre Haltung und der Einsatz von Ohrfeigen sind sicher sehr kritisch zu sehen und vielleicht auch der Unerfahrenheit der zu Beginn der Arbeit erst 21-jährigen Erzieherin anzurechnen. Die Sprache wird für Helen zum Schlüssel zur Welt und der Entfaltung der Persönlichkeit. Ein wesentlicher Vorteil für die Lehrerin war, dass sie das Taubblinden-Alphabet bei Dr. Howe im Perkins-Institut erlernt hatte und in Perfektion anwenden konnte. Die Bereitschaft, bei der Schülerin zu bleiben, sie auf allen Stationen der Bildung von der Schule bis zur Universität zu begleiten, war die Voraussetzung dafür, dass Helen sich zu einer intelligenten Frau, erfolgreichen Schriftstellerin und begehrten Referentin bei weltweiten Vortragsveranstaltungen entwickeln konnte. Das heutige Konzept der persönlichen Assistenz versucht diesen Ansatz in einer ähnlichen Form zu realisieren, wenn auch mit wechselnden Assistenten.

Übungsfragen

1. Beschreiben Sie die pädagogische Beziehung zwischen Anne Sullivan Macy und Helen Keller. Welche Aspekte tragen die Züge einer heilenden beziehungsweise heilpädagogischen Beziehung?

2. Definieren Sie die Methode des Taubblinden-Alphabets. Welche Voraussetzungen müssen bei den Kommunikationspartnern gegeben sein? Buchstabieren Sie Ihren Namen in die Hand eines Partners.

3. Definieren Sie die Methode des Einfinger-Alphabets. Wie unterscheidet sich dieser methodische Ansatz vom Taubblindenalphabet? Signalisieren Sie ihrem Partner Ihren Namen durch das Fingeralphabet.

4. Beschreiben Sie die Methode der Blindenschrift nach Braille. Welche Zeichen werden verwendet und welche Kombinationsmöglichkeiten sind gegeben?

Literatur

Behrens, K. (2010): Alles Sehen kommt von der Seele. Die Lebensgeschichte der Helen Keller, 5. Aufl., Weinheim/Basel

Keller, H. (1994): Mein Weg aus dem Dunkel (deutsch von Werner DeHaas), Bern

dies. (1994): Meine Welt (deutsch von Heinrich Conrad), München

dies. (1956): Meine Lehrerin und Freundin Anne Sullivan, Bern/Scherz

Medien

Film: Licht im Dunkel (The Miracle Worker) von Anne Bancroft/Patty Duke

Webliografie

de.wikipedia.org/wiki/Helen_Keller

7.2 Paul Moor (1899–1977)
Innerer und äußerer Halt

Biografie

Paul Moor wurde am 27. Juli 1899 als ältester Sohn des Jakob Moor und seiner Frau Marie geb. Laub in Basel geboren. Der Vater war Angestellter der Schweizerischen Bundesbahn, die Familie hatte fünf Kinder. Nach der Matura studierte Paul Moor 1917–1920 Mathematik und Naturwissenschaften und begann seine berufliche Laufbahn als Assistent an der astronomisch-meterologischen Anstalt der Universität Basel. 1924 promovierte Moor zum Dr. phil. in den Bereichen Mathematik, Theoretische Physik und Astronomie. Er unterrichtete an verschiedenen Mittelschulen, besuchte gleichzeitig theologische und philosophische Vorlesungen und lernte Professor Heinrich Hanselmann und dessen Heilpädagogik kennen. 1929/30 besuchte er das Heilpädagogische Seminar Zürich und begann verschiedene Praktika in der Stephansburg Zürich, einem Beobachtungsheim, sowie im Landerziehungsheim Albisbrunn. 1930–1931 übernahm er zusammen mit seiner Frau die Leitung des Kinderheimes Schloss Ketschenburg bei Fürstenwalde/Brandenburg, einer Einrichtung für sogenannte „psychopatische" Kinder. Am 1.8.1931 wurde er Leiter der neu eröffneten Beobachtungsstation des Landerziehungsheims Albisbrunn. Diese praktischen Erfahrungen im erzieherischen Umgang mit schwierigen, entwicklungsverzögerten Kindern prägten in den späteren Jahren seine heilpädagogische Theoriebildung. 1933 wurde Moor Assistent bei Prof. Hanselmann am Heilpädagogischen Seminar in Zürich und promovierte 1935 über das Thema: „Die Verantwortung im heilpädagogischen Helfen" zum Dr. phil. in Philosophie und Heilpädagogik und übernahm 1940, als Nachfolger von Hanselmann, die Leitung des Heilpädagogischen Seminars in Zürich. Heinrich Hanselmann und sein Schüler Paul Moor gelten als die Begründer der wissenschaftlichen Heilpädagogik, die sogenannte „Züricher Heilpädagogik"

und sie wurden so prägend für den deutschsprachigen Raum in Europa. Nach seiner Habilitation 1942 mit dem Thema: „Theoretische Grundlagen einer Heilpädagogischen Psychologie" wurde er 1951 zum Außerordentlichen Professor für Heilpädagogik ernannt und trat die Nachfolge von Prof. Hanselmann an. Paul Moor verfasste über 100 Lehrbücher und erziehungswissenschaftliche/psychologische Schriften, wovon vor allem die Werke „Heilpädagogische Psychologie Bd. 1 + 2" und „Heilpädagogik. Ein Lehrbuch" besondere Bedeutung in der Ausbildung von Heilpädagogen fanden. Er galt als ein Hochschullehrer, der in einer klaren praktischen Sprache sein Wissen vermittelte. Paul Moor war bis 1968 als Hochschullehrer tätig. (Biografie ist orientiert an Haeberlin, 2000.)

Zeittafel

1899	am 27. Juli geboren als ältester Sohn des Jakob Moor und seiner Frau Marie geb. Laub; vier Geschwister
1917	Matura
1917–1920	Studium der Mathematik und Naturwissenschaften an der Universität Basel
1920–1922	Assistent an der astronomisch-meterologischen Anstalt der Universität Basel
1924	Promotion zum Dr. phil. II (Mathematik, in den Nebenfächern Theoretische Physik und Astronomie); Lehrtätigkeit an verschiedenen Basler Schulen; Besuch philosophischer und pädagogischer Vorlesungen bei Paul Häberlin
1929/30	Besuch des 5. Jahreskurses am Heilpädagogischen Seminar Zürich
1930	Praktika in der Stephansburg (Beobachtungsheim) Zürich und im Landerziehungsheim Albisbrunn in Hausen a.A.
1930-1931	Leitung des Kinderheims Schloss Ketschendorf bei Fürstenwalde, einem Heim für 25 schulpflichtige „psychopathische" Kinder
1931	Leitung einer neu eröffneten Beobachtungsstation im Landerziehungsheim Albisbrunn
1933	Assistent bei Prof. Heinrich Hanselmann am Heilpädagogischen Seminar Zürich. Wiederaufnahme pädagogischer und psychologischer Studien an der Universität Zürich
1935	Promotion zum Dr. phil. I (Philosophie, im Nebenfach Heilpädagogik)
1940	Leitung des Heilpädagogischen Seminars Zürich (Nachfolge von Prof. Heinrich Hanselmann)

1942	Habilitation in Heilpädagogik an der Universität Zürich
1951	Außerordentlicher Professor ad personam für Heilpädagogik
1961	Rücktritt von der Leitung des Heilpädagogischen Seminars in Zürich
1968	Emeritierung; weiterhin akademische Tätigkeiten
1977	Paul Moor stirbt nach längerer Krankheit am 16. März in Meilen

(Zeittafel ist orientiert an Haeberlin, 2000)

Pädagogische Leitideen und Konzept

Heinrich Hanselmann (1885–1960), der die erste Universitätsprofessur für Heilpädagogik in Europa inne hatte und Paul Moor gelten als die Begründer und Klassiker der wissenschaftlichen Heilpädagogik, die sogenannte „Züricher Heilpädagogik", die sich von der „Freiburger Heilpädagogik", vertreten durch Prof. Eduard Montalta, an der Universität Freiburg (Schweiz), abgrenzen lässt, was an dieser Stelle aber nicht möglich ist (vgl. Haeberlin 2000, S. 7–11). Für Moor ist Heilpädagogik eindeutig Pädagogik und zwar unter erschwerten Bedingungen und primär keine medizinisch oder psychologisch orientierte Therapieform. In seinem Lehrbuch „Heilpädagogik" entwickelt er diese „vertiefte" Pädagogik von dem betroffenen Personenkreisen aus, die besonderer Erziehungshilfen bedürfen:

> „Wollen wir jemanden erklären, was Heilpädagogik ist, der noch nichts davon weiß, dann zählen wir am besten die großen Gruppen von entwicklungsgehemmten Kindern auf, nach welchen sich die praktische Erziehungsarbeit gegliedert hat: Heilpädagogik ist die Lehre von der Erziehung der schwererziehbaren, der geistesschwachen der mindersinnigen und der sprachgebrechlichen Kinder. Wir unterscheiden unter den *Schwererziehbaren*: die neuropathischen, die psychopathischen und die milieugeschädigten Kinder; unter den *Geistesschwachen*: die debilen, die imbezillen und die idiotischen Kinder; unter den *Mindersinnigen*: die blinden, die tauben, die taubblinden Kinder; dazu kommen die *Sinnesschwachen*: die schwerhörigen und sehschwachen Kinder; unter den *Sprachgebrechlichen*: die Kinder, welche stammeln, stottern, näseln usw." (Moor 1974, S. 12).

Der heutige Leser wird sich an den damaligen Bezeichnungen und Einteilungen stören und anmerken, dass heute in der Fachwelt der Mensch im Vordergrund steht und nicht die Kategorie der Behinderung und deshalb von Menschen mit geistiger Behinderung, beziehungsweise von Kindern mit Entwicklungshemmungen usw. gesprochen wird. Hier sind inzwischen

Ergebnisse der Stigmatisierungsforschung eingeflossen, die darauf aufmerksam gemacht haben, das sich medizinische Kategorien negativ gegen den Menschen wenden können und er als Folge gesellschaftliche Ausgrenzung erfährt, die nicht gewollt ist.

Es ist wichtig hervorzuheben, dass Hanselmann und vor allem Paul Moor ein wertgeleitetes Menschenbild als Grundlage aller heilpädagogischen Arbeit eingeführt haben, das den Menschen als wertvolles Subjekt und nicht als Objekt von Therapie und evtl. Manipulation sieht. Für ihn reichte es nicht aus eine ärztliche, psychologische oder psychosoziale Diagnose zu erstellen und dann zu versuchen das störende Verhalten zu beseitigen, sondern es galt die Besonderheit der Lebenssituation des Kindes zu verstehen.

Das Menschenbild in der Heilpädagogik

Paul Moor hat 1957 in einem Vortrag Ansätze eines Menschenbildes dargelegt:

> „Der Mensch ist nicht nur ein Lebewesen, sondern darüber hinaus ein Handelnder, der verantwortlich ist für sein Verhalten. Er lebt nicht nur sein Leben, sondern er führt es auch nach festgehaltenen Entschlüssen. Er wagt es, aus seinem Leben etwas zu machen, was es von sich aus selber nicht ist und nie werden könnte. Mensch sein, das heißt ein Kämpfer sein, ein Wählender, ein Entschließender, Wollender. Hier enthüllt sich wesentlich Menschliches: die Entscheidungsnotwendigkeit, die sich verschärfen kann zum Konflikt, die Möglichkeit der Reifung im Konflikt, aber auch das Versagen, die Schuld und die innere Verstrickung. Der Mensch wird erst Mensch, wenn er vor Aufgaben steht. Aufgabe aber ist Gefahr. Es gilt sie auszuhalten, sich in ihr zu bewähren und in der Bewährung erst zum Menschen zu reifen. So erscheint das menschliche Verhalten auf eine zweifache Weise bestimmt: Wir leben aus dem, was uns gegeben ist in natürlichen Antrieben und Fertigkeiten; und wir versuchen das Leben so zu führen unter dem Blickpunkt des Aufgegebenen, dem sich gegebene Kräfte und Fähigkeiten einzuordnen haben" (Moor 1957b, S. 484).

Paul Moor sieht den Menschen wesenhaft als einen, der sein Handeln verantwortet, der in Freiheit Aufgaben sucht und seine Fähigkeiten entwickelt und einsetzt. Er hat die Freiheit aus seinem Leben etwas zu machen. „Es handelt sich um ein Menschenbild, dessen essentieller Bestandteil die Selbstbestimmung ist (...) Das Menschenbild Paul Moors ist gekennzeichnet durch Autonomiepotentiale, die im Laufe des Menschenlebens zu realisieren sind, um über Bedürfnisbefriedigung zu Wohlbefinden zu gelangen" (Haeberlin 2000, S. 60). Erziehung soll diese Entwicklungspotentiale unterstützen, d. h. auch ein Mensch mit Behinderung hat diese Entwicklungsmöglichkeiten.

Die Behinderung stellt eine Entwicklungsgefahr für ihn dar und diese gilt es durch heilpädagogisches Erziehen zu überwinden.

Vom inneren Halt

Der Kern des pädagogischen Gesamtkonzeptes bei Moor ist der „Aufbau des Inneren Halts" im Kind. Innerer Halt umfasst als Begriff weitgehend das, was in der Pädagogik als Entwicklung und Charakter verstanden wird, die Fähigkeit selbstverantwortet zu leben, Aufgaben zu suchen und zu bewältigen und damit seinem Leben einen Sinn und Erfüllung zu geben. Der Innere Halt steht in Wechselwirkung mit dem Äußeren Halt, den die Umgebung des Menschen bietet, seine Umwelt und Mitwelt.

> „Kein Mensch aber ist imstande, sein Leben allein zu führen; auch der Reifste bleibt in der Erfülltheit seines Lebens der Gemeinschaft, in der er lebte, zu Dank verpflichtet. Der Innere Halt wird erst zum vollkommenen, ja zum ausreichenden Halt durch die Ergänzung, deren er jederzeit bedarf, durch den Äußeren Halt an der Umgebung" (Moor 1974, S. 271).

Moor steht hier in der Denkweise des Dialogischen im „Du" bei Martin Buber.

Grundsätze für die heilpädagogische Praxis

Paul Moor, so wurde bereits ausgeführt, sah Heilpädagogik vorrangig als Pädagogik, d. h. der Löwenanteil des heilpädagogischen Prozesses liegt beim Erzieher, der für diese Aufgabe speziell ausgebildet werden muss. Für die Arbeitsweise in der Erziehung des entwicklungsgehemmten Kindes stellt er drei praktische Regeln auf:
1. Wir müssen das Kind *verstehen*, bevor wir es erziehen.
2. Wo immer ein Kind versagt, haben wir nicht nur zu fragen: Was tut man dagegen? – Pädagogisch wichtiger ist die Frage: *Was tut man dafür?* – nämlich für das, was werden sollte und werden könnte.
3. Wir haben nie nur das entwicklungsgehemmte Kind als solches zu erziehen, sondern immer auch seine *Umgebung* (ebd., S. 15).

Dies bedeutet zusammengefasst, dass vor dem Beginn der erzieherischen Arbeit eine Anamnese der kindlichen Entwicklung, eine psychosoziale Diagnose seines Lebensumfeldes (Mitwelt, Umwelt) stehen muss, das Ringen um ein Verstehen der Motive des Kindes (warum nässt es ein, was will es damit sagen) und das Kennenlernen der Stärken und Möglichkeiten des Kindes. Mit den Stärken und Fähigkeiten des Kindes arbeiten, ihm in diesen Bereichen Entwicklungsanreize und Aufgaben geben, etwas für das Kind und nicht nur etwas gegen seine störenden Symptome tun, das ist die Forderung von Paul Moor.

Lesetext

> **Wie finden wir diejenige vertiefte Pädagogik, welche der heilpädagogischen Situation gerecht zu werden vermag?**
> Wir haben es in der heilpädagogischen Arbeit mit Kindern zu tun, welche die *Alltags*erziehung vor unlösbare Aufgaben stellen, Kinder, für welche die *gewohnten* Mittel und Wege nicht mehr ausreichen und mit welchen die üblichen Ziele nicht mehr erreicht werden können. Schon hier gilt es, mit dem Grundsatz ernst zu machen, dass für die Erziehung nicht das Gegebene, sondern das Aufgegebene das Wesentliche ist. Auch der Grund für das Scheitern der Erziehungsversuche bei solchen benachteiligten Kindern soll nicht nur in den gegebenen Mängeln gesucht werden, sondern ebenso, ja zuerst, in der versuchten Erziehung selber. Könnte es nicht sein, dass unsere Erziehung etwas zu erreichen versucht, was der Eigenart dieser Kinder gar nicht angemessen ist? Und sind wir so sicher, dass unsere Vorstellung von dem, um was es in der Erziehung geht, auch die rechte ist? Wir stoßen uns daran, dass die üblichen Ziele nicht erreicht werden können. Je mehr wir aber bestimmte Ziele erreichen wollen, umso mehr legen wir uns fest auf Voraussetzungen, die dazu erfüllt sein müssen. Dadurch verschulden wir aber selber, dass alle Kinder, welche die Voraussetzungen nicht mitbringen, aus dem Rahmen fallen, dass ihre erzieherische Betreuung vom Boden der geltenden Erziehung aus als sinnlos oder in ihrem Sinne doch geschmälert erscheint. Gerade aber für diese aus dem Rahmen fallenden und dann oft einfach übergangenen Kinder aber will nun die Heilpädagogik da sein. Heilpädagogik kann also als Pädagogik nur bestehen, wenn sie sich nicht schrecken lässt durch die Unmöglichkeit, ein geltendes Erziehungsziel zu erreichen. Der Heilpädagoge bleibt nur solange wirklich Pädagoge, als er vor unüberwindlichen Schwierigkeiten nicht sagt: Hier ist nichts zu machen – sondern sich immer wieder aufs neues fragt: Was ist an meinem bisherigen Wissen von Sinn und Ziel der Erziehung noch immer zu eng, dass es hier den Sinn nicht zu sehen und nicht zu finden mag? (...) Als Heilpädagogen müssen wir uns offen halten für *alle* Möglichkeiten eines menschlichen Sonderschicksals und bereit sein, den von uns persönlich bevorzugten Standpunkt immer wieder in Frage stellen zu lassen durch die besondere Not, die es zu wenden gilt" (Moor 1974 S.260/261).

7.2 Paul Moor (1899–1977)

Impulse für die heutige Erziehungspraxis

Die Heilpädagogik in Deutschland hat sich erst ab den 1960er-Jahren systematisch entwickelt. Seit 1963 werden in Deutschland Heilpädagoginnen und Heilpädagogen ausgebildet, die Ihr Wissen und Können in die praktischen Felder der Sozialen Arbeit eingebracht haben. Seit dieser Zeit sind heilpädagogische Heime entstanden beziehungsweise ist eine heilpädagogische Orientierung der praktischen Erziehungsarbeit zu erkennen. Die Ausbildungsstätten für Heilpädagogik haben sich in einer „Ständigen Konferenz" (StK) zusammengeschlossen und ein gemeinsames *Grundverständnis* formuliert:

Grundverständnis

> „Heilpädagogik ist die Theorie und Praxis erzieherisch – therapeutischer Hilfen bei Menschen, deren Lebenssituation bzw. Lebenschancen durch die Diskrepanz zwischen individuellen Entwicklungsvoraussetzungen und gesellschaftlichen Erwartungen, Denk- und Verhaltensmustern von Isolation/Desintegration bzw. Benachteiligung und insofern von Unheil bedroht sind. Dabei entstehende Beeinträchtigungen beim Erwerb und bei der Erhaltung des Lebenszutrauens, der Lebensorientierung, von Lebenstechniken und Lebenshaltungen können das Maß von Störungen und/oder Behinderungen erreichen" (StK – Grundaussagen 2007).

Die Ausbildung von Heilpädagoginnen und Heilpädagogen erfolgt entweder an Fachschulen für Heilpädagogik, die in der Regel als Aufbaustudium organisiert sind oder an Fachhochschulen.

Aufgaben

Sprach Paul Moor primär in der Zielgruppe des heilpädagogischen Handelns von „entwicklungsgehemmten Kindern" und ihrem Umfeld, so hat sich im Laufe der Jahrzehnte der Personenkreis sehr deutlich erweitert und erwachsene Menschen mit Beeinträchtigungen oder Behinderungen wurden in den Blick genommen.

Heilpädagogen sind heute tätig in:

Frühförderstellen, Kindertageseinrichtungen, Horte, schulvorbereitende und begleitende Maßnahmen, Kliniken, Beratungsstellen beziehungsweise Dienste, Reha-Einrichtungen, Werkstätten für Menschen mit Behinderung, Wohnheime, Stationäre Einrichtungen, Ambulante Dienste, Freie Praxis, Aus- und Weiterbildung (vgl. Stk-Arbeitsfelder, www.stk-heilpaedagogik.de).

Das heilpädagogische Handeln orientiert sich heute an Prinzipien der Hilfe zur Selbsthilfe, d. h. an der weitgehenden Autonomie der Klienten. Gesellschaftliche Teilhabe, Inklusion statt Separation sind wesentliche Ziele.

Übungsfragen

1. Was verstand Paul Moor unter Heilpädagogik? Von welchem Menschenbild ließ er sich leiten?

2. Welche Zielgruppe hatte Moor zunächst im Blick und wie hat sich diese heute verändert? Benennen Sie einige neue Klientengruppen.

3. Beschreiben Sie Moors Konzept des „Inneren Halts". Was verstand er darunter und welche vergleichbaren Begriffe gibt es in der heutigen Pädagogik?

4. Klären Sie das Verhältnis von Inneren Halt und Äußeren Halt. Welche Bedeutung haben in diesem Zusammenhang die Begriff Umwelt und Mitwelt?

5. Was verstand Paul Moor unter Freiheit des Menschen in der Erziehung? Wie kann diese Freiheit im Umgang mit Menschen mit schwerer geistiger Behinderung realisiert werden?

6. Erklären Sie drei Grundsätze Moors für die heilpädagogische Praxis. Was war Paul Moor besonders wichtig und wie unterscheiden sich diese Forderungen von der allgemeinen Erziehungspraxis?

Literatur

Haeberlin, U. (Hg.) (2000): Paul Moor als Herausforderung. Anfragen an die Aktualität seiner Schriften zur Heilpädagogik und Erinnerungen von Zeitzeugen an seine Person, Bern/Stuttgart/Wien

Moor, P. (1974): Heilpädagogik. Ein pädagogisches Lehrbuch, Bern/Stuttgart 1974, 3., unveränderte Aufl. (u. Edition SHZ/CSPS 2. Aufl. 1999)

ders. (1967): Heilpädagogische Psychologie, Bd.1, Grundtatsachen einer allgemeinen pädagogischen Psychologie, 3. Aufl., Bern/Stuttgart

ders.(1974): Heilpädagogische Psychologie, Bd. 2, Pädagogische Psychologie der Entwicklungshemmungen, 3. Aufl., Bern/Stuttgart

ders. (1957): Die Erziehung des entwicklungsgehemmten Kindes. Die Einheit in der Sinngebung in der Mannigfaltigkeit ihrer Erscheinungen. In: Zeitschrift für Heilpädagogik 8, 483–495

Webliografie

de.wikipedia.org/wiki/Paul_Moor
www.stk-heilpädagogik.de
de.wikipedia.org./heilpädagogik

Abbildungsverzeichnis

Abbildung 1: Die pädagogische Atmosphäre beziehungsweise das pädagogische Klima im Erziehungsprozess, S. 72
Abbildung 2: Einteilung der Spielgaben und des Beschäftigungsmaterials bei Fröbel, S. 88
Abbildung 3: Konstitutionelle Grundlagen der Pädagogik der Achtung nach Korczak, S. 101
Abbildung 4: Das Heim als therapeutisches Milieu, S. 136
Abbildung 5: Leitung im Kinderhaus, S. 159
Abbildung 6: Struktur und Aufgabe des Oratoriums, S. 173
Abbildung 7: Zentrale Elemente der Pädagogik Wicherns, S. 198
Abbildung 8: Bildungstheorien, S. 242
Abbildung 9: Legitimation der Bildungsinhalte, S. 243
Abbildung 10: Taubblinden-Alphabet, S. 258
Abbildung 11: Internationales Einhandfinger-Alphabet, S. 259
Abbildung 12: Braille-Alphabet für deutschsprachige Länder, S. 260

Der Autor

Theodor Thesing
Diplom Pädagoge, Institutsdirektor i. R.
88074 Meckenbeuren, Grieshaberweg 4

Pädagogik und Heilerziehungspflege

Die 5., aktualisierte Auflage dieses Lehrbuchs für Fachschulen für Heilerziehungspflege, Schulen für Heilerziehungshelfer und für die Studierenden an Fachschulen für Sozialpädagogik vermittelt die folgenden Inhalte: Einführung in den Begriff „Erziehung", Kindheit und Jugend im Wandel der Jahrhunderte, Erziehungsbedürftigkeit und Erziehungsfähigkeit des Menschen, der Erziehungsprozess, Erziehungsziele, Erziehungsstile und Erziehungspraktiken, Leitziele und Begründungsansätze der Heilpädagogik, Allgemeine Heilpädagogik, Menschen mit Behinderungen und pädagogisches Handeln, Pädagogik bei Menschen mit geistiger Behinderung, Systemisches Denken in der Heilerziehungspflege.

Theodor Thesing, Michael Vogt

Pädagogik und Heilerziehungspflege
Ein Lehrbuch

5., aktualisierte Auflage 2013
352 Seiten, kartoniert
€ 19,90
ISBN 978-3-7841-2060-7

www.lambertus.de

LAMBERTUS
SOZIAL | RECHT | CARITAS

Rechtliche Grundlagen in der Heilpädagogik und Heilerziehungspflege

Das Buch vermittelt die rechtlichen Grundlagen in der Heilpädagogik und Heilerziehungspflege.

Aus dem Inhalt:
- Grundlagen des Rechts
- Zivilrechtliche Grundlagen des Rechts für Menschen mit Behinderungen
- Recht der Kinder- und Jugendhilfe
- Sozialrechtliche Grundlagen
- Behinderte Menschen in Einrichtungen
- Berufsrechtliche Grundzüge

Gabriele Kuhn-Zuber
Cornelia Bohnert

Recht in der Heilpädagogik und Heilerziehungspflege

2014, ca. 300 Seiten, kartoniert
ca. € 21,00
ISBN 978-3-7841-2447-6

www.lambertus.de

LAMBERTUS
SOZIAL | RECHT | CARITAS

Heilpädagogische Handlungskonzepte in der Praxis

»...*Heidi Fischer und Michael Renner haben ein umfassendes Werk vorgelegt, das besonders durch die Verbindung von differenzierter theoretischer Grundlegung und praktischen Umsetzungsbeispielen der heilpädagogischen Praxis mit Kindern und Jugendlichen sowie deren Eltern überzeugt.*«

aus „www.socialnet.de" (Hiltrud Loeken/13.03.2012)

Heidi Fischer, Michael Renner

Heilpädagogik
Heilpädagogische
Handlungskonzepte in der
Praxis

2011, 320 Seiten, kartoniert
€ 23,90
ISBN 978-3-7841-1979-3

www.lambertus.de

LAMBERTUS
SOZIAL | RECHT | CARITAS

Der Klassiker der HEP-Ausbildung in der 8. Auflage

Das vorliegende Lehr- und Arbeitsbuch vermittelt Grundwissen, unter anderem über Berufsbild, Institutionen, Anstellungsträger, Fortbildungsmöglichkeiten sowie arbeitsrechtliche und berufsethische Fragen. Es wurde konzipiert für den Unterricht an Fachschulen, Berufsfachschulen und Fachakademien. Übungsfragen und Literaturhinweise am Ende eines jeden Kapitels ermöglichen selbständige Vertiefung und Eigenstudium. Komprimierte Informationen und eine übersichtliche Gliederung machen den Band zu einem Kompendium der Behindertenhilfe auch für andere sozialpädagogische und pflegerische Berufe.

Theodor Thesing

Heilerziehungspflege
Ein Lehrbuch zur Berufskunde

8., neu bearbeitete Auflage
2011, 288 Seiten, kartoniert
€ 19,90
ISBN 978-3-7841-2052-2

www.lambertus.de

LAMBERTUS
SOZIAL | RECHT | CARITAS